东亚史学论丛

南原繁思想渊源
和政治哲学理论研究

卢丽　著

中国社会科学出版社

图书在版编目(CIP)数据

南原繁思想渊源和政治哲学理论研究/卢丽著. —北京：中国社会科学
出版社，2022.4

（东亚史学论丛）

ISBN 978-7-5203-9909-8

Ⅰ.①南…　Ⅱ.①卢…　Ⅲ.①南原繁（1889-1974）—政治哲学—研究
Ⅳ.①D093.135

中国版本图书馆 CIP 数据核字（2022）第 053549 号

出 版 人	赵剑英
责任编辑	张　浩
责任校对	冯英爽
责任印制	李寡寡

出　　　版	中国社会科学出版社
社　　　址	北京鼓楼西大街甲 158 号
邮　　　编	100720
网　　　址	http://www.csspw.cn
发 行 部	010-84083685
门 市 部	010-84029450
经　　　销	新华书店及其他书店

印　　　刷	北京明恒达印务有限公司
装　　　订	廊坊市广阳区广增装订厂
版　　　次	2022 年 4 月第 1 版
印　　　次	2022 年 4 月第 1 次印刷

开　　　本	710×1000　1/16
印　　　张	17.75
插　　　页	2
字　　　数	315 千字
定　　　价	98.00 元

代序 两个"八·一五"

二〇〇六年八月十五日，一个平行蒙太奇式的善恶视觉反差，为世人推出了两个势同水火的"八·一五"世界及其对决场面：小泉向甲级战犯拱手作揖的同时，也正在接受着已故东京大学校长、著名政治学家南原繁先生和日本主流知识界的审判。

"八月十五日·东京大学安田讲堂"。在这一特定的时间和地点，"八月十五日与南原繁追怀会"正式拉开了帷幕。安田讲堂，这幢几乎目睹和经历了近现代日本国历史全过程的红褐色欧式建筑，此时又仿佛回到了当年的日本战败日及旋即展开的系列往昔场景。它为今天的与会者营造了一个它所熟悉的氛围。应东京大学黑住真教授和东京大学出版会竹中英俊先生的邀请，笔者于当日参加了集会，见到在这一氛围中，那些曾令安田讲堂感动的声音、理念乃至面庞，都再度登场，一如中断了几十年的系列正剧，终于重新开拍。由东京大学前校长、政治学者佐佐木毅，东京大学教授、政治学者姜尚中，哲学学者高桥哲哉，诺贝尔文学奖得主大江健三郎，历史见证人、免疫学者石坂公成等日本一流专家学者组成的发言团体鱼贯而入，会场气氛为之肃穆和庄严。会议的主旨由本次活动的主要发起人，日本著名评论家、东京大学特任教授立花隆，做了特别说明。其大意为：在"小泉改革"的过程中，日本国的基础结构发生了剧烈的变化。放弃平等、海外派兵这些迄今被严格禁止的行为，均堂皇登场。舆论认为，接下来的安倍政权，将继续在"小泉改革"的延长线上不断行进，并且宪法修正工作也已经进入了其下一步行动的视野。

战后六十一年过去了。今天的日本，正在步入大的转换期。无论日本今后如何变化，人们都应该重温战后日本再出发时作为"建国之父"的南原先生是怎样构想这个国家的，以及这些构想方案中有哪些在后来的岁月里结出了果实，又有哪些不该丢弃的东西被人丢弃了。南原繁一八八九年出生于日本国香川县。早年毕业于东京大学前身东京帝国大学法科大学政治学科，在日本内务省工作八年后返回东大。一九二五年任法学部教授，一九四五年任法学部部长，同年至一九五一年，出任东京大学总长。仅就日本近现代以来的重大历史事件来看，立花隆的推理显然不错，即东京大学是帝国大学，帝国既然是天皇的国家，那么帝大就应该是天皇的大学。也正是在这个逻辑上，一九四五年八月十五日"大日本帝国"的灭亡，也意味着"东京帝国大学"的灭亡。可旋即发生的"转语"是：旧制东京帝大的"死"，刚好标志了新制东京大学的"生"；"大日本帝国"的垮台，则换来了民主国家的扬帆；而东京大学的重建，亦即意味着日本国的更生。

南原繁的意义，不仅体现在他的及时登场，更体现在他对东京大学乃至整个日本国未来发展的正确设计和拼死掌舵。他不但给日本国新宪法、教育基本法等国家全部基本重要法案的设计赋予了全新的思维，还唤起了"茫然自失"的日本国民创建新的民主国家的热情。由此，他赢得了第二次世界大战（以下简称"二战"）后日本国"建国之父"的美誉。

能否坚持大学固有的办学理念以及这种理念是否拥有对整个社会的引领和范导作用，是南原繁校长主持东京大学校务以来的核心问题。南原在任六年间，安田讲堂的讲坛几乎每个月都要迎接他的到来。六年来他反复强调的办学理念只有两条：一九五一年十二月十二日，在全校学生为他离任校长时所举行的送别会上，南原繁不无感慨地说："这六年间，我虽然做得不够却丝毫不敢懈怠的努力目标，是'学术的自由'和'大学的自由'。应该说，正是这两点得不到确立，换言之，由于这两点受到了威胁，日本才酿成了今日的悲剧。因此，学术与大学自由的确立，便不单是我等大学和大学人最大的关心所在，实际上还是建设新日本的必备条件。"南原繁之所以如此讲，是因为日本的教训刚好缘起于政治强暴了学术和大学教育所必须遵行的铁律。它与发生于东大的沉重历史记忆相连带，以至于今天，人们还经常为那段不堪回首的往事而抱恨。从一九三七年中日战争全面爆发到一九四一年珍珠港事件这四年间，堪称东大历史上的"遭难期"。根据南原繁弟子丸山真男的回忆，这期间，因学术行为及结论与当时泛滥的"国家主义"、"日本精神论"和"皇道哲学"等官方意识形态发生了严重争执甚至冲突，因此法学部、经济学部乃至整个东京大学，不久便以"赤化容共学风的出自本源"和"民主主义无国家思想"之"元凶"所在地等罪名，变成了官方和右翼势力整肃的重点对象。大学里的许多教授，在这种整肃中纷纷遭到驱逐——不是被停职，就是被起诉。一九三八年夏秋之交由官方做出的禁除教授会自治方针等决定，则几乎从制度和组织上摧毁了大学的基本原则。后来的事实表明，东大教授的横遭整肃及由此带来的噤若寒蝉局面，不但没有使国家走向强大，反而使灾难的降临具有了不可逆性，以至于太平洋战争全面爆发后的一九四三年，以法文科系为主的"东大生"也开始被押赴战场——"学徒出阵"，使一大批知识精英倏忽间化为炮灰。"八·一五"前的东大灾难，构成了南原校长一生难以愈合的精神外伤。因此，战争结束后他终身为之呼号的，便是"和平、民主主义和学术自由"。

一九四七年，在新制东京大学成立纪念日的演讲会上，南原繁以"大学的自由与使命"为题，严肃却不乏沉重地指出："大学，是真理之府，也是理性之府。在大学所具有的教育、研究和知识传授这三大功能中，其必须保持的最重要品质，是自由条件。一旦该条件不保或大学应有的品质一经丧失，这个国家便即行衰退，这就是那场战争开始前日本的实况。"一九五〇年四月十二日，他在新生入学大会上对大学的本职和本质进行了再度确认："大学自身，作为探求真理的场所，不可自陷于眼前诸般变化的旋涡中。大学的非党派性，使它必须成为能够整理时代各种事务并对其施行科学讨论和尖锐批评的场所。但这绝不是说，大学因此便可以无视社会现实并从中退却，相反，大学的作用应该是如何对苛酷的现实和危机进行平静、客观和清晰的了解，并在此基础上有效地把握之。从这个意义上讲，任何思想和意识形态都可以被研究、被了解和被讨论。当超越了左和右与任何偏执的党派性进而唯余可与对决的问题对象时，大学参与时代事务工作的意义才能得到凸显。"南原繁显然是在忆及皇国意识形态对东大的强暴及旋即带来的恶果时，说这番话的。在他看来，建立在神话和蒙昧意识上的天皇制国体论，无疑是导致这场战争的精神病源；而战争的不可逆转，又在相当意义上决定于潜藏在日本国民当中的深刻的"内在缺陷"。

"新纪元"说，堪称南原繁克服这一"内在缺陷"的杰作。纪元，是某一历史的起点年和从此计算出的该历史年数。一八七三年三月，明治政府将《日本书纪》中神武天皇即位日——辛酉年正月朔（公元前六六〇年二月十一日）确定为日本国的诞辰，史称"纪元节"。如此计算下来，则日本战败年的一九四五年，相当于日本国建国二千六百有五年。可是，这漫长的岁月究竟给日本人留下了怎样的历史呢？一九四六年，在日本战败后迎来的第一个"纪元节"上，南原繁发表了题为《新日本文化的创造：关于纪元节的演述》的演讲。在演讲中，他重点强调的是这个"纪元节"与以往"纪元节"在本质上的不同，即迄今为止的所谓"纪元节"，是建立在神话与传说上的、未经任何实证研究因而必须进行彻底批判性追究的政治规定。这种迷信的精神状态，是把日本国引向战争并最终使之覆灭的根本原因。在日本用如此固有的传统和精神去赌一场战争的输赢并导致其精神自体毁灭的今天，日本人显然不能把"祖国"的复兴大任寄托在过去的历史上。从这个意义上讲，日本的历史不在过去，而在于将来，在于将来全新的自我创造。因此，与其说今天是日本国二千几百年的纪念日，不如说是日本新纪元元年的第一天。

"昭和维新"的根本课题，便是针对上述日本精神自身而开展的革命，是新的国民精神改造以及由此展开的国民性格转换、社会政治制度变革和内在知性与宗教精神的革命。只有给国民注入这样的新精神生命，方可语恒久之自我；也只有在投身于人类文化与世界和平事业的前提下，日本人才能找到自身的真使命。一九四八年七月，传统的"纪元节"遭到废止。与此相连带，南原繁对一九四六年年初天皇宣布自己不再是"现人神"而是"普通人"的诏书表示了超乎寻常的欢迎。在他看来，这不但是天皇从"日本神学和神道教义"中获得解放和人性独立的宣言，也是日本国文化和日本国民从此摆脱所谓"特殊民族宗教之束缚"、确立具有普世人文主义价值基础并可能成为世界市民的重大转机。重要的是，这"一举完成的日本式宗教改革"（立花隆语），还促使南原繁开始进一步思考"天皇退位"的必要性和可能性。

"天皇在战争中负有道德责任"这一由南原繁最早提出的观点，成为战争结束前夜"东大七教授"秘密筹划完成"终战"工作最后一个课题的关键突破口。据《南原回顾录》载，完成"终战工作"的核心人物高木八尺，便正是在南原繁的"天皇道德责任说"基础上推衍出了"道德高于权力"命题，并将这一命题渗透给天皇本人的。它的逻辑延伸是：既然天皇对战争负有"道德责任"，那么天皇就应该以一个新的道德面貌出现；而为了塑造自己新的道德面貌，就必须离开权力的塔尖——因为"道德高于权力"。在该舆论和占领军压力的共同作用下，一九四七年，天皇果然公开表明了退位的态度，虽因周围人士的反对而未果，但此后的天皇却只能以"国民统合之象征"的身份存续下来，而这一条，后来被写进了日本国宪法。

人性有不可破的底线。即便在"民族国家"时代，"落后"与"挨打"亦不应构成必然的逻辑关联，就像不能见到穷人就必须杀掉一样。在南原繁的表述中，"犯罪"和"赎罪"，是他教育东大学生和日本国民时使用得最为频繁的词组之一。他坦言，日本人在这场战争中的暴行（"暴举"），对人类犯下了大罪。他在《如何继承战没学徒的遗产》一文中指出："这场对中国大陆、东南亚诸岛施加了如此暴虐并导致几百万人（实际数字应该是一千余万人——引者注）丧生的战争，不是我们民族的暴行和过错以及对同胞与人类所犯下的罪行，又是什么呢?!"正因为如此，南原繁才清醒地指出了日本人必须直面的实际状态，即"我们应抛弃二年历史的骄傲，并站在世界历史的审判法庭上"（《新日本的建设》）。他显然在思考着如何行动才能赎救这种全民性罪行的方式和方法。他认为，"现在以及将来我们所承受的苦恼和痛楚"，是"历史的复仇女神"要求"我国民所必须付出的代价，即必然被陈诸真理和理性祭坛上的'国民式赎罪'!"（同上）他于是把"偿还国民罪责和恢复名誉的任务"交给了年轻人，他翘首期待这些年轻人能与世界各国人民"全面讲和"，并为"人类同胞"的事业而尽职尽责（《人的使命》）。

日本的战败，一般被认为是美英武力打击的结果。南原繁的认识显然没有如此浅薄。在他看来，这场战争的"胜利者未必就是美英"，而是"偶尔被它们所肩负起来的理性和真理本身"（《新日本的建设》）。这句话的反命题应该被理解为：倘若美、英有一天背弃了"理性和真理"，日本国民应当服从和捍卫的，则仍然是"理性和真理本身"而不是美英武装。南原繁把《波茨坦公告》的有关条款径称为今天的"大义名分"（《民族的危机与将来》，见南原繁：《和平宣言》），认为日本所应遵循的"理性和真理"，就是深刻吸取军国主义的教训，在向被侵略国家真诚谢罪并求得谅解的同时，建设起民主主义的新国家，并为维护地区与世界和平贡献智慧和力量。实现这一目标的大前提，当然是永远放弃武力，永远做和平国家，并永远在国际事务中保持"中立"。

作为著名的政治学家，他对二战后形成的东西冷战格局有着极为清醒的认识，所以，他把日本的重要任务设定为如何以中间者应有的"中立"立场来缓和东西方可能发生的冲突和争端。然而，朝鲜战争爆发后美国对日政策的调整，却给日本国民"理性和真理"的坚持带来了政治思维混乱。南原繁十分担忧美国的这一政策会给日本"纯真的青年人"造成对和平信仰的"怀疑和动摇"，甚至摧毁"他们好容易才确立起来的（和平主义）人生观和世界观"。因此他敏锐地断言，这一动向将成为"我国的根本理想——非武装—中立思想的转折点和引起军备论再度发生的诱发物"（《和平还是战争》，见南原繁：《和平宣言》）。事实是，由于美国政策的转变，已开始使"大东亚战争"肯定论在日本有所复燃："（有人）不但不把那场战争看成是日本的过错和不当，反而试图强调起它的历史意义来。即我国虽然不幸败北，但唯此也使亚非各民族得以从欧美帝国主义的统治下解放出来，这无疑具有世界历史意义"云云（《如何继承战没学徒的遗产》）。他不能容忍战后昭昭然揭诸天下的日本和平"誓约"，因美国的无原则调整而化为虚诞，他的信念十分坚定："我日本国民即便将来一无所有，也要做信义、忠诚和认真的国民！"他呼吁，现在，"尤其是现在，对我国来说最为要者，就是坚守宪法所规定的自由与和平理想，而不可有丝毫的动摇"（《和平还是战争》）。他甚至不允许有人在和平主义的观念和行为当中掺杂进任何不健康的思想成分，因为类似于"卧薪尝胆"式的和平主义诉求，是无法使国家得到真正复兴的（《学徒的使命》）。

由于他预见到位处如此东西冷战格局中间的日本，倘把握不好，将极易出现"一边倒"的可怕情形，所以还反复告诫他的国民：只有"中立"，才能"独立"。日本人除了做好两个世界的融和工作外，绝不可偏向任何一方，也绝不可以设定任何"假想敌"。他坚信："历史绝不总是暴力和非合理力量的统治场所。正如本次大战所显示的那样，只有正义和真理才能带来最后的胜利。这才是历史的逻辑。"（《世界破局的危机与日本的使命》，见南原繁：《和平宣言》）按照南原繁的论理，无论是谁，一旦乖离了这个逻辑，也就乖离了"理性和真理"；而乖离了"理性和真理"的国家，纵然是美国、英国，亦必将丧失其模仿意义。日后发生在东亚区域内极难解决的诸多事端，都证实了南原的预言——《日美安保条约》在今天的东亚国际事务中，已变异为该地区短期内难以疗救的膏肓痼疾（参阅拙稿《东亚的病理》，《读书》二〇〇五年第九期）。

事实上，日本在外交事务中的"一边倒"倾向，在它只与西方和谈而完全无视中国和苏联等行为上，已表现得十分明显。面对无异于抽掉了"中立"与"和平"这一战后日本国基本国策前提的政治走向，南原繁挺身出阵，在一九四九年十二月九日召开于华盛顿的"被占领国全美教育会议"上，公开提出了包括与中苏缔结和平条约在内的"全面和谈论"，并重申了他的一贯立场："尽管欧洲和亚洲已经被演化为冷战舞台，但如果有一天真的出现了最严重事态，日本所应选择的道路也只有一条，那就是严守中立，而绝不参与任何战争！"南原的仗义执言，与将日本助推到"一边倒"道路上的当时总理大臣吉田茂发生了激烈的冲突。

一九五〇年五月四日，在日本各家早报上，几乎同时推出了吉田茂带有人身攻击性质的发言："南原东大总长在美国叫嚣要全面讲和，这不过是一个不通国际事务的曲学阿世之徒所发出的学者空论而已！"——这就是在日本引起过巨大反响的"曲学阿世论争"。作为"全面和谈论"的舆论界领袖，南原繁的影响，有力地遏制了"大东亚战争"肯定论在日本死灰复燃的危险走势，也对日本政治的懵懂右转趋向提出了严重的警告。

如果了解"全面和谈论"提出的真实背景，则南原繁的主张根本就不是什么"曲学阿世"和"学者空论"。南原能提出这一问题，是因为他已充分注意到中苏特别是中国在日本未来发展中所具有的举足轻重意义。他认为："问题的核心是中国。正如过去一样，决定日本将来命运的，完全取决于我国对新中国的态度如何。"他认为，一九四九年以后的中国已不是过去的中国，那里正发生着伟大的变化。在中国几千年的历史当中，只有现在诞生的政权，才堪称是人民的政权。"我们应该对新中国的诞生和未来表示祝福，并携起手来，以共图东亚的和平与繁荣"，"如果仅仅以意识形态和政治社会体制的不同为由就妄称不共戴天，并在彼此间画上一条线，那么请问：我们是不是想重复战争的惨祸？这岂不是要把我国推向永远灭亡的道路吗?!"（《如何继承战没学徒的遗产》）高桥哲哉教授演讲中插播的"靖国神社"录像，将我的思绪带回到安田讲堂现场，也带回到问题严重的日本政治现实中。

透过"八·一五"当天日本右翼游行队伍震天的吼叫声和安田讲堂学者们的愤激而冷彻的现实分析，人们不能不承认，今天的日本政治，与南原繁时代崇高而富于前途的国家理念正在做相反方向的疾驰：自一九六〇年新《日美安保条约》的制定，一九六七年旧"纪元节"的恢复，到"警察预备队"朝"自卫队"和"自卫军"组织的变身，日美同盟的空前加强，"周边有事法"和"海外派兵法"的遂行，"皇国神道"论的复燃和靖国问题的白热化，钓鱼岛、独岛和东海油气田水域的局势紧张等等，都已严重地危及日本国立国之本的宪法"第九条"。立花隆感慨道："终战"六十一年后的今天，主张对承诺"永远放弃战争"的日本国宪法进行修改者，已逐渐变成了日本国民的大多数；而去年辞世的日本前副总理、官房长官后藤田正晴在临终时甚至说："今天日本社会的急遽变化，与昭和六年满洲事变（指'九·一八事变'）后的激变情形已非常相像。我对此十分忧虑！"发生于"八·一五"当天的重大纵火案，验证了这些看似耸人听闻的讲法——日本自民党前干事长加藤纮一的老家、山形县鹤冈市一座约三三八平方米的二层住宅连同事务所，竟被来自东京的右翼分子纵火烧掉！只因为加藤主张东亚各国和平相处，并在媒体和其他公开场合谴责了小泉参拜靖国神社的行为。据报道，这个纵火犯行凶后还当场剖腹自杀（未遂待审）！面对禁止言论自由这一危及民主政治底线的卑劣行为，加藤没有退却，爱好和平的民众也无所畏葸：在"八·一五"当日的善恶对垒中，既有小泉登峰造极的靖国表演，也有东京大学的理性抗争；既有修宪者的剑拔弩张，也有"九条会"的拼死护持；既有右翼团体的呼天骂地、杀人放火，也有广大民众的冷眼怒视和反恐呐喊。日本的各家报纸还大多以负面的笔法在头版（除《朝日新闻》外）报道了小泉当天的行为，认为这是小泉下台前所干的最后一次"愚行"、"蛮行"和"暴行"。立花隆希望，小泉政权应该在最后一个"八·一五"去认真倾听南原繁的声音。事实是，小泉不会再听，但日本的知识精英和民众却认真在听——"我们应永远把宪法第九条传承下去并格外珍视之！"（南原繁：《第九条与国际政策》）南原校长显然是参透了日本的历史和未来，才说这番话的。它的意义，将随着事态的发展而越发得到凸显。

初稿于八月十五日·东京大学，修订于八月二十五日·东师史苑

原载于《读书》二〇〇六年第十一期

附记：

卢丽教授的大作《南原繁思想渊源和政治哲学理论研究》，是在其博士学位论文日本"建国之父"《南原繁研究》的基础上增删修订而成的。能做到十数年如一日地去研究一个人物，作者的学术精神首先就非庸常者可比。一般来说，博士论文从通过答辩到专著出版，确实需要一个阶段的沉淀和修整工夫。可如果有人得到学位后还会用去读博年限的三倍时光去"上穷碧落下黄泉"，去穿梭于海内外来搜罗、爬梳和占有与研究对象有关的全部资料，那么我想，大概也只有卢丽做到了。她那样认真不苟，那样惊喜于自己的每一个发现，对于学术又是那样地膜拜甚至已达到了信仰的程度，这些，都是我以前很少能见到的，当然，也是某些只给博士学位和研究生涯定位以工具价值和生计目的的学生和学者所当深思的。而我之所以拿一篇旧稿权作该著述的代序，除了作者的研究内容与此有关外，还因为自己明显感受到在南原繁的话题上，作者已经攀至国内的最高端，而我又实在不肯去做了无底气的聒噪。尽管如此，作为作者博士课程期间的指导教师，我倒经常可以从如此认真的学生及其结实的论著身上获得逆向的激励。我想，这也应该是从事其他职业者所无法体察和无法理解的幸福吧。

韩东育

2021 年 5 月 6 日·长春

前　言

一　研究意义

无论是对日本近现代政治民主化运动的叙述，还是对日本宪法以及天皇制的考察，抑或对日本二战后各项教育改革以及大学发展史的梳理，南原繁（Nanbara Shigeru，1889—1974）都是近现代日本政治思想史研究中一位无法绕行的人物。

关于南原繁的历史功绩及其在日本政治思想史上的意义，多年以来一直研究南原繁的日本学者、著名评论家加藤节[①]认为："20 世纪 30 年代到 40 年代，猖獗狂暴的德意志纳粹与日本天皇法西斯主义把本民族视为神圣民族的狂热的'超民族主义'作为意识形态的那个疯狂的年代里，仍然存在着一群对这种意识形态进行批判的思想家。南原繁是此期间日本为数不多的批判思想家群体中以批判的彻底性而著称的杰出的政治哲学家。"[②] 著名学者韩东育[③]也有过如下判断："南原繁的意义，不仅体现在他的及时登场，更体现在他对东京大学乃至整个日本国未来发展正确方向的设计与导引。他不但给日本国新宪法、教育基本法等国家全部基本重要法案的设计赋予了全新的思维，还唤起了茫然自失的日本国民创建新民主国家的热

[①]　加藤节（1944—　），出生于日本长野县。1969 年毕业于东京大学法学部。1974 年获东京大学大学院法学政治学研究科法学博士。现任成蹊学园专务理事、成蹊大学法学部终身教授。著有《近代政治哲学与宗教》《政治与人》《民主政治的未来》《南原繁》《再问政治》等。

[②]　［日］加藤节：《南原繁的"爱国的民族主义"》，"东亚的历史与思想"国际学术研讨会论文集 2011 年版，第 89 页。

[③]　韩东育（1962—　），东北师范大学历史文化学院教授，博士生导师。东京大学博士、博士后，"长江学者"，东北师范大学副校长。著有《日本近世新法家研究》《本体的解构与重建：对日本思想史的新诠释》《道学的病理》《天人·人际·身心：中国古代终极关怀思想研究》《从"脱儒"到"脱亚"：日本近世以来"去中心化"之思想过程》等。

情。由此，他赢得了二战后日本国'建国之父'① 的美誉。"②

南原繁于1889年出生在日本国香川县下田市，毕业于东京大学前身的东京帝国大学法科大学政治学科。他在日本内务省工作了8年后重新返回东京大学做学问，1945年出任东京帝国大学法学部部长③，同年至1951年任东京帝国大学和二战后东京大学校长。他发表的大量演说和学术著作成为日本二战后虚脱状态下全体国民极大的精神支柱。南原繁在就任日本二战结束后"教育改革委员会"副委员长和委员长期间，指导率领委员们一起制定了《教育基本法》《学校教育法》等诸多教育法规，为战后日本各项教育改革的推进与成功起到了不可或缺的作用。南原繁作为知识分子的代表被选为贵族院议员后，还积极参与了日本宪法草案的审议工作，成为二战后日本新宪法制定过程中不可替代的重要角色。

作为政治学者、政治哲学家、思想家、教育家的南原繁通过对康德、新康德、费希特等哲学家思想理论的研究，密切联系激变时代的社会问题意识，对古典哲学思想进行了认真考察，并通过对古典哲学思想严密的逻辑解释重新返回日本严酷的现实社会，进而对现实的意义提出了批判。最后，他将自己的研究课题定位"在政治社会中回归于目标"，并由此构筑了自己独特的政治哲学思想体系。

南原繁政治哲学思想体系中的知性学术思想对二战结束后日本了解、认识、吸收西方哲学、政治思想，日本转型期的思维方式的转变、日本国民对新民主主义国家的认识、激发日本国民创建新的民主国家的热情起到了至关重要的作用。南原繁的政治哲学思想体系与知性学术思想在日本的思想史以及日本近现代史上具有划时代的历史意义。"从日本历史的角度而言，无论是现在还是将来，就其广度和深度，还是从长远来看，南原繁都是不得不提及的人物。"④

综上，对南原繁政治哲学思想体系和知性学术思想的研究，不仅可以对近现代日本特别是二战后日本人的思想变化轨迹、思维方式以及由此凸显出来的日本独特的新国民精神改造和由此展开的国民性格之转变、社会政治制度变革和内在知性与宗教精神的问题进行细致的梳理和把握，进而

---

① 立花隆认为南原繁在日本二战后的引领作用无人出其右，他于1997年12月5日在东京大学召开的"两个八·一五"研讨会上称南原繁为日本的"建国之父"。
② 韩东育：《两个"八·一五"》，《读书》2006年第11期。
③ 相当于中国大学院系的院长或系主任。
④ 立花隆：「なぜ今南原繁を問われているか」，『南原繁の言葉』，東京大学出版会2007年版、第3頁。

以南原繁政治哲学思想体系和知性学术思想透视日本，通过邻家东瀛看中国，还可以进一步了解并认识日本转型期的思想、文化脉络的走向及其对东亚思想文化发展进程的影响。

二　先行研究成果

南原繁一生著述颇丰，著作种类繁多且内容涉及宽泛，包括哲学、政治学、政治哲学、政治理论、政治思想史、政治理论史、宗教、历史、文化、文学（和歌①）、教育、宪法等诸多领域及学科的内容。

南原繁的著作，从1942年11月出版的第一册单行本《国家与宗教》②至1958年7月出版的最后一册《故乡》③，共计24册。从题材上看，论文、翻译、介绍类等文章从1923年4月至1968年1月共有38篇；演讲、对话、访谈类的文章从1934年8月至1972年1月共有127篇，其数量居所有类别之最；评论、随想、序、书评等从1931年3月至1971年7月共有95篇。几乎所有的论著、论文、演讲，包括和歌在内的文章被南原繁的弟子丸山真男、福田欢一收录在《南原繁著作集》④（岩波书店发行，共十卷、别卷一）里面。从1972年11月18日第一版开始至1973年8月18日陆续由日本岩波书店发行。1984年2月25日岩波书店又再次出版发行了这部全集的特装版。

南原繁的著作从内容上大致可以分为三大类别。第一部分是他的政治哲学学术理论，如哲学、政治、政治哲学、政治思想、政治思想史、政治理论史等，其中也涉及了战中对法西斯的批判。主要集中在《南原繁著作集》第一卷《国家与宗教——欧洲精神史研究》、第二卷《费希特的政治哲学》、第三卷《自由与国家的理念——政治哲学论文集》、第四卷《政治理论史》、第五卷《政治哲学序说》等论著中。第二部分是关于"建立新日本、创造新日本文化、创建新民主主义国家"，保持中立、全面讲和等与日本当时的现实社会密切相关的政治哲学思想部分。此类主要论著大多被收录在《南原繁著作集》以下卷中：第一卷《国家与宗教——欧洲精神

---

① 日本古诗歌的一种形式。由5、7、5、7、7的5个句子构成31个音组成。7世纪前后形成并固定下来的一种诗歌形式。

② 东京岩波书店出版。

③ 东京大学出版会出版。

④ 1972年11月18日第一版开始至1973年8月18日陆续由岩波书店发行。1984年2月25日特装版，岩波书店发行。

史研究》、第三卷《自由与国家的理念——政治哲学论文集》、第六卷《学问·教养·信仰》、第七卷《文化与国家》、第九卷《日本的理想》、第十卷《创造历史》等。这些论著大致为我们展示了南原繁关于二战后日本走向的全面思考及其作为思想界领袖的思想轨迹，以及当时日本知识分子的思想与精神全貌。第三部分可以归为杂类，有演讲、和歌、悼文、序、书评及回忆录等。此部分不仅延续了南原繁一贯的严谨学术作风和渊博的学识，还从另一个视角为我们描绘出不同于以往的思想家、政治学者、教育家的另一种形象和风范，让我们感受到一位忧国忧民的跨世纪老人那颗高尚而平凡的心灵。

目前在国内外能查阅到的除了上述专著以外有关南原繁的传记仅有《访谈录·南原繁回顾录》①《南原繁——现代日本和知识分子》②《南原繁与现代》③。这三部书籍为我们描绘出南原繁从一个乡下无知的少年成长为日本著名的政治学者、哲学家、思想家、教育家、社会活动家、诗人，以及其在日本处于战后民主国家转型的关键时期，奔走呼吁，不懈努力的人生历程与思想变化轨迹。

关于南原繁政治哲学思想体系中知性学术思想相关方面先行文献的研究成果，目前在国外能查阅到的有东京大学教授立花隆④编写的于 2007 年出版的《南原繁的语言》中立花隆的《缘何现在提起南原繁?》和《南原繁与学问·自由》、佐佐木毅⑤的《政治学者南原繁》、姜尚中⑥的《南原繁与宪法第九条》、鸭下重彦⑦的《结语——当下我们所欲求是什么?》等文章；南原繁研究会于 2005 年 3 月出版的"南原繁 30 周年纪念研讨会"

---

① 丸山真男、福田歓一：『聞き書　南原繁回顧録』、東京大学出版社 1990 年版。

② 加藤節：『南原繁——近代日本と知識人』、岩波新書 514、東京岩波書店 1997 年版。

③ 南原繁研究会：『南原繁と現代』、東京 to be 出版 2005 年版。

④ 立花隆（1940— ），出生于日本长野县。1964 年毕业于东京大学法文学科，进入《文艺春秋》杂志社工作，其后再次入东京大学哲学科，在校期间积极开展评论活动。1974 年因撰写《田中角荣研究——金脉与人脉》，揭露了首相的犯罪问题在社会上引起了极大的反响。代表作有《从宇宙回归》《脑死》《精神与物质》《21 世纪　知性之挑战》《天皇与东大》《东大生是傻瓜吗?》《田中真纪子》等。1983 年获"菊池宽奖"，1998 年获"司马辽太郎奖"。

⑤ 佐佐木毅（1942— ），出生于日本秋田县，日本学习院大学法学部教授，东京大学法学部毕业。专攻思想史、政治学。2001 年至 2005 年出任东京大学校长。1988 年获"吉野作造奖"、1999 年获"读卖论坛奖"、2005 年获"紫绶奖"。著有《政治学讲义》《柏拉图的呪缚——20 世纪的哲学与政治》等。

⑥ 姜尚中（1950— ），出生于日本熊本县，早稻田大学大学院政治学研究科博士课程结业，东京大学情报学教授。著有《在日——两个"祖国"的思考》《民族主义》等。

⑦ 鸭下重彦（1934— ），出生于日本北海道，东京大学医科毕业，东京大学名誉教授兼"南原繁研究会"主力研究员。

论文集《南原繁与现代》中加藤节的《来自南原繁政治哲学的提问》、高木博义①的《南原繁的和平构想》、小林正弥②的《先驱的社群主义者南原繁》、福田欢一③的《南原繁先生为我们留下的精神财富》等相关文章；加藤节于1997年出版的《南原繁——现代日本和知识分子》；A.E.巴谢著，宫本盛太郎监译的《南原繁与长谷川如是闲》；加藤节在2011年9月"东亚的历史与思想"国际学术研究会上发表的论文《南原繁的"爱国的民族主义"》、2017年在东京举行的南原繁研究年会的专刊《南原繁的战后体制构成》④等。

　　国内正式出版的文献和论文仅能查到加藤节的《政治与人》⑤和韩东育2006年在《读书》上发表的论文《两个八·一五》。加藤节的《政治与人》仅有一章考察了丸山真男与其导师南原繁之间的研究方法和思想立场的不同，对本书的参考价值不大。韩东育的《两个八·一五》虽然文字不多，却高屋建瓴地概括并定位了南原繁的大学教育观、天皇观以及中国观等诸多观点和立场，对本书的研究极具参考价值。

　　原东京大学校长佐佐木毅⑥认为："南原繁作为政治学者的确是名副其实的'洞窟哲人'。"⑦⑧从某种意义上来说，这一方面与他本人严于律己，只专研学问的学术学风和人格有关；另一方面也缘于他曾经做过政府官员，对行政事务性工作不感兴趣之故。相反，我们也可以从另一个角度将其诠释为他不仅是作为政治学者埋头于政治哲学以及政治思想的研究，而且是积极地全身心投入日本二战后的政治、教育、文化和宪法等各项改革中。这从1945年8月15日以后的东京帝国大学多变的命运中便可以体会

---

　　① 高木博义（1937—　），出生于日本岐阜县，1961年毕业于东京大学法学部，现任学校法人敬心学园职员。

　　② 小林正弥（1963—　），东京大学毕业，现任千叶大学教授。代表作有《非战的哲学》《丸山真男论》《战争批判的公共哲学》等。

　　③ 福田欢一（1923—　），出生于日本神户。1947年毕业于东京帝国大学法学政治学科。历任东京大学教授、日本政治学会理事长、东京大学法学部部长、明治学院大学教授、明治学院大学学长（校长），现任日本学士院院士，著有《福田欢一著作集》。

　　④ 由横滨大气堂出版社于2017年8月出版。

　　⑤ 由唐士其翻译，北京大学出版社于2003年12月出版。

　　⑥ 佐佐木毅（1942—　），东京大学毕业，东京大学前任校长，现为日本学习院大学教授，政治学家。代表作有《马基亚维利的政治思想》《柏拉图与政治》《政治学讲义》《国家·人·公共性》等。

　　⑦ 南原繁的弟子丸山真男等人因看到导师南原繁每天把自己关在研究室专心致志地做学问，模仿康德的"洞窟之光"给他起的绰号。

　　⑧ 佐々木毅:「政治学者·南原繁」、『南原繁の言葉』、東京大学出版会2007年版、第183頁。

并领略一二。佐佐木毅认为，"没有政治自由的地方基本上也没有政治学诞生的可能性。在日本二战后非常严峻的那个时代，如何明哲保身地生存下来，不同的政治学者有着不同的生存方式，而这种生存方式也会极大地影响并左右着每个人的命运也是不争的事实"。① 作为政治学者的南原繁的确有着与他人不同的独特的生存方式和人生观。

对于上述这些先行研究成果中关于天皇退位的问题，韩东育进行了深刻、精彩的剖析：南原繁对天皇制国体论的认识揭示了建立在神话和天皇制国体论是导致这场战争的精神根源；而战争的不可逆转性又在相当意义上决定了潜藏在日本国民当中深刻的"内在缺陷"，即"新纪元"（新的"纪元节"）说堪称南原繁克服这一"内在缺陷"的利器。南原繁强调，所谓的"纪元节"是建立在神话与传说上且未经过任何实证性研究的，因而必须彻底批判地追究其政治界定的内涵。这种迷信的精神状态是把日本引向战争并最终使之覆灭的根本原因。日本用如此固有的传统和精神去赌一场战争的输赢并导致其精神自体毁灭的今天，日本人显然不能把"祖国"复兴大任寄托在过去的历史上。从这个意义上来说，日本的历史不在于过去，而在于将来，在于将来全新的自我创造。② 先行文献与此相关的成果很多，但至今为止，尚无人指出南原繁的"天皇退位论"是为了使日本在二战结束后能够延续国体，是他"爱国"的"民族主义"情结使然。笔者曾发表过相关的论文，但只是梳理了南原繁在二战前和二战结束后对天皇态度转变的过程，本书拟从学理上追本溯源地探究南原繁这一思想的转变过程及其思想根源。

关于二战结束后日本教育改革的问题。山口周三在《资料解读 南原繁与战后教育改革》③ 一书中很好地梳理了南原繁二战结束后在教育改革过程中做出的具体工作和光辉业绩；大园诚在《战后改革的热情——南原繁的人间形成与教育理念》④ 一文中论述了南原繁教育改革的主张和理念。然而，在先行研究成果中没有专著或是论文详细的解读南原繁在日本二战结束后在教育改革过程中所起到的主导性引领作用，特别是南原繁为什么力主二战后日本教育一定要进行改革的深刻原因，即源于日本人精神内部

① 佐々木毅：「政治学者・南原繁」、『南原繁の言葉』、東京大学出版会 2007 年版、第187 頁。
② 韩东育：《两个"八·一五"》，《读书》2006 年第 11 期。
③ 山口周三：『資料で読み解く 南原繁と戦後教育改革』、東京東信堂 2009 年版。
④ 大園誠：「戦後教育改革の情熱——南原繁の人間形成と教育理念——」、『南原繁の戦後体制構造』、横浜大気堂 2017 年版。

的"人间性"缺欠，从而导致全体国民盲目地服从极少部分人的精神控制和指挥，致使日本国走上战争不归途。本书第三章阐述并梳理南原繁关于日本二战结束后在各项改革中占有重要地位的教育改革问题，从本源上探寻并考察南原繁力主二战后日本教育改革的深层原因和理论依据。同时，力图厘清南原繁的教育改革主张与他的天皇观、"和平构想"等层层环绕、错综复杂的逻辑关系。

关于南原繁的《永久和平论》问题，高木博义认为南原繁的《永久和平论》有五个最基本的特征。第一个特征是"精神革命"。南原繁的《永久和平论》是伴随着"精神革命"的达成而形成的，这也是南原繁"和平构想"的最大特点。第二个特征是"国体论"和"放弃战争论"。第三个特征是"不再步入军备之旅"。第四个特征是"坚守基于历史毫不动摇的信念"。第五个特征是"战后和平论"。南原繁的"和平构想"是日本战后一系列改革的重要精神支柱。南原繁提出要面向世界的"永久和平"、建立"人类世界共同体"、要"全面讲和"、不搞军事备战的"中立立场"、要与共产世界及自由世界"和平共存"的和平论为二战结束后的日本指明了前行的方向。他的《永久和平论》来源于康德"在政治中构成人类最高善"的"永久和平论"。关于此观点，先行研究文献中关于南原繁"和平构想"的理论依据与来源至今尚无人提及。本书在第四章试图梳理南原繁"和平构想"的理论构建依据与思想脉络走向。

关于南原繁"中国观"的认识问题，韩东育指出："昭和维新"[①] 的根本课题，表示针对上述日本精神自身而开展的革命是新的国民精神改造以及由此展开的国民性格转换、社会政治制度变革和内在知性与宗教精神的革命。[②] 南原繁认为只有给国民注入新的精神生命，方可语恒久之自我。即只有在投身人类文化与世界和平事业的前提下，日本人才能找到自身的真正使命。日本所应遵循的"理性"和"真理"就是深刻地吸取军国主义的教训，在向被侵略国家真诚地谢罪并求得谅解的同时，建设起民主主义的新国家，并为维护地区与世界和平贡献智慧和力量。实现这一目标的大前提当然是永久放弃武力、永远做和平的国家，并永远在国际事务中保持"中立"立场。在对待中国问题上，南原繁认为要与世界上所有的国家保持"中立"立场，特别是中国。因为他已充分地意识到中国在日本未来的

①　立花隆：「なぜ今南原繁を問われているのか」、『南原繁の言葉』、東京大学出版会 2007 年版、第 18 頁。

②　韩东育：《两个"八·一五"》，《读书》2006 年第 11 期。

发展中所具有的举足轻重的意义和作用。他指出："我们应该对新中国的诞生和未来表示祝福，并与之携起手来以图东亚的和平与繁荣。"① 先行文献的研究中没有探究南原繁主张和平的思想渊源，也没有从理论上考察探寻政治哲学理论。本书将从源头追溯南原繁在战前、战中对法西斯政治哲学理论方面的研究，从深层次上探寻他对侵华战争"谢罪"认识的深刻历史原因和政治原因。

以上则是近几年在国内外能查找到的关于南原繁政治哲学思想体系研究的一部分成果。除了加藤节、韩东育的观点对本书有相当的参考价值以外，我们不难发现其他人的观点与研究不足以概括南原繁在日本二战后转型期的关键时刻所起的重大历史作用。至今为止，尚无人系统、全面地研究在南原繁政治哲学思想体系中占有重要地位，诸如"天皇退位"问题、南原繁为何力主教育改革的深层原因以及南原繁对日本侵华战争的"谢罪"认识，特别是没有展开考察和探寻南原繁在日本近现代思想上和历史上彪炳于世的地位和作用等问题。

三　研究内容

本书探讨的重点拟置于以下几个方面。

第一，梳理南原繁不平凡的一生，尽可能地用白描的手法勾勒出与日本近现代激荡的历史同呼吸共命运的一位有良知的日本精英知识分子的政治哲学体系的思想轨迹。

第二，对南原繁政治哲学体系中的思想渊源进行挖掘和整理。南原繁的知性学术思想之形成既有中国的儒家文化给予南原繁以东方式的文化教养及人格熏陶，使他从少年时期就立下"修身、齐家、治国"的大志，也有新渡户稻造与内村鉴三给予南原繁西方式的学问、思想及信仰之启迪。新渡户稻造追求人类内在世界的教养与学识为南原繁日后研究政治哲学和政治学，进而研究日本的政治哲学思想打下了坚固的基础。新渡户稻造的国际主义精神与内村鉴三的"无教会主义"基督教精神则成为南原繁二战结束后主张放弃战争，保持中立与和平，创建新的民主国家之思想渊源。南原繁忧国忧民之情怀、济世之经纶无不渗透着东西方文化纵横交织融合之结果，又与他理论密切联系现实社会的时代意识密不可分。

第三，对南原繁政治哲学思想体系的理论框架和哲学命题进行理顺和

---

① 韩东育：《两个"八·一五"》，《读书》2006 年第 11 期。

整体把握。南原繁在代表作《政治哲学序说》中阐述道，他的哲学之路——"政治的知性"是由"常识的见解"转向"客观的科学知识"，进而迈向"质疑人类的历史应如何发展"的"世界观的哲学"，并且，最终自然走向"辩证法的发展"。这一思想的发展历程向我们展示了南原繁遵从知性的要求，将自己的课题定位于"在政治社会的回归于目标"，并明确决定由此构筑自己独特的政治哲学思想体系。南原繁政治哲学思想体系的理论框架似乎可以概括为"价值并行论"和"共同体论"。本书认为其中最具价值的是他将此政治哲学思想体系的理论在现实社会中"学以致用"的"天退位论"、教育改革、"和平构想"等知性学术思想。

第四，南原繁政治哲学思想体系大致可归纳整理为以下四个方面。（1）关于天皇和天皇制的问题。南原繁认为天皇在法律上、政治上对战争没有任何责任，但天皇自身负有道德、精神上的责任。这显然与他建立"新民主主义国家"的主张相左，也与他本人终生信奉的基督教相悖。南原繁这种浓厚、狭隘的民族主义倾向是他终生呼吁世界和平、建立民主主义新日本的"建国构想"的一个令人遗憾的缺失。（2）关于二战后各项教育改革的问题。南原繁认为，教育改革与新宪法同样是一项重要的改革。要建设新的民主文化型国家、为世界和平做贡献，尊重个人、培养希冀真理与和平的人、普及尊重传统与充满个性的文化教育等既是日本教育法最基本的教育理念，亦是建设新日本之根本。（3）南原繁反思战争，建立全面和平、民主的新国家"和平构想"。南原繁和东京大学六教授探讨的"终战构想"、在贵族院讨论制定以及修改新宪法、制定新教育法时与政府官员达到白热化的据理力争、与时任首相吉田茂的"曲学阿世"之论战等事实，凸显出南原繁为了把日本建成"民主、真理和自由"之国度具有的非凡的想象力和对天下大势的良好把握以及济世救民的拳拳"爱国情结"。（4）梳理了南原繁在政治哲学理论上对法西斯的批判，本书拟从理论上追本溯源地考察并试图找出相关的政治哲学理论依据。

南原繁的论著虽然涉及诸多学科的内容，但他一生中除了二战中、二战后，绝大部分的时间都是在"象牙塔里"做学术性的研究，正因为如此，他的影响除了在二战后的一段时间内格外引人注目以外，其他的大部分时间仅仅是在范围狭窄的学术界被同行以及弟子们所熟知，这也是长久以来南原繁在日本思想史等领域的地位和作用不被众人所知，受到的关注较少，几乎没有人对其进行深入系统研究的一个重要原因。此外，南原繁关于哲学、政治哲学、政治思想、政治理论史等理论部分高深、难懂的确让普通读者或是一般主攻思想史的学者望而却步。加之，关于南原繁的政治哲学思想体系的资料只能是在其回忆录、访谈录或演讲中捕捉一部分信息，有价值的研究或论著甚少。再者，由于南原繁少时便习英语、德语，年轻时又留学英、法、德国三年，他不仅可以研读西方哲学家的原文经典，还吸收了许多世界级哲学家的理论与逻辑之精华，其论著的理论性和逻辑性较强，且富有极强的哲理性，文章中很多章节或句子晦涩难懂。再加上表达方式深受西方语言的文法和表现的影响，结构复杂且句子较长不易理解，同时他的文笔又多为半文言半现代的日语，还大量使用了日常生活使用频率较低的学术用语，也为本书的文本解读和逻辑诠释带来了一定的困难。

目前，无论是日本国内还是国外似乎尚未充分地认识到南原繁在日本思想史及历史上的作用、地位和意义。这从研究他的论著寥寥无几即可窥见一斑。此情形与南原繁在二战后转型期的关键时刻所起的不可或缺的重大作用和在日本近现代思想史上的历史地位和作用不成正比，无论是官方还是民间，与之相关的学术研究成果以及研究机构的数量之少都是比较罕见和令人不可思议的现象，也使本研究陷入了先行文献相对匮乏的境地。

四　研究方法

就思想史而言，大体不超出"历史·思想史"以及"哲学·观念史"的研究范围。前者将南原繁置于日本近现代史和东亚思想史的脉络中加以考察，特别注重南原繁思想与日本近现代史的关联性，从而在研究方法上将南原繁用以表达自身思想的若干观点、主张与日本近现代社会、政治、教育、文化传承的思想体系相关联，假设其思维方式、思考方法，进而凸显其观点与主张的自主性、关联性与逻辑性。南原繁知性学术思想中的"天皇退位论"、教育改革、和平构想和中国观等互为一体、环环相扣、纠葛缠绕构成庞大的思想体系，其思想中既有深奥的政治哲学原理，更有南原繁独特的立场和观点支撑，其内在的知性与逻辑关系似乎难以剥离与梳理。

丸山真男在《关于思想史的思考方法——类型、范围、对象》①一文中指出，思想史可分为三类："教义史"，如西方的基督教教义史、日本的儒学史等。"教义史"型思想史的研究对象，一般是具有高度觉悟的、抽象的理论体系或教义，"教义史"就是要追寻这种体系和说教的历史展开

---

① 丸山真男：『丸山真男集』、東京岩波書店 1996 年版。

过程，而作为对象的人物往往是比较著名的思想家和学者。"观念的历史"，它的定义可以解释为：它并不以历史上某人物的思想为研究对象，而是以某个文化圈里，某个时代或几个时代里一直通用的特定观念为对象，研究这些观念与其他观念相结合、相分离的过程，追求这些观念在社会发展过程中机能的变迁。"观念的历史"也重视某种观念的社会基础和主张者等因素，而且，由于这些因素的处理方法不同，"观念的历史"也会产生出丰富多彩的差异。总而言之，它的任务主要在于分析出特定观念的内部结构和某种观念与其他观念之间的融合关系，追寻历史发展的线索。"范畴的历史"主要是把时代精神或时代思潮整体作为历史的对象来探讨。以某个特定的时代为对象，总体地把握其政治、社会、人间、文学、艺术等各领域出现的思维方式以及相互关联和社会政治状况的关联，也就是说，综合地把握时代精神的整体结构，从而解明其历史发展状况的一种思想史。①

综上，本书拟借鉴"教义史"的方法，采取"历史·思想史"和"哲学·观念史"相结合的研究构想，对南原繁其人、政治哲学思想体系中的知性学术思想的"天皇退位论"、教育改革、"和平构想"、南原繁对侵华战争的"谢罪"认识、对法西斯的批判、政治哲学的思想渊源、理论框架和哲学命题等内容作出系统的分析、梳理及论述，同时，对南原繁与日本近现代社会、历史、文化、教育、宪法等多方面的互动影响进行追踪与探讨，从而对南原繁在日本思想史上的地位以及学术上的影响有一个历史性的整体把握。

---

① 丸山真男：『丸山真男集』、東京岩波書店 1996 年版、第 43 頁。

目　录

第一章 南原繁其人

南原繁作为日本著名的思想家、教育家、政治学者、政治哲学家、贵族院议员、社会活动家、诗人，在二战后日本处于民主国家转型的关键时刻，特别是在二战结束后各项重要改革的过程中所起到的指导和引领性作用，厥功至伟，无人出其右。

连续 7 年在日本著名杂志《文艺春秋》上以《我的东大论》连载后结集成《天皇与东大 上·下》巨作的日本著名学者立花隆在 2006 年 8 月 15 日 "八月十五日与讲述南原繁" 的演讲会上指出："如果 8 月 15 日是国家忌日的话，那么，南原繁总长①时代就是日本再生的时代。在此意义上，现在存续下来的日本即是南原繁总长时代延长线上构

南原繁
（图 1-1）

建起来的，是南原繁奠定了战后重建日本的基石。"② 立花隆在《我的护宪论》一文中还高度评价南原繁："他是参加过制定日本新宪法和教育基本法的人。他也是积极参与了构筑战后日本体制的重要人物，可谓是日本二战后的'建国之父'。"③ 东京大学名誉教授三谷太郎曾断言："近现代的日本引领日本政治思想，对政治教育影响极大的人物，明治时代是福泽喻吉；大正时代是吉野作造；二战后是南原繁和丸山真男。"④ 他的这一结论

---

① 特指日本东京帝国大学和京都帝国大学的校长，南原繁认为这是两所大学校长的特权。

② 立花隆：『私の保憲論　前編』月刊、東京現代、2007 年 7 月、第 28 頁。

③ 立花隆：『私の保憲論　前編』月刊、東京現代、2007 年 7 月、第 29 頁。

④ 山口周三：『南原繁の生涯　信仰・思想・業績』、東京教文館 2013 年版、第 487 頁。

对日本思想史界有一定的影响。

本章将以白描的手法，简要地介绍南原繁与众不同、波澜壮阔的一生。据此为以下各章展开论述南原繁政治哲学体系与知性学术思想做一个铺垫，希冀能抛砖引玉。

第一节　青少年时代

1889 年 9 月 5 日，南原繁出生于日本香川县大川郡相生村大字南野 117 番地。① 生父三好贞吉，母三好菊。日本政府于同年 2 月颁布了《大日本帝国宪法》，二战后被选为日本帝国贵族院议员的南原繁作为知识分子精英代表参与了二战后《日本国宪法》的议案以及审议的整个过程。儿时的他亲身经历了废止《大日本帝国宪法》的整个过程，中年后他又亲自参与制定了 1946 年 11 月出台的《日本国宪法》。如此，南原繁的传奇式人生便与日本近现代的历史有了某种契合。这一年恰好也是法西斯分子希特勒出生的年份。南原繁在二战前和二战时期对法西斯的思考与批判、二战后对日本国走向的导引，为我们展示了一幅跌宕起伏的二战后日本的历史长卷。

一　少年时代

少年时代的南原繁本来应该与其他同龄人一样在景色宜人的乡下快乐地成长，然而，他却经历了与同龄的小伙伴完全不同的人生。1884 年，南原繁 25 岁的母亲与入赘做女婿的三好贞吉结婚。婚后所生的长男三好昌平因病不久死去，长女三好中惠 1 岁多夭折。于是，南原繁实际上就成了家中的长子。南原繁的父亲三好贞吉原本是做邻里之间矛盾或纠纷时仲裁或调解人的工作，但因性格放荡不羁，在南原繁还不到 2 岁的时候被迫离籍②。因此，南原繁从小没有像其他的孩童一样随父姓，而是随了母亲娘家的"楠"姓。离婚后的母亲只好含辛茹苦地独自养育幼小的南原繁，襁褓中的南原繁便开始经历了完全不同于其他小伙伴的童年。1895 年，南原繁 5 岁时，母亲与邻村的广濑藤太郎再婚。这位石匠出身的继父，当时尚

---

① 现在位于"日本香川县东香川市引田町南野 165 号 3 番地"。

② 日本旧民法规定，户主被取消了作为家庭成员户籍的同时也要被剥夺原有的身份和原本应享受的各种待遇。

有小部分的田地可耕种，除了有饮酒的恶习以外是个近乎耿直的善良人。
1896年3月，母亲生下了南原繁同母异父的胞妹馨。

南原繁母亲的娘家原本姓楠，经营着当地著名的世代相传的砂糖产业
"岸野屋"。南原繁母亲的祖父楠驹之助和父亲楠松藏先后任当地负责砂糖
行业的"组头"①，家族世代经营着糖厂。在家族田地里种植的甘蔗不够制
砂糖的原料时还会去附近的村子里收购甘蔗，然后在工厂里生产出精制的
砂糖，是方圆百里著名的"讚岐三盆"制糖老厂家。"岸野屋"糖厂每年
先用大船把砂糖运到大阪府，然后销售一空满载小判②而归，在四国一带
可谓名门望族。然而，明治维新之后伴随着日本政府产业结构政策的变
化，楠家族产业逐渐败落了。1870年9月19日，明治政府准许平民百姓
使用姓氏，第二年的4月4日新政府又公布了《户籍法》，平民百姓可以
按照户籍编制拥有自己的姓氏。南原繁母亲娘家原来很风光的楠姓，被祖
父楠驹之助一意孤行地改为"南原"。按照当时政府公布的《户籍法》的
相关规定，一个家庭姓氏的变更同时也意味着原有家族地位与身份的完全
丧失。从此，南原繁母亲娘家原来的楠姓便被改为"南原"。

南原繁的母亲作为家里唯一的女儿，12岁时遭遇父亲病逝，心灵手巧
在外面学手艺的她14岁便回到娘家开始肩负起振兴家族的重任。为了能独
立地承担起这份重任，南原繁的母亲选择做日本传统和服，并从事终生。
她14岁时就成了远近闻名的和服裁缝师傅，手艺成熟后她便教邻家和附近
的女人做和服并以此谋生。南原繁的母亲做裁缝一直持续到去东京南原繁
身边生活之前。南原繁的母亲50年间收了很多的徒弟，被当地人尊称为
"师匠"。

南原繁在《母亲》一文中追忆母亲对他的人生影响时曾写道："做和
服裁缝这项工作不仅是母亲经济独立的谋生手段，还具有思想上的意义。
对于母亲来说，经济的独立不光是在生活方面的独立，实际上也是在精神
层面的独立。因为勤劳不仅使她能独担生活的重担，也使她内心和思想上
不断地思取进步。"③ 教近邻做和服这项工作也磨炼了南原繁母亲的独立自
立、好强上进的自尊心和吃苦耐劳的好品格。南原繁母亲这种优秀的品质
也直接渗透到幼小的南原繁的心里，成为他人生的楷模。然而，这种不服

---

① 日本明治时期政府级别的村官级别的地方官之一，行业负责人。在当时的关东地区相当
于当地最有实力的"名主"。

② 日本明治时期的一种钱币。

③ 加藤節：『南原繁——近代日本と知識人』、岩波新書514、東京岩波書店1997年版、第
11頁。

输、独立自主和吃苦耐劳的性格也导致南原繁母亲的婚姻再次破裂。南原繁 8 岁时，他的母亲感到继父广濑藤太郎并没有能力帮助她重振家族往日的辉煌，于是，她便把所有的时间和精力都投入到培养幼小的南原繁身上了。

为了使南原繁从小立下振兴家族的远大抱负和理想，南原繁的母亲有计划地对他进行了作为家族继承人的一系列礼仪和品行等方面的教育。实际上在南原繁的生父三好贞吉尚未被取消户籍之前，南原繁的母亲就把还不到两岁的南原繁立为一家之主做了户主，还给南原繁穿上与一家之主的身份和地位相符的带有家徽的和服，并且，从言谈举止到待人接物的传统礼仪等都对他进行了严格的指导和训练。她还经常让南原繁代表家庭，以一家之主的身份去参加近邻和亲朋好友们举办的传统的庆典和婚庆丧葬等活动。在南原繁从小学升入中学的时候，曾经显赫一时的楠家开始彻底破落，楠家在当地赫赫有名的制糖工厂也只剩下一部分宅基地了。南原繁的母亲经常拿出以前的宅基地图给他讲述家族往日辉煌的历史，嘱咐他要好好学习，长大以后一定要重振家族往日的雄风。小南原繁每次都饶有兴趣地倾听母亲的讲述，并将母亲的殷切希望作为自己的人生理想。于是，这个最初的人生理想在南原繁中学时代便成为他的人生目标。进入高中后的南原繁也曾无数次地在脑海中描绘着买回祖先的房屋和地产，重振楠家的宏伟蓝图。①

南原繁的母亲对少年南原繁的教育方针源于她幼时在"寺子屋"② 学过的儒家经典《论语》中"立身扬名兴家，即尽孝道亦是以天下为己任"等中国儒家经典的影响。这种儒家思想的浸润逐渐让南原繁养成了一家之主的责任感与使命感，并终生保持着"强烈的独立自主的意识和顽强的主

---

① 加藤節：『南原繁——近代日本と知識人』、岩波新書 514、東京岩波書店 1997 年版、第 13 頁。

② "寺子屋"是日本室町时代后期在寺院开办的初等教育机构，主要招收平民百姓的子弟进行教育的场所。一般招收的儿童年龄在 6—10 岁，主要以学习读、写和珠算等为主。当时，日本的寺院已经开始实施面向普通国民的通识教育，于是，很多低中级的武士家庭和少数平民百姓家庭便把家里的适龄儿童送到寺院接受这种初级启蒙教育。"寺子屋"到了江户时代已近两万多所，当地大户或者武士家的儿童便前往学者们的私塾和幕府或藩设立的学校读书，而平民百姓家的子弟仍在寺院继续学习。但由于日本当时规模较大的寺院主要致力于培养僧侣，实施这种世俗启蒙教育的基本是一些规模很小的寺院。随着平民百姓不断要求提高教育水平，求学适龄儿童的数量不断增加，小型寺院已经很难满足大部分适龄学童学习的要求，于是，一些没落的武士、町人、浪人、神官、医生和有一定经济能力的平民百姓就开设了很多这种民间教育机构，人们把这些民间的教育机构统称为"寺子屋"。

体性"①。这种家族意识以及从小被灌输的对家族的责任感与自觉意识亦成为此后构筑南原繁"共同体"思想意识的基石②。这种以振兴家族的"共同体"意识，坚持独立自主的自律原则对南原繁其后的同乡共同体、同窗共同体、同事共同体、国家共同体、世界共同体，并把"共同体"意识不仅作为个体的担当，而且将其升华成人类共同体的思想意识无疑密切相关，影响深远。

有一次，当南原繁的母亲看到年仅 5 岁的南原繁跑到学校，站在教室外面认真听课的情形后，便于 1895 年 4 月，在南原繁年仅 5 岁零 7 个月的时候就让他上了当地香川县大川郡的相生寻常小学。相生寻常小学是在那个年代很少见的男女共校的小学，"此环境对南原繁日后形成的浪漫主义思想起到了重要的作用"③。相生寻常小学和日本当时的其他小学一样也是四年制，23 岁的阿部正树训导④一年级至四年级，一直是南原繁所在班级的班主任。他学识渊博，有 6 年的教学经验，对每一位学生都充满了爱心。阿部正树不仅向孩子们传授知识，还经常教授学生们礼节礼仪，是一位十分优秀的教师。

阿部正树非常重视让孩子们从小立志，并且，他还强调要把人生的目标定得高远一些，鼓励孩子们通过刻苦努力去实现人生远大的理想。在南原繁寻常小学四年级（日本当时小学是四年制）毕业口试面试的时候，担任考官的阿部正树在与南原繁一问一答的过程中，再次肯定了南原繁在各个方面都十分出色的能力，于是，他站起来摸着南原繁的头对他说："繁！你长大以后，一定要去东京学习。"⑤ 南原繁多次提及阿部正树先生是他人生中的第一位导师，他曾高度评价道："他是一名学问优秀、充满爱心的优秀教师"，"是我终生难忘的恩师之一。"⑥

受过"寺子屋"教育的南原繁母亲在日常生活中十分乐观，性格开朗坚强、做事情也极有主见，对生活更是充满了信心。这应源于当地浓厚的宗教意识、淳朴的民风浸润、"寺子屋"教育以及她本人所受的宗教精神

---

① 山口周三：『南原繁の生涯　信仰・思想・業績』、東京教文館 2013 年版、第 46 頁。

② 加藤節：『南原繁——近代日本と知識人』、岩波新書 514、東京岩波書店 1997 年版、第 14 頁。

③ 山口周三：『南原繁の生涯　信仰・思想・業績』、東京教文館 2013 年版、第 12 頁。

④ 日本旧制小学的正式教员。

⑤ 加藤節：『南原繁——近代日本と知識人』、岩波新書 514、東京岩波書店 1997 年版、第 42 頁。

⑥ 加藤節：『南原繁——近代日本と知識人』、岩波新書 514、東京岩波書店 1997 年版、第 14 頁。

的影响。南原繁的母亲出生于四国的讚岐，这里是日本著名的弘法大师空海①的诞生地，也是享誉日本的"八十八刹"朝拜神道圣地的信徒们在四国地区必拜的最后一个朝圣地。当地四季景色优美、民风淳朴、路不拾遗。当地人无论是否信奉真言宗，都会给前来参拜的人们一些当地的小礼物，并且，还会向参拜者们免费提供食宿。南原繁的母亲自小就是在这样的环境和传统中逐渐形成了对宗教的虔诚和对周围人的热爱。② 讚岐的人们信奉金比罗神，③ 对宗教信仰十分虔诚的南原繁的母亲经常带着孩子们去参拜附近的神社。一有机会便会向孩子们灌输崇拜神佛的宗教思想。每当神社或邻居有法事活动时，南原繁的母亲便会带着南原繁虔诚地前去参拜，善男信女们参拜神社或法事活动的场景在幼小的南原繁心里打下了深深的烙印，也埋下了信仰宗教的种子。

南原繁的母亲经常教育南原繁和他的妹妹："老天有看得见的眼睛、听得见的耳朵。我们所做的任何事，说出的任何话都不要以为别人不知道，其实老天什么都知道，他什么都看得一清二楚。"④ 她经常把"信天命、耐苦劳！"挂在嘴边鼓励孩子们。南原繁的母亲最尊崇金比罗大权现、氏神⑤、天照大神⑥，还有佛教等神佛思想。南原繁小时候家中就有严格的宗教习惯，全家人早晨起来后都要到后院的井边汲水洗净手和脸，然后，先拜西方金比罗大权现，再向东方拍手拜氏神杉尾大明神，进到家门后还

---

① 空海（774—835），日本真言宗的创始人，法号弘法大师。他是日本四国讚岐善通寺人，唐朝时来我国做留学僧，师从于惠果大师，学习真言宗密教秘法。回国后在高野山创建了金刚峰寺，设立综艺种智院，一生热心于文化活动和社会事业。他还很擅长书法，被称为"日本三笔"之一。著有《三教指规》《性灵集》《文镜秘府论》等。

② 山口周三：『南原繁の生涯　信仰・思想・業績』、東京教文館 2013 年版、第 47 頁。

③ 金比罗神原为印度神之一，后为佛教的守护神，是药师十二神中的一尊。金比罗神自传入日本后，一度作为海难以及祈雨的守护神而被信仰，同时也深得农民的敬爱，特别是在少雨的地方，插秧季节时农民也会祭拜金比罗神以祈求五谷丰登。在海边生活的四国当地人相信太和山有神灵的存在，为祈祷出海的家人在海上工作时的安全，便开始信仰膜拜此神，以后此活动传遍了日本各地。每当海边地区的人们造新船时，船主及船员都会郑重地举行参拜金比罗神的大型仪式活动。所以，金比罗神被誉为"航海之神""船之神"，备受航海以及从事渔业的工作人员的崇拜与信仰。在日本各地的日和山神灵中，尤其是讚岐地区的金比罗民众，由于被皇室成员所尊崇，人们便相信金比罗神会比其他的神灵更加灵验。从江户时代起，参拜金比罗神与"伊势参拜"便成为日本民间著名的两大民俗。著名的讚岐金比罗宫，每年大约有 500 万人前往参拜。

④ 加藤節：『南原繁——近代日本と知識人』、岩波新書 514、東京岩波書店 1997 年版、第 16 頁。

⑤ 氏神为当地的镇守神、土地神。

⑥ 天照大神是日本神话传说中最重要的女神——太阳女神，被奉为日本皇室的祖先，尊为神道教的主神。

要再次向供在神龛上的天照大神和佛坛上摆着的世代祖先们的牌位跪拜，这也是南原繁离开家乡去东京上"第一高等学校"①前每日家人必不可少的日课。②不可否认，由于母亲的这种言传身教，年少的南原繁相信并敬畏宗教中有一种超越自然的神佛存在，对进入东京"第一高等学校"后的南原繁彻底皈依基督教大概也是一种冥冥之中的召唤。

1899年4月，南原繁从相生寻常小学毕业后，升入了香川县大川郡白鸟高等小学在引田村刚刚成立的引田分校的高等小学校。此时年仅9岁的南原繁便给住在香川县大内郡誉水村的生父三好贞吉写下了表达自己未来人生高远志向的《我望》③，充分地表达了他想要继续求学接受上一级教育、立身扬名的远大志向和人生抱负。为了进一步培养南原繁，加强他的人生修养和人格魅力，他的母亲在南原繁刚上高小二年级的时候，便拜托邻村黑羽村著名的汉学家三谷椙之介先生每周教授南原繁两三次汉学经典中的《论语》等中国的儒家典籍。

关于这段历史，南原繁的弟子福田欢一等人在采访南原繁时，南原繁回忆道："我家里虽然很穷，但却有很多布满虫眼的中国典籍《论语》《孔子》等。"④南原繁将这些古书籍拿到三谷椙之介先生的家里，从小学高年级一直到中学，通过"素读"⑤的方法，一直坚持不懈地学习了这些中国的经典原著。"虽然那时我还不能完全读懂《论语》，但是我把《四书》和《十八史略》等全部读了一遍，请老师讲了各种各样的话题，书中很多非常有意思的句子我至今还能背诵下来。这些中国儒家古籍中的学识不知不

---

① "第一高等学校"简称"一高"。日本旧制的"高等学校"相当于我国的高中。1886年森有礼文部大臣模仿美国师生共同生活，一边传授知识一边进行严格培养的教育方式创建了此教学模式。当时日本的高等学校有8所。"第一高等学校"简称"一高"在东京；"第二高等学校"简称"二高"在仙台（鲁迅曾在此校留过学）；"第三高等学校"简称"三高"在西京（今京都）；"第四高等学校"简称"四高"在金泽；"第五高等学校"简称"五高"在熊本（张资平曾在此留学）；"第六高等学校"简称"六高"在冈山（郭沫若、成仿吾曾在此留学）；"第七高等学校"简称"七高"在鹿儿岛；"第八高等学校"简称"八高"在名古屋（郁达夫曾在此留学）。日本的这几所"高等学校"是专门为培养升入东京大学等著名高校的精英而特设的高中。当时，日本很多知名的大学教授分别在这些高中兼课，对高中生影响至深。南原繁是"第一高等学校"的毕业生。1945年日本在进行战后教育改革时，由于旧制"高等学校"只注重培养少数的国家精英，违反了教育公平的原则，所以，南原繁力主废止了这8所"高等学校"。

② 山口周三：『南原繁の生涯 信仰・思想・業績』、東京教文館2013年版、第47页。

③ 1947年，人们在替换南原繁的父亲曾经住过的房间里的裱糊间时，在屏风层的糊纸中偶然发现了这张南原繁年少时书写的十分珍贵的《我望》。大致的内容如下：我要升入高小，强身健体，远游他国，遨游知识海洋，以教育之法，为国献力。

④ 丸山真男、福田歓一：『聞き書 南原繁回顧録』、東京大学出版会1990年版、第4页。

⑤ 即日本人囫囵吞枣，不求细节，死记硬背式地学习我国汉籍经典的一种学习方法。

觉地构成了我的人生教养和学识。一个乡下的中学生从完全不知道时髦的西洋文化,到知晓天下学问、经国济民。这种想法使我开始对政治感兴趣,之后,我选择考了'一高',而后考入大学法科。"① 南原繁在《母亲菊追忆录》(私家版)中追忆:"我小时虽然是通过以汉字发音为主的'素读'的方法学习的汉籍经典,但书中很多地方因为有日文解说,学习时根据上下文就能大致理解文章的大意,所以有些章节直到晚年仍然记忆犹新。"② 后来的史实也证实了《论语》中的"政者正也"对南原繁影响至深。③

对于出身于贫穷家庭的南原繁来说,幼年就能得到中国儒家经典耳濡目染的熏陶,对母亲的感恩之情自然难以用语言表达,终生难忘。南原繁的母亲虽然文化程度不高,但她深知教育对培养孩子的重要性。她经常向南原繁灌输教师职业的崇高性,殷切地希望他能出人头地,长大后能成为当地中小学的"先生"。因而,当中小学老师的愿望便在幼小的南原繁心里扎下了根。1901 年 4 月上完高小三年级的南原繁在修完高等小学四年规定的全部课程以外,他母亲还让他进了在同一校舍内的香川县大川郡"教员养成所"④ 学习了获得教师资格的全部课程。当时"教员养成所"的学生绝大部分是高等小学的毕业生,年纪在十五六岁到 20 岁之间。南原繁当时年仅 11 岁,是学生中年龄最小的。学生们要选学"讲习"科目中难度很大的教育学、教授法、逻辑学、心理学等课程。一年的"讲习"课结束后要参加县里的"教员检定资格考试",合格者便可拥有"小学准教师资格证"。1902 年 3 月,13 岁的南原繁破格参加了"教员检定资格考试",并顺利地通过考试拿到了证书。对于这段独特的学习经历,南原繁终生为荣,即使当上了东京大学校长以后,他也会经常提及诸如在东大的教师中,只有我一个人有"小学准教师资格证"之类的话题。

1900 年 4 月,香川县立高松中学在三本松町设立了高松中学大川分校,定员 400 名,五年制,一年级招 80 名学生。1902 年 4 月,地方政府决定要从相生村招收几名适龄学童。南原繁的老师们都劝他继续升中学读书,但他固执地没有听从老师们的建议。他考虑的是自己家境贫寒,自己已拥有了"小学准教师资格证",以后可以一边当教员一边等待机

---

① 丸山真男、福田歓一:『聞き書　南原繁回顧録』、東京大学出版会 1990 年版、第 4 頁。
② 山口周三:『南原繁の生涯　信仰・思想・業績』、東京教文館 2013 年版、第 48 頁。
③ 山口周三:『南原繁の生涯　信仰・思想・業績』、東京教文館 2013 年版、第 48 頁。
④ "教员养成所"主要是培养"预备小学教师"。

会再读公费的"师范学校"，这样可以不让家里承担更多的经济负担。但是，到了中学开学的前夜，南原繁的母亲对他说："考虑到你的未来，我还是决定让你继续上中学学习。"① 第二天，南原繁的母亲拜托要带孩子去上学的邻居带上南原繁一同去学校报到。同年 4 月，南原繁进入了香川县立高松中学的大川分校继续学习，这也成为南原繁人生的重要转折点。

南原繁进入高松中学的大川分校以后，每天从家所在地的相生村到学校所在地的三本松町，要步行大约 22 千米，他还要按照母亲的要求自己做盒饭带着上学。这种艰苦自律的求学生活不仅锻炼了南原繁的体力，也磨炼了他的耐心与毅力。5 年中，南原繁的各科成绩始终在全校名列前茅。他勤奋刻苦的学习态度、努力向上的学习精神、全身心地投入学习的坚强毅力给老师和同学们留下了深刻的印象。由于他在各个方面都表现得十分突出，南原繁也得到了国语和汉语课的福家几太郎教谕②、英语课的铃木熊太郎教谕、西洋史课的大川利吉教谕几位老师特别用心的指导。福家几太郎教谕是位刚刚毕业于东京高等师范学校的年轻教师，但他却是位国语和汉语都教得很好的优秀教师，扎实的知识、优秀的人品和诚实的性格对学生们产生了很大的影响。"此时接受到的国语和汉语的教育成就南原繁直到晚年时很好的人生教养。"③ 铃木熊太郎教谕一口漂亮的英语、开朗豁达的性格和那份独有的教授范儿，激起了学生们对英语学习的极大热情和兴趣。这几位优秀的教师极大地鼓舞了南原繁这些年轻学生们的学习热情，也点燃了他们的人生理想之火，引领了他们人生前行的方向。南原繁在中学时就能接触到西方文明，少年时就学到了英语和西洋史，这也为他进入大学后研究西方哲学、政治思想史和政治哲学等奠定了很好的基础。

南原繁的母亲除了十分注重对南原繁学问和教养方面的培养以外，由于她对日本传统文化的"净琉璃"④ 非常感兴趣，她本人还可以自己边弹三弦琴边说唱"净琉璃"的代表性曲目。因此，南原繁的母亲很用心地培养南原繁接受日本传统文化的熏陶。四国自古以来就是个盛行日本传统文化的艺术之地，当地有比关西地区最大的都市大阪府还闻名的演出日本"净琉

---

① 山口周三：『南原繁の生涯　信仰・思想・業績』、東京教文館 2013 年版、第 49 頁。
② 指日本幼儿园、小学、中学的正式教师。
③ 山口周三：『南原繁の生涯　信仰・思想・業績』、東京教文館 2013 年版、第 50 頁。
④ 日本传统的音乐形式之一，在三味线乐器的伴奏下说唱故事。

璃"的"人形座"① 剧场。在南原繁出生的引田这个乡下的小村庄，甚至还常年开放着上演日本传统"芝剧"② 的小剧场。每当有节目上演时，总是座无虚席。南原繁从小就浸润在当地这种浓厚、传统的民间艺术"人形净琉璃"③ 环境中，这也是家境贫寒的南原繁和家人唯一的娱乐方式。所以，每当有演出时，南原繁的母亲便会带着小南原繁观看"充满人情味和精神力量"的传统"阿波木偶净琉璃"④。为此，年幼时的南原繁几乎观赏到了日本净琉璃所有的经典剧目。南原繁在十五六岁学习汉籍经典的同时，他母亲还让他师从"净琉璃"名师学会了许多著名段子与曲目。多年研究南原繁的山口周三认为："在没有钢琴和小提琴的偏僻乡下，这种寓教于乐的形式也是因地制宜，很好地接触和培养艺术感觉的方法……南原繁演讲时抑扬顿挫、极富张力的声音应该与他儿时学唱过'净琉璃'有关。"⑤ 日本传统文化中独特的代表艺术形式"净琉璃"所展示出来的那种人间纯情和层次丰富的人类情感培养了南原繁纤细的日本传统审美观和朦胧的浪漫主义情怀，同时也孕育了日后被日本天皇新年召见的"学者歌人"南原繁以及他创作的和歌集《样子》的诞生。南原繁本人也一直认为将来流传于世的应该是他的这部和歌集。

二 青年时代

1907 年 3 月，南原繁从香川县立大川分校中学毕业，18 岁的南原繁人生中第一次独自坐船从四国的讚岐出发，穿越濑户内海，去京都大学的"第三高等学校"参加了日本旧制"高等学校"的选拔考试。7 月，他考入了"第一高等学校"。日本当时的"高等学校"在全国只有 7 所，后来在名古屋又增加了一所，总共有 8 所。1907 年 5 月修改后的《高等学校大学预科入学者选拔考试规章》规定：凡参加选拔入试者需在指定的高等学校和学部学习。学部分科如下：第一部甲类（英语法科、政治科）；第一部乙类（英语文科）；第一部丙类（德语法科、德语文科）；第一部丁类（法语法科、法语文科）；第二部甲类（工科）；第二部乙类（理科、农科、医科中的药学科）；第三部（医科），据此分类，文科分为英语、德语和法

---

① 演出木偶净琉璃的剧场。
② 小型木偶净琉璃剧。
③ 木偶净琉璃的一种剧种。
④ 日本四国阿波地区独特的木偶净琉璃。
⑤ 山口周三：『南原繁の生涯　信仰・思想・業績』、東京教文館 2013 年版、第 52 頁。

语三大类，南原繁进入了第一部甲类英语法科、政治科学习，当时学生定员是 80 名，分为两个班，南原繁被分在 2 班。

南原繁之所以能进入"第一高等学校"学习的原因大概有三：一是家境贫寒的南原繁很幸运地得到了一位匿名的银行家在学费上的资助；二是小学班主任阿部正树鼓励他要去大都市东京见世面；三是受益于母亲和中国儒家文化的熏陶，从小励志振兴家族的理想促成。然而，南原繁的母亲并不赞同他离开家乡去千里迢迢之外的大都市东京求学。对于南原繁的母亲而言，除了要忍受与含辛茹苦带大的儿子长期分离的寂寥，更让她担心的是她倾注了全部心血培养起来的孩子，离开自己去花红柳绿的大都市不知道会发生什么样的变化。然而，此时的南原繁却抱定了"自己的将来一定会发生什么"①，"一定要试试看"②的决心。于是，1907 年 9 月，南原繁告别了母亲和家人，独自一个人从偏僻的乡下去了东京，开始了在东京本乡向之丘校内南寮 8 号③的高中住宿生活。后来的事实也证明了正如南原繁的母亲所预料的那样，南原繁自从进了这所培养国家精英的旧制"第一高等学校"之后就"完全彻底地变成了另外的一个人"④。

对于南原繁来说，进入"第一高等学校"不仅仅是从四国的讃岐来到了大都市东京开阔了眼界，更加重要的是还给他带来了人生观和世界观的巨大转变。究其蜕变的缘由，南原繁在一次接受采访时回答道："我从乡下来到了东京，在'一高'发现了一个完全崭新的世界，也可以说发现了一个新的时代。这完全是校长新渡户稻造⑤给予我们的。我想对当时所有的'一高'的学生来说都是如此，特别是对于像我这样的乡下孩子来说简直就是开了天眼。"⑥南原繁在"第一高等学校"读书时对一位外国的年轻教师卡拉伊鲁（音）印象深刻。他在丸山真男采访他在"第

---

①　加藤節：『南原繁——近代日本と知識人』、岩波新書 514、東京岩波書店 1997 年版、第 19 頁。

②　加藤節：『南原繁——近代日本と知識人』、岩波新書 514、東京岩波書店 1997 年版、第 19 頁。

③　现在的东京大学农学部正门对面的木造二层楼本馆。

④　加藤節：『南原繁——近代日本と知識人』、岩波新書 514、東京岩波書店 1997 年版、第 22 頁。

⑤　新渡户稻造（1862—1933），出生于日本岩手县盛冈市，是日本著名的国际政治活动家、农业专家、教育家。毕业于札幌农学校（今北海道大学）。曾担任国际联盟副事务长，他也是东京女子大学的创立者并担任首任校长，为日本明治至大正时期的教育，特别是日本女子教育作出了巨大的贡献。日本纸币 5000 日元上印有他的头像，代表著作有《武士道》等。

⑥　丸山真男、福田歓一：『聞き書　南原繁回顧録』、東京大学出版会 1990 年版、第 4 頁。

一高等学校"的学习生活时追忆道："以卡拉伊鲁（音）为中心的年轻教师们完全敞开心扉地教导并告诫我们'你们在外面的世界想要做各种各样的事情之前，先要反省一下自己的内心！因为人是由内心世界构筑的。"①在"to do（做事）"之前要"to be（考虑好）"。后来他又回顾道："自从我来到了大都市，进入'第一高等学校'②，惊讶于更加前卫的世界新思潮，触摸到文化的真谛，犹如发现了一个崭新的大世界，所以，之前形成的人生观和生活理念便顷刻间轰然倒塌了。"③南原繁一语道出了那些出身于穷乡僻壤、很少能接触到西方文化以及世界新思潮的乡下青年们初次接触到欧美文明与文化时，在异文化的强烈碰撞和冲突下，内心充满疑惑与新奇的众生相。

此后的南原繁几乎完全抛弃了年少时受家族净土真宗和中国儒家文化影响而形成的人生观和世界观。在"第一高等学校"学习期间，他欣然全盘接受了校长新渡户稻造的"感化"④，并毅然决然地与已有的世界观和人生观进行了彻底的"决裂"和"清算"，南原繁从此改信基督教了。高中二年级的暑假，当南原繁再次回到四国讃岐家乡的时候，他的母亲发现自己的儿子已彻头彻尾地变成了完全不认识的另外一个人。于是，她黯然伤心地把振兴家业的希望又转寄到在小学工作的南原繁同母异父的妹妹南原熏的身上。

南原繁在"第一高等学校"学习的三年间正值日本著名教育家新渡户稻造任"第一高等学校"的校长。丸山真男对新渡户稻造评价是："新渡户稻造一方面构成人道主义和教养主义的源流，另一方面他始终是一位基督教的思想家。"⑤南原繁对新渡户稻造的定位是："他是在宗教教养主义和人道教养主义两方的影响下形成的教养……新渡户稻造的教养实际上从某种意义上来说有着一种清教徒式的觉醒的超越主义。"⑥

新渡户稻造于 1881 年考入东京帝国大学。大学期间他主攻英国文学等

---

① 丸山真男、福田歓一：『聞き書　南原繁回顧録』、東京大学出版会 1990 年版、第 5 頁。

② "第一高等学校"简称"一高"，当时学生们提倡"弊衣破帽、不修边幅、高谈阔论、放歌狂饮、昂首阔步"。"一高"当时在日本非常有名，影响极大，吸引了众多的年轻人。"一高"的学生基本都报考东京帝国大学，也是日本文学家辈出的地方，日本著名的文学家正冈子规、夏目漱石、尾崎红叶、芥川龙之介、川端康成等人都毕业于该校。

③ 加藤節：『南原繁——近代日本と知識人』、岩波新書 514、東京岩波書店 1997 年版、第 24 頁。

④ 指南原繁等人受到校长新渡户稻造思想极大的影响。

⑤ 丸山真男、福田歓一：『聞き書　南原繁回顧録』、東京大学出版会 1990 年版、第 8 頁。

⑥ 丸山真男、福田歓一：『聞き書　南原繁回顧録』、東京大学出版会 1990 年版、第 8 頁。

课程，并赴美国、德国留学，毕业后留在札幌农校做了教授，但不久后生病去美国疗养。回国后他受到友人台湾总督后藤新平的邀请到台湾总督府工作，他在民俗调查和整顿制糖业方面充分发挥了他的聪明才智，取得了很大的成效，后来被京都帝国大学招聘讲解农业经济方面的课程。1906年9月，"第一高等学校"校长职狩野亨吉被任命担任京都帝国大学文科大学的第一位校长，于是，新渡户稻造便接替他被任命为"第一高等学校"校长。1913年4月，新渡户稻造辞去了"第一高等学校"校长一职，任东京帝国大学教授。

此时也是日本自明治维新后走上"富国强兵"之路的巅峰时刻。1894年7月25日至1895年4月17日的甲午战争和1904年2月8日至1905年9月5日的日俄战争后，日本作为战胜国跻身于世界列强的五国之一，日本人开始为这两场战争的胜利感到骄傲和自满，不可一世。他们认为在甲午战争中打败了号称强盛的大清帝国，完全打破了几千年来中国在亚洲一直以来的霸主地位，改变了东亚几千年来构成的"华夷秩序"①，日本从此可以取代中国成为亚洲的霸主，日俄战争的胜利使日本人普遍认为日本已经正式迎来了"大日本帝国的全盛时代"。当时，举国欢庆的日本人难以抑制因日俄战争的胜利所带来的天下无敌的高涨情绪。然而，在以汇聚"天下秀才"、培养"帝国忠臣"闻名天下的旧制"第一高等学校"，新渡户稻造校长却反其道而行，强调要培养学生形成两种理念：一是要培养学生们的人道主义精神，主张要从人的内心构筑人性，并使之丰富起来；二是要培养学生们的国际主义精神。他认为世界是由各国相互依存才构成的一个有机的整体。所以，世界各国只有相互提携、共同努力，才能构成真正的和平世界。② 新渡户稻造与众不同的教育理念，主张青年人要拥有全世界的视野、拥有真正意义上的和平理念，他的这一国际主义精神的教育理念和教育思想给予"第一高等学校"的年轻人极其深远的影响。

南原繁后来追忆道："日俄战争刚结束，正是日本帝国兴盛隆起的时代。进入到天下秀才聚集的'一高'，'打算做什么事的时候，要反省一下自己的内心世界'，我完全被校长的这种高见深深地吸引了。新渡户稻造是一位有着很高深的人文主义精神兼具西欧教养的人。"③ 南原繁对"第一

①　韩东育：《"华夷秩序"的东亚结构与自解体内情》，《东北师大学报》（哲学社会科学版）2008年第1期。

②　山口周三：『南原繁の生涯　信仰・思想・業績』、東京教文館2013年版、第56頁。

③　丸山真男、福田歓一：『聞き書　南原繁回顧録』、東京大学出版会1990年版、第5頁。

高等学校"新渡户稻造校长授课的细节也有很温馨的回忆和评价："先生在大学授课时担任'殖民政策'的讲义课，当时对先生的讲义课有两种批评的声音，一种是毫无体系，没有什么意思，对此我们从高一开始就知道。先生的讲义课虽然不是从绪论开始讲到结论那么完整，但是在飘雪的日子里，先生会首先介绍席勒的诗，然后由此进入'殖民政策'的讲义课内容。我个人认为还是一个很好的讲义课。因为他给予了学生永远难忘的知识，先生以深厚的教养为背景对我们进行了很好的教育。总而言之，新渡户先生的讲义课虽然在逻辑上和形式上似乎有所欠缺，但是，先生的讲义课却有着学问上的哲学思想和宗教的价值，我们必须看到先生授课时的这些优点。"①

事实上"第一高等学校"的学生们在接受了新渡户稻造的熏陶后便开始相互讨论，并分成了几个小组，还成立了读书会开展了各种议题和不同形式的讨论。他们提出了诸如：何为人生？何为文学？作为日本国民的我们应该做些什么？采取行动前我们要思考为什么要这样做？付诸行动后我们还要反思为什么要这样做等各种议题。新渡户稻造校长对年轻人的这种国际主义"教化"使学生们带着青春期特有的烦恼与烦闷，在更深的层次上展开了对人性以及人生未来走向的探讨，因此，当时的"第一高等学校"被报纸和杂志等媒体称为"烦闷的一代"。②

南原繁也和其他同学们一样，在新渡户稻造校长"感化与震撼"的同时，欲求挣脱青春的烦闷期，找寻人生前行的方向。自此，南原繁从小深受日本传统文化和中国儒家文化影响的人生信条也改弦易辙。但同时，追求人性的内在性和人生的真谛亦成为南原繁新的人生烦恼和困惑。于是，受到新渡户稻造校长"感化"的南原繁也迎来了人生中"曙光"与"烦闷"共存的一个崭新的青春时代。③

南原繁接受了新渡户稻造校长的教诲，受到先生的"感化"后，开始积极地追求自己内在的精神世界，探索未来的人生。他开始每天往返于教室和图书馆之间，每天除了学习教科书上的知识以外，他开始大量地阅读日本当时的思想家以及世界闻名的文坛作家们的作品。南原繁希冀通过阅读大量的世界名著，重新审视并思考今后的人生。他先后阅读

---

①　丸山真男、福田歓一：『聞き書　南原繁回顧録』、東京大学出版会 1990 年版、第 5 頁。
②　丸山真男、福田歓一：『聞き書　南原繁回顧録』、東京大学出版会 1990 年版、第 5 頁。
③　加藤節：『南原繁——近代日本と知識人』、岩波新書 514、東京岩波書店 1997 年版、第 25 頁。

了克莱尔①、希尔蒂②、歌德③、托尔斯泰④、陀思妥耶夫斯基⑤，还有高山
樗牛⑥、德富芦花⑦、尾崎红叶⑧、森欧外⑨、夏目漱石⑩等很多外国和日本
知名作家的经典作品。这不仅满足了南原繁如饥食渴的求知欲，也为他提
供了很多在文学和学术方面的给养，同时也部分满足了他探求人性内在精
神世界的渴求。

　　但是，不久，南原繁发觉自己"越努力探求人性的内心世界也就越暴
露出了更大的人生矛盾。自己变得开始不了解自己，不仅不能判断是非，
甚至还感觉到自己的无聊和丑陋，甚至到了怀疑自我的虚无主义的境
地"。⑪ 南原繁也深深地"陷入各种各样的烦恼里，深切地感受到了苏格拉
底'你要了解自身！'我想自己能做的事情不是选择自我破灭之路，而是

---

　　① 克莱尔（1795—1881），英国人，世界著名的思想家，他预言式的言论引起了世人强烈的
反响。代表作有《旧衣新裁》《法国革命史》《论英雄与英雄崇拜》等。

　　② 希尔蒂（1833—1909），瑞士著名的法学家、哲学家、政治家。代表作有《幸福论》《为
了不眠之夜》等。

　　③ 歌德（1749—1832），德国人，世界著名的诗人、小说家、剧作家。因小说《少年维特之
烦恼》而成为"狂飙运动"的主要发起人，与席勒共同开创了德国文学的古典主义时代。代表作
有诗剧《浮士德》等。

　　④ 托尔斯泰（1828—1910），俄国人，世界著名的诗人、小说家，擅长写抒情诗。代表作有
《谢列勃里亚尼公爵》、历史剧三部曲《伊凡雷帝之死》等。

　　⑤ 陀思妥耶夫斯基（1821—1881），俄国人，世界著名的小说家、评论家，他是与托尔斯泰
齐名的世界级文豪，也是俄国都市文学、荒诞文学的创始者。小说主要追索人的内在矛盾，开辟
了近代小说表现形式的新方法。代表作有《罪与罚》《白痴》《少年》《卡拉马佐夫兄弟》等。

　　⑥ 高山樗牛（1871—1902），日本著名的文艺评论家。用炽热的文笔写出了很多华美的文
章，坚持并主张宣扬"日本主义"，他还积极地推介大胆的本能满足与天才崇拜。代表作有《泷
口禅师》和评论《论美的生活》等。

　　⑦ 德富芦花（1868—1927），日本著名的小说家，以独特的视角探讨在小说中如何展示社会对
个人、自然与人类的关系等主题。代表作有小说《不如归》《回忆》，散文集《自然与人生》等。

　　⑧ 尾崎红叶（1867—1903），日本著名的小说家，在日本近世文学和近代文学之间起到了承
前启后的重要作用。创立了砚友社，并创刊杂志《我乐多文库》。培养出像泉镜花、德田秋声等一
批文学家。代表作有《三人妻》《多情多恨》《金色夜叉》等。

　　⑨ 森欧外（1862—1922），日本著名的小说家、翻译家、评论家、军医。年轻时曾留学德
国，后历任陆军军医总监、帝室博物馆总长。为确立现代日本文学作出了巨大的贡献，是明治、
大正时期的代表性文学家。译作有《即兴诗人》《浮士德》等。代表作诸如《舞女》《青年》《阿
部一族》《高濑舟》，历史传记有《涩江抽斋》等。

　　⑩ 夏目漱石（1867—1916），日本著名的英国文学研究家、小说家。东京帝国大学毕业后在
"第五高等学校"（五高）任教，后留学英国。回国后在旧制"第五高等学校"、东京帝国大学授
课，其后任职于朝日新闻社。喜好俳句和汉诗。对日本近代社会了解透彻，对知识分子的内心世
界描写深刻，是一位对日本近代文学的确立做出杰出贡献的代表性作家，有人称他可与我国的鲁
迅相媲美。代表作有《我是猫》《哥儿》《虞美人》《三四郎》《以后》《明暗》等。

　　⑪ 丸山真男、福田歓一：『聞き書　南原繁回顧録』、東京大学出版会 1990 年版、第 6 頁。

要积极地去探求生存之道"。① 于是，虔诚地追求那种"内在的、精神的、绝对的、永恒的"② 精神为何物的南原繁打算拜访名师，渴望他们能为自己指点人生迷津。当时以"第一高等学校"和大学为中心，有很多著名的精神指导者。南原繁先后拜访了当时被称为"精神导师"的佛教真言宗的近角常观③、"本乡教会"的海老名弹正④、"富士见一番町教会"的植村正久等一代宗师。当时的"本乡教会一番町教会"和"富士见一番町教会"是东京两个最大的教会，此时也是这两个教会的鼎盛期。南原繁逐一拜访了这些大师，希冀大师们能解决自己的人生烦恼。此间，南原繁在同室教友石本慧吉的推荐和建议下，借到了内村鉴三⑤创办的杂志《圣书之研究》，"最后寻访到的就是《圣书之研究》这本小小的20多页已经出版的小册子，遂入了内村鉴三的门下。先生当时在东京的柏木埋头专研《圣书》第一卷。《圣书之研究》是一本充满了灵感的书籍，阅后犹如被电流击中一般。先生的这扇门很高深，但幸运的是我得到了进门的机会"。⑥ 研读了《圣书之研究》后的南原繁如梦方醒，茅塞顿开，他感到终于找到了自己人生前行的"精神导师"。于是，他开始参加此教会的各种活动，并定期地去参加内村鉴三的宣教会。

此时，正苦于找寻不到"如何拯救自己"的"烦闷时代"⑦ 的南原繁，在精神导师内村鉴三激动人心的无教会超越主义的宣讲中犹如醍醐灌顶般地在混沌的精神饥渴状态中寻求到了人生的甘露。与内村鉴三的这场精神邂逅，也使南原繁与以往的人生观和世界观进行了彻底的"清算"，

① 丸山真男、福田歓一：『聞き書　南原繁回顧録』、東京大学出版会1990年版、第6頁。
② 加藤節：『南原繁——近代日本と知識人』、岩波新書514、東京岩波書店1997年版、第34頁。
③ 近角常观（1869—1931），日本真宗大谷派的佛教徒。主宰求道学舍，把中日甲午战争、日俄之战作为转折点，追究人类内在性，作为新佛教运动的导引者，给予当时的日本社会民众很深的影响。
④ 海老名弹正（1856—1937），生于日本福冈县柳川。年轻时参加了熊本洋约，后转入同志社，师从于新岛襄。毕业后以安中教会为依托，开始在各地传道，在本乡教会做牧师传道24年。曾任同志社总长、组合教会长老。
⑤ 内村鉴三（1861—1930），出生于日本东京，是提倡日本"无教会派"的忠实基督教徒。在札幌农学校读书时接受了基督教的洗礼，其后留学美国。1890年在"第一高等"学校任讲师时，因早课时没有向天皇画像脱帽敬礼、鞠躬，被定为对日本天皇的"不敬事件"而被迫离职。在《万朝报》任记者时，因对日俄战争提倡反战论调，被迫离开了杂志社。1900年开始创刊《圣书之研究》，翌年，在自宅开设《圣经》讲座，提倡"无教会主义"，以创建脱离外国人的独立的日本基督教为理想进行了宣教，对当时日本众多的年轻人和日本社会影响极大。著有《基督信徒的慰藉》《我是如何成为基督教徒的？》等。
⑥ 丸山真男、福田歓一：『聞き書　南原繁回顧録』、東京大学出版会1990年版、第6頁。
⑦ 山口周三：『南原繁の生涯　信仰・思想・業績』、東京教文館2013年版、第63頁。

也促使他与母亲寄厚望于一身振兴家族的夙愿分道扬镳。南原繁不仅虔诚地接受了基督教的精神洗礼，自此也成为一名忠实的基督教信徒并影响他本人和家人持续终生。

南原繁在"第一高等学校"读书时，东京帝国大学①的岩元祯②教授用瑞士法学家卡尔希尔蒂博士原版德语的《书简》做教材，对学生们进行德语授课，于是南原繁开始对卡尔希尔蒂博士的《幸福论》以及其他著作感兴趣，进行了大量研读。南原繁终身研究西方哲学特别是德国哲学、德国政治思想史应该是以此为契机展开的。1910 年 6 月，南原繁以优异的成绩从"第一高等学校"毕业。

第二节　大学时代

前文提到的日本旧制"高等学校"可以说是类似考入大学的预备校，是专门为了培养日本精英人才特设的高中。"当时几乎没有什么竞争，大家都进入了相应的大学，我也就进了东京帝国大学。"③ 1910 年 7 月，年仅 20 岁的南原繁考入了东京大学前身的东京帝国大学法科大学政治学科。当时政治学科的必修科目有宪法、国法学、国家学、政治学、政治史、政治学史、外交史、行政法、行政学、国际公法、经济学、财政学、统计学、民法、商法、刑法（总论）、法理学、法制史、社会政策；选修科目有社会学、比较法制史、国际公法（各论）、国际私法、刑法（各论）、经济史、工业政策和社会政策、商业政策、交通政策、殖民政策、货币银行论。此外，还有大学教授委员会根据需要决定的特别科目以及演习科目等课程。据多年研究南原繁的山口周三查证：在大学期间教过南原繁的教授有筧克彦教授（国法学、行政法、法理学）、坪井九马三教授（政治史）、小野塚喜平次教授（政治学、政治学史、原著讲读）、美浓部达吉教授（宪法）、松本丞治教授（民法）、土方宁教授（民法）、松浪仁一郎教授（商法）、金井延教授（经济原论、社会政策）、松崎藏之助教授（财政

---

① "帝国大学"指日本旧制的国立大学。1886 年根据日本政府颁布的《帝国大学令》东京大学改称东京帝国大学，此外还有京都帝国大学、东北帝国大学、九州帝国大学、北海道帝国大学、京城帝国大学、台北帝国大学、大阪帝国大学、名古屋帝国大学，共有 9 所日本帝国大学。简称"帝大"，二战后被改编成新制的国立大学，去掉了"帝国"两字。

② 岩元祯（1871—1961），1879 年东京帝国大学毕业。东京帝国大学法学科教授。著有《佛教哲理》《西洋哲理》等。

③ 丸山真男、福田歓一：『聞き書　南原繁回顧録』、東京大学出版会 1990 年版、第 12 頁。

学）、山田三良教授（原典讲读）①。这些教授均是当时东京帝国大学法学专业的大家，亦是日本法学界呼风唤雨的大人物。这几位知名教授精湛的授课方法、渊博的学识和做学问的踏实作风对学生们影响很大。

南原繁进入大学以后还和在家乡上中小学时那样学习依旧刻苦努力。据同期生小林俊三回忆：大学时代的南原繁住在东京帝国大学本乡千驮木59番地的富士馆内，他每天早晨起床后便去大学校园，他总是先去大学讲堂里的大教室占座，接着就去图书馆把写有自己名字的笔记本放在座位上，之后回到讲堂里面的大教室认真听课，并认真地记录下各位先生讲义课的内容。3点讲义课一结束南原繁便会冲进图书馆，将当日所有的笔记都归纳、总结、整理一遍。5点确认占好了座位后，他就会从图书馆回到宿舍里吃晚饭。稍作休息后，6点准时去图书馆，一直待到9点图书馆闭馆。在图书馆的这段时间里，南原繁会从图书馆借阅与上课时老师所讲内容相关的参考书阅读，丰富课堂上所学的知识。图书馆闭馆时他就立刻回到宿舍。虽然不知道他具体的起床和就寝时间，但南原繁每天的起居饮食学习时间就如同国家铁道部的时刻表一样准时。由于南原繁每日的学习生活如此规律、学习努力有成效，很快他的名字在东京帝国大学的校园内口口相传。② 当时东京帝国大学的课表是每周30节的讲义课，考试制度是很严格的分数制，每学期都有10%左右的学生考试不及格。所以，每年一进入6月份考试季，很多学生为了能顺利地通过考试，在三四月份时就开始拼命地学习必修科目和选修科目的考试内容，而此时的南原繁却在图书馆里安静地阅读着英国和德国的原版书籍③，孜孜不倦地畅游在知识的海洋里。

一 笕克彦教授对南原繁的影响

南原繁入学时的东京帝国大学法科大学政治学部的老师们很盛行用"实证性的法解释学"方法授课。因出版了《佛教哲理》《西洋哲理》而闻名的笕克彦④教授是此学术领域的领军人物，当时只有他一个人担任着东京大学法科部唯一"国法学"的哲学讲座，在学界的反响很大，他本人

---

① 山口周三：『南原繁の生涯　信仰・思想・業績』、東京教文館2013年版、第71頁。
② 山口周三：『南原繁の生涯　信仰・思想・業績』、東京教文館2013年版、参照第67、68頁。
③ 坂田祐：『新編　恩寵の生涯』、東京教文館2011年版、第154頁。
④ 笕克彦（1871—1961），1897年东京帝国大学毕业。1900年任东京帝国大学法科大学副教授，担任行政法、法理学课程。1903年任教授，担任行政法第二讲座，对南原繁的影响极大。

也很受学生们的欢迎。南原繁最初选的课就是笕克彦教授讲授的这门哲学讲座。笕克彦教授毕业于"第一高等学校"第二甲类工科,因此,很擅长画图。他授课时几乎都通过画图进行讲解,还特别擅长用图表的方法画出事物之间的对立关系和融合关系等,使学生们的印象极为深刻。笕克彦授课的方法与众不同,他上"法教哲理"时"每堂课一张口就是普遍我的哲理与事物的根本关系。他在讲授主要的内容时会让学生记下数行笔记之后才开始正式授课"①。南原繁大学 1 年级时学习了笕克彦教授的国学法,2年级和 3 年级听了他的行政法,4 年级时学了他的法理学。笕克彦教授授课的内容基本都与佛教哲理相关,大学四年南原繁一直自始至终地师从于笕克彦教授。笕克彦教授主要为 4 年级的法理学讲义课讲授西方哲学史,讲义课所用的教材是《西洋哲理》。他从希腊哲学开始介绍苏格拉底,重点讲授了柏拉图②、亚里士多德③、伊壁鸠鲁、罗马思想、基督教,17 世纪至 18 世纪的思想家孟德斯鸠、休谟、卢梭以及 19 世纪的康德、黑格尔、叔本华、费尔巴哈、尼采等人的哲学思想和观点。南原繁特别喜欢笕克彦教授用佛教哲学阐述普遍的我与事物根本关系的"国法学"和专题诠释西洋哲学的"法理学",并从中受到了很大的启发和影响。

笕克彦教授特别崇拜柏拉图,有一次,他在法理学课堂上给学生们展示了世界名画拉斐尔的代表作"雅典学园"④。在这幅希腊思想家的群像中,主要代表性人物柏拉图腋下挟着《蒂迈欧篇》,右手遥指苍穹,表示一切均源于神灵的启示;亚里士多德则手拿《尼各马可伦理学》,伸出右手,手掌向下指向大地,似乎在说明现实世界才是他的研究课题。两位伟

---

① 山口周三:『南原繁の生涯　信仰・思想・業績』、東京教文館 2013 年版、参照第 68、69 頁。

② 柏拉图(前 427—前 347),古希腊哲学家,苏格拉底的学生。在雅典创办学园,继承并发展了苏格拉底的哲学,创立了观念论哲学。著有《辩解篇》《会饮篇》等以苏格拉底为主人公的对话多篇。

③ 亚里士多德(前 384—前 322),古希腊哲学家,柏拉图的弟子。亚历山大大帝年轻时的家庭教师。在雅典创立了吕克昂学园,建立起哲学和其他各种学科的体系。代表作有《形而上学》《政治学》《诗学》等。

④ 此幅画是著名画家拉斐尔为梵蒂冈教皇的皇宫所绘的大型壁画。位于壁画中的柏拉图和亚里士多德正在高谈阔论,来自其他不同地域和不同学派的著名学者们也在进行着自由讨论。图中左侧的柏拉图手持他本人的著作《蒂迈欧篇》,右手直指苍穹。他旁边的亚里士多德则手拿《伦理学》,右手掌朝下大地。亚里士多德极度推崇政治学,他认为政治学是一切学术中最重要的学科,政治学主要研究全体人类的"善",而伦理学则主要研究人类个体的"善",即"善恶是非"的道德现象。亚里士多德从人性出发探究国家的起源和目的,他的哲学基本命题是:"人是天生的政治动物。"他认为自然不造无用之物,自然会赋予每个事物一定的目的。自然让人类过着有道德的高品质生活,只有当人们各自按着本分参加某个政治团体时才能实现"善"这一崇高的目标。

大哲学家的这两个对立手势，表达了他们在思想上的严重分歧。南原繁一边认真地观赏着这幅世界名画，一边饶有兴趣地听筧克彦教授进行讲解。南原繁对此感触颇深，并且，他对手指天空的柏拉图产生了浓厚的兴趣。南原繁之所以对柏拉图产生兴趣，除了筧克彦教授对《雅典学院》的诠释之外，还由于他本人曾经信奉中国传统文化中的儒学、日本神道教和佛教，后来又皈依基督教，相信有某种超越的圣灵存在，于是，便与柏拉图产生了在心灵深处的某种契合。因而，南原繁对"手指着大地的经验主义、实证主义"的亚里士多德没有产生共鸣也是顺理成章之事，这也是导致他日后与自己的恩师小野塚喜平次教授在学术上产生分歧的主要缘由之一。

在东京帝国大学法学部众多盛行实证主义、法解释讲义课中，筧克彦教授是唯一担任哲学讲义课的人，南原繁曾说过："我接触哲学、对哲学产生兴趣完全是受了筧克彦教授的影响。"① "我虽然没有按着先生哲学思想的研究思路走下去，但是我的科研方法和我对哲学产生兴趣都受到了他的影响。由于这种关系，无论我上大学时还是大学毕业后当上了国家公务员，还是我回到大学工作后，我还是会经常去先生那里拜访，认真地请教他。我们相互之间的立场虽然完全不同，但先生一直很尊重我，所以，我们也一直持续地交往着。"② 南原繁还回忆道："先生的书房里有一个神龛，上面摆着世界各地的诸神，供奉着所有圣界的神像。任何访客到此必须参拜，吃饭的时候还要行神道教的礼节。但先生从来也没有让我拜过，对我也没有任何的强制。先生知道我唯一的信仰是基督教，我研究的哲学也是德国的理想社会主义哲学，所以也就认可、放任了我……这是先生的伟大之处。"③ 南原繁在接受福田欢一的一次采访时再次回忆道："自受教于筧克彦先生后我便一直对康德感兴趣……康德是近代哲学的伟大人物，谈到哲学源头当提及柏拉图，而将柏拉图近代化，完成其普遍性的再构成则是康德……与此相反，亚里士多德过于经验主义、实证主义，对此，我是有个人看法的。"④

不宁唯是，由此我们可以推断：筧克彦教授引领了南原繁踏上研究法学和哲学的学术之旅。不久，南原繁的研究兴趣便从精神上邂逅柏拉图转

① 加藤節：『南原繁——近代日本と知識人』、岩波新書514、東京岩波書店1997年版、第50頁。

② 丸山真男、福田歓一：『聞き書 南原繁回顧録』、東京大学出版会1990年版、第12頁。

③ 丸山真男、福田歓一：『聞き書 南原繁回顧録』、東京大学出版会1990年版、第14頁。

④ 丸山真男、福田歓一：『聞き書 南原繁回顧録』、東京大学出版会1990年版、第16頁。

向了德国哲学家康德，这次转变也构筑了南原繁在区别存在与价值并试图使两者结合的独特知性学术思想和世界观，并持续研究终生。

二 小野塚喜平次教授对南原繁的影响

大学期间对南原繁影响深远的还有一位导师即小野塚喜平次①教授。南原繁曾说过："我上 2 年级时就开始听小野塚喜平次先生的课，这也是我与先生的机缘开始。先生十分讨厌吸烟，先生的课很正统也极富有逻辑性。先生除了教我们'政治学'，还教授我们'政治学史'这门课。人们都认为先生的讲义课是将政治从科学的角度去思考，学风近似于德国流派的国家学。但是，我所了解的实际情况却是先生的学术精神，即在其学风的背后拥有的英国的自由精神。"②

南原繁的恩师小野塚喜平次教授毕业于东京帝国大学的法科大学政治学部，曾留学德国、法国。1901 年，年仅 31 岁的他便被任命为东京帝国大学法科大学政治学部教授，是东京帝国大学法科大学政治学讲座的第一位担当者。"从第一篇论文《政治学体系》到他的代表作《政治学大纲》，贯穿着小野塚喜平次教授作为政治学者一贯的学术思想与追求。他主张首先把'政治学'从与国家相关的诸学科的总称'国家学'中独立出来。'政治学'应该是一门给予国家事实说明、论及政策的基础性学问。"③ 在此基础上，"他还试图把这种政治学通过实证性研究即被印证的严密理论构成形成一个客观的经验科学的政治体系"。④ 这也使小野塚喜平次教授成为了日本现代科学政治学的创始人，从而也导致了南原繁在其后的学术研究方法上与自己的恩师小野塚喜平次教授产生了分歧。

南原繁在大学 2 年级时开始聆听小野塚喜平次教授的"国法学"（法

---

① 小野塚喜平次（1870—1944），南原繁的大学恩师，出生于日本的新潟县。他站在实证主义的立场上创建了日本近代政治学。1928 年至 1934 年任东京帝国大学校长。曾任帝国学士院院士、贵族院议员。著有《政治学大纲》，并发表多篇论文。南原繁评价他："不仅在学问上，即使在人生中他对于我来说也是唯一的恩师，如同慈父般是爱与力量的存在。"小野塚喜平次去世后南原繁在自己的和歌集《样子》中收录了 15 首诗歌，以哀悼他的这位恩师。

② 加藤節：『南原繁——近代日本と知識人』、岩波新書514、東京岩波書店1997年版、第43頁。

③ 加藤節：『南原繁——近代日本と知識人』、岩波新書514、東京岩波書店1997年版、第43頁。

④ 加藤節：『南原繁——近代日本と知識人』、岩波新書514、東京岩波書店1997年版、第42頁。

律学），还有他自创的由政治学构筑的政治学体系，同时，南原繁也接触到了小野塚喜平次教授留学欧洲时的另一个兴趣点，即以欧洲各国的立宪政治为中心的实证性研究方法。"南原繁大学 3 年级时听小野塚喜平次教授的'政治史'的同时还听了他的'政治学史'。小野塚喜平次教授的学风是德国式的国家学，南原繁听他的'政治学'讲义课时便朦胧地产生了是不是也可以在政治学里加入哲学的思考方法的科学性思考。"① 小野塚喜平次教授的政治学讲义大致以《政治学大纲》一书为主要内容，授课时他也会结合德国和英国的各种参考书进行阐述，南原繁每次都会在大学图书馆找出相关的参考书饶有兴趣地阅读。在大学 3 年级的时候，南原繁仍旧继续听小野塚喜平次教授的"政治学史"讲义课，他后来评价道："对于主张实证主义的小野塚喜平次教授来说，虽然他讲授'政治学史'并不是炉火纯青、得心应手，但在他的讲义课上，在其学风的背后所具有英国的那种自由的学术精神却强烈地吸引着我。"② 由此，我们可以断定笕克彦教授和小野塚喜平次教授开启了南原繁对哲学的兴趣并为他日后潜心研究马克思主义、康德、新康德、费希特和黑格尔等人的西方哲学打下了坚实的基础。如果说笕克彦教授给予了南原繁研究哲学的方向意识，那么，也可以说时任法科大学政治学部部长南原繁的恩师小野塚喜平次教授则影响了南原繁研究政治哲学的学术研究方法。

三　邂逅内村鉴三

1911 年 9 月 10 日，大学 2 年级的南原繁偶然看到了《圣书之研究》上登载的"每周日上午 10 点，在柏木今井馆有《圣书》演讲。阅读到本书的读者请前来听讲"的告示。于是，自 10 月 1 日开始，南原繁每次都会出席内村鉴三的《圣书》演讲会。当时听内村鉴三《圣书》演讲的还有"第一高等学校"的 2 年级学生矢内原忠雄、3 年级学生坂田祐等人。这一天，内村鉴三讲《诗篇》第六十五编的内容时讲道："白雨滋润土地，养育众生"③，他要求教友们："你们不要只听我的讲义，会员之间要互助，相互之间结成兄弟般的情谊才是最重要的。"④ 当时在内村鉴三的弟子之间已经有了"教友会"和"柏会"，南原繁和坂田祐刚进入教会时，内村鉴

---

① 山口周三：『南原繁の生涯　信仰・思想・業績』、東京教文館 2013 年版、第 72 頁。
② 山口周三：『南原繁の生涯　信仰・思想・業績』、東京教文館 2013 年版、第 72 頁。
③ 山口周三：『南原繁の生涯　信仰・思想・業績』、東京教文館 2013 年版、第 73 頁。
④ 山口周三：『南原繁の生涯　信仰・思想・業績』、東京教文館 2013 年版、第 75 頁。

三让新入会的年轻人再组建一个新的教友会。于是，1911 年 12 月 23 日，在教友会组织的圣诞节活动时，坂田祐提议在"教友会"和"柏会"之外再成立一个新的教友会，南原繁、松本实三、铃木锭之助等人对此建议都十分赞成。

1912 年 1 月 30 日下午，在坂田祐的家里，南原繁、佐藤祯一、松本实三、铃木锭之助、铃木祯二、浅见审三、坂田祐举行了新人教会的发起仪式。大家一致推荐南原繁和坂田祐为干事，会名暂时未定。2 月 4 日，南原繁和坂田祐特意去拜访了内村鉴三，请他为新组建的教友会确定会名，于是，内村鉴三从预选的会名中确定"白雨会"为新组建的教友会的会名。①

"白雨会"的干事坂田祐 1878 年出生于秋天县，小学毕业后在足尾铜山工作，被征兵后当上了陆军骑兵，参加过"日俄战争"和"沈阳大会战"。日俄战争结束后，他重新回到了学校，毕业于东京高等学院中等科。1909 年考入"第一高等学校"。由于这种特殊的经历，坂田祐比南原繁小三届，但是年纪却比南原繁大 12 岁。坂田祐于东京帝国大学文学院哲学科毕业后任东京学院教师，其后他创立了关东学院，其后任关东学院的校长。坂田祐和南原繁出任干事后"白雨会"活动持续了很久，对于南原繁来说，坂田祐可以称为终生的挚友。

南原繁的终生都与"白雨会"的会员保持着亲人般的亲密关系。南原繁的第一位妻子星野百合子就是后来进入"白雨会"的星野铁男的胞妹。此后，南原繁便把精神导师内村鉴三与"白雨会"确认为自己的人生方向和宗教信仰的"精神生活的原点"②，对于南原繁来说，"白雨会"不仅孕育了他的基督教信仰，也是他精神生活的原点，他与"白雨会"所有会友的友情一直持续到晚年。其后，"白雨会"改为"教友会"，后并入"柏会""柏木兄弟会"。

1914 年 7 月，南原繁作为东京帝国大学法科大学政治学部优等毕业生，按照东京帝国大学优秀毕业生可以获得天皇钦赐银表的惯例，他和另外一名同学并列获得了天皇赐予的银表。当时，日本天皇只出席"陆军大学校"和"东京帝国大学"的毕业式，陆军大学校的优等生被天皇授予军

---

　　①　1911 年 12 月 23 日在东京麹町区的宝亭召开了由内村鉴三圣书研究会的基督教徒南原繁、松本实三、铃木锭之助、坂田祐 4 人发起的基督教友的盟约会。翌年的 1 月 30 日在坂田家举行了发起仪式。"白雨会"的名字源于"诗篇"六十五中的第十节。其后，星野铁男、石田三治、高谷道南三人也加入了此会。

　　②　加藤節：『南原繁——近代日本と知識人』、岩波新書 514、東京岩波書店 1997 年版、第 48 頁。

刀，东京帝国大学的优等生被天皇授予银表。

第三节 "牧民官"时代

南原繁大学毕业前夕，大学法学部事务局的工作人员告诉南原繁说大学现在想留一位毕业生担任历史课的教学，问他想不想留校？南原繁认为历史与政治学没有多大关系，所以没有答应留校。

一 踏入仕途

1914 年 12 月，南原繁通过了"文官高等考试"，经过面试后进入日本内务省警保局，成为警保局的官员。当时日本的警保局是可以调动全国警察机构的组织，与地方警局拥有共同的权限。面试时南原繁希望能下到地方做郡长，"如果做郡长，想尽可能去偏僻的地方，比如岩手县或者是山形县那样的地方"。当时日本的郡是独立的自治体，也是属于内务行政职能部门的最下级单位，郡里拥有郡役所，还有财政预算权和郡议事会。南原繁对当时的现实政治感兴趣，所以，他在选择仕途时有自己独特的想法。他认为在内务府最初的两年只能做实习生，无具体的事情可做，没有实际意义。但如果做了地方的郡长后便可以承担政治上的一些责任。当时东京帝国大学的毕业生有实业界、学术界和官界的三条路可走。那时日本实业界正处于第一次世界大战"特需"① 的景气时期，各大企业特别欢迎东京帝国大学的毕业生，进入官界也是顺理成章的事，这也是东京帝国大学法科大学政治学科毕业生的传统出路。然而，南原繁毅然放弃了可以进入实业界和留校的机会，坚定地进入了内务省，踏上了仕途。对他来说"既然在大学学的是政治学，所以，自然就想亲自体验现实生活中的政治，并且要尽量到地方去，而不是留在政府内部工作"②。丸山真男有一次曾问过自己的导师南原繁："您为什么对政治感兴趣呢？"南原繁回答道："我想大概是我小时候在中学所学的知识或者是自己本身学的不是很精通的儒家精神'修身、齐家、治国、平天下'的想法所致吧？这种想法也是导致我选择法科，上高中时选择了'一高'的主要原因。"③ 与当时毕业于东京

---

① 主要指战时的军工生产劳动。
② 南原繁：「郡にいたごろの回想　その一」、『南原繁著作集』第八卷、東京岩波書店 1984 年特装版、第 269 頁。
③ 丸山真男、福田歓一：『聞き書　南原繁回顧録』、東京大学出版会 1990 年版、第 27 頁。

帝国大学法科大学的毕业生参与政治走仕途的惯例相反，南原繁的选择却是极富个性、与众不同的。他认为既然打算研究政治哲学就要去地方了解现实生活中的实际政治状况。为了早日实现上大学时研究政治哲学的远大理想，既要接受来自柏拉图参与现实政治的影响，也要走理想与研究政治哲学家个人愿望相结合的道路，去地方接触乡下国民的实际生活，于是，南原繁选择了去地方而不是在内务省警保局当警官。"当然，世界大战快接近结束的时候，此时出任郡长也是我经过认真思考的结果。"① 最终，他出人意料地去了离首都东京很远、十分偏远的富山县任射水郡郡长。

二　在成溪学园兼职

南原繁入内务府警保局两年后受"成溪学园"② 的创立者中村春一之托，做了位于东京池袋"成溪学园"宿舍的客座舍监。③ 当时学园指定 7 名学生接受南原繁的个人辅导，每天晚自习结束后，寄宿生们就要集合在一起接受南原繁的教导。作为舍监的南原繁每天既要和学生吃住在一起，还要向年轻人们传授《旧约》圣书中的《出埃及记》④ 等章节的内容。

成溪学园是南原繁一生中除了在东京大学工作以外唯一兼过职的学校。南原繁在"第一高等学校"读书时认识的中村春一于 1906 年接受了日本著名的今村银行的今村繁三和三菱合资公司的副社长岩崎小弥太的资助，创立了成溪学园私塾。南原繁刚到东京读"第一高等学校"时经同乡的介绍认识了中村春一，读书期间也曾经得到过中村春一的很多关照。南原繁大学毕业后在内务省见习时，中村春一诚挚地邀请南原繁"你来我们学园吧！只要晚上与几位孩子在一起，指导他们就可以了"⑤。实际上这种

① 丸山真男、福田歓一：『聞き書　南原繁回顧録』、東京大学出版会 1990 年版、第 31 頁。

② 最初是"成溪学园"，后与"成溪实务学校"合并为"成溪中学"，现为"成溪实业专门学校"。

③ 学生宿舍监管人，既要监督学生的日常生活起居，还要监督学生的学习状况，更重要的是还要引导培养学生良好的人品和个性。

④ 出自《旧约·出埃及记》摩西五经的第二卷。《出埃及记》提供了一个"接续"《创世记》的历史性记载，说明以色列民族确实是承袭神对列祖许的预言而成就的。它犹如一道桥梁把《创世记》和另外三卷记载以色列人旷野四十年生活的历史连接起来。此书同时也是一本重要的典籍，解释了为什么在出走埃及的以色列民族后来竟沦为奴隶，替法老用泥和草造砖建城；书中还介绍了他们怎样走出埃及后在去往迦南地之前，建立律法、宗教体制和详细的道德规范。本书的两个主题是压迫者之受审判及被压迫者之得拯救，获解救者如何成为神的子民及特征。

⑤ 南原繁：「中村春一先生の想い出」、『南原繁著作集』第十巻、東京岩波書店 1984 年特装版、第 356 頁。

办学形式也是日本此后提倡的家庭式少人数合宿办学经营模式的先例。

提倡新型的教育方式，以全新的理念作为新教育目标，注重以培养学生个性为宗旨的中村春一特别欣赏南原繁的人品。于是，他拜托南原繁通过合宿生活给予这些孩子们以家庭式的言传身教。南原繁曾高度评价中村春一的这种新型家庭式教育方式："其教育理念和教育方式可以与吉田松阴①相媲美，中村春一是日本近现代教育史上一位值得大书特书的伟大的教育家。"② 由于南原繁对中村春一提倡的"唯有人的灵魂与人的灵魂接触，方可达到健全的教育目的"的教育理念有强烈的认同感，所以，两人一拍即合。因此，南原繁自 1925 年起做了成溪中学的舍监并一直持续到他到富山县射水郡任职之后，南原繁每次回到东京都会在成溪学园做几次特别讲座。据当时的学生回忆，南原繁在成溪中学做舍监时经常是一手拿着德语版的马克思的《资本论》，一手拿着希伯来语版的《圣经》，这充分显示出他作为政府的内务官员十分关注当时社会上的劳动运动，一副执着于自己的宗教信仰，同时还怀有忧国忧民情怀的政府官员兼教育者的形象跃然纸上。此间，南原繁还经常收到"白雨会"的成员星野铁男胞妹，与他已有婚约的星野百合子的来信。1916 年 11 月 20 日，南原繁与星野百合子结婚，内村鉴三为他们主持了婚礼，坂田祐夫妇做了他们的证婚人。"白雨会"全体会员出席了婚礼，见证了南原繁人生中这一重要的幸福时刻。

三 任射水郡"牧民官"

南原繁的另一位得意弟子福田欢一曾问他："进入内务府之前您的志愿就是去乡下当郡长，对此您有什么想法呢？"南原繁回答他说："我有这个想法是因为已有先例，我是第二个人了。我们好朋友中间第一个去乡下的是前田多门，他去群马沼田的利根郡做了郡长。那个时候我们把郡长叫作'牧民官'，意思是地方官里面最小的官。因为这是最基层的地方官，到了当地以后就可以和当地的百姓结合在一起体验当地的社会生活。前辈

---

① 吉田松阴（1830—1859），日本幕府末期的思想家，出身于长州的藩士。他主要研究兵法，在江户时曾师从于佐久间象山等人。美国海军提督佩里访问日本时，他企图随船偷渡国外未遂，入狱。出狱后他在获町开办松下村塾，培养了高杉晋作、久坂玄瑞等一批"尊皇攘夷"运动的领导人，后因"安政大狱"事件被处以死刑。

② 加藤節：『南原繁——近代日本と知識人』、岩波新書 514、東京岩波書店 1997 年版、第53 頁。

中既然有走这条路的，我也就加入其中走了这条路。"① 南原繁的第二个想法是受到了柏拉图的影响，"如果打算研究政治哲学就要到最基层去，到最下面工作几年了解搞政治的必要性。为此，接触乡下国民生活的实际状态是最佳的途径，我也一直是这么想的。但是，我这个想法并不是放弃做学问，而是为了更好地做学术研究"。②

在日本内务府工作了三年后，有一天，南原繁突然被警务课的科长长冈隆一叫到办公室，他对南原繁说："你到富山县去给我做射水郡的郡长吧!"③ 当时的射水郡包括33个町村，以射水平原为中心向周边辐射，交通便利、人口众多。此外，射水郡还有着完善的自治体组织郡会、郡参事会等。按照当时的规定，射水郡与中央政府没有上下级的从属关系，是一个相对完全独立的地方自治体。日本的"郡"是日本县与町村之间的自治体，郡长主要负责当地的文化、教育、产业、卫生等各项工作。1917年3月14日，年仅27岁的南原繁被任命为富山县射水郡郡长，他被任命去富山县做射水郡郡长实际上有一个重要的政治原因。富山县射水郡自古以来就是一个政治斗争很激烈的地方，以富山县政府所在地高冈为中心，周边33个町街的射水郡宪政会和政友会的政治交锋异常激烈。前任郡长卷入争斗，并被人用石头打破了头，引发了暴力事件。内务省警备局将南原繁下派到富山县的目的就是让他去干涉当地的竞选。

时任内阁是寺内内阁，首相寺内正毅为了压制宪政会就将其解散了，解散之后他把所有的县知事④召集起来说明了解散宪政会的意图，并指示一定要干涉本次的选举。知事们领命返回县内召集市长们如实传达了会议的内容，市长们又迅速地再向下面的郡传达。富山县也是这么做的，但在下新川郡却引发了大骚动，当地的报纸和中央报都曾报道过此事件。射水郡的郡长因生病没有出席，对上级训示贯彻得不好，因此，"下新川郡和射水郡成为众矢之的，当地又选举不出来合适的人选，于是，射水郡郡长一职就歪打正着地落到了我的头上。但听了当地发生的此次事件的整个经过后，我感觉有些力不从心，但科长说完后马上把电报递给我说'你马上给我单身赴任去'"。⑤

南原繁当时新婚才两个月，刚刚在池袋安了新家。按照当时日本政府

---

① 丸山真男、福田歓一：『聞き書　南原繁回顧録』、東京大学出版会1990年版、第33頁。
② 丸山真男、福田歓一：『聞き書　南原繁回顧録』、東京大学出版会1990年版、第32頁。
③ 丸山真男、福田歓一：『聞き書　南原繁回顧録』、東京大学出版会1990年版、第35頁。
④ 日本各地的县级最高长官，相当于我国行政区划各省的省长。
⑤ 丸山真男、福田歓一：『聞き書　南原繁回顧録』、東京大学出版会1990年版、第36頁。

派遣官员到地方工作的惯例，一般会给赴任者 10 天或者一周的准备时间，但催促赴任的电报已至，南原繁二话没说，答应尽快启程。出发前，长冈隆科长还为南原繁召开了欢送会。在欢送会上他对南原繁说："我给你收尸骨！"① 作为临别的赠言。"当时下派的官员大都是这样的心境，我怀揣着任命的电报即刻动身，似乎有一种深入虎穴的悲壮感。"②

四　赴任

南原繁乘列车前往富山县射水郡办公所在地高岗的赴任途中，当列车经过一个被称为小杉的火车站时，他在车里突然看到沿着铁路南北两侧有一片面积很大，但地图上并没有标注出来的湖泊时惊讶不已。南原繁从前来接他的文书那里了解到，这一带是射水郡的中心地带，由于地势低洼，缺乏排水设施，每年一到春季冰雪融化或者秋季台风到来时就会泛滥成灾，形成这种大面积的洪涝"湖"。为此，当地丰年盛产的大米大量减产、地方病流行蔓延。听到文书的介绍后南原繁马上意识到："在任期内要改善这里的排水灌溉问题。要想方设法增加当地的粮食产量、消灭地方病。一定要在任期内为当地的人们实实在在地做一些有益的事。"③ 虽然南原繁还没有走马上任，但是当他看到高岗附近大面积的洪涝"湖"时便立刻想到："这件事不能搁置，必须设法尽快解决。"④

南原繁到任后的第三天便把上级要求训示的内容凝练了一下后飞奔到射水郡的办公地点，即刻召开了射水郡 33 个町村长会议。射水郡办公地点在高岗公园入口处的一座二层木制楼里。当时射水郡的政友会和宪政会的对立态度十分明显，当地的报纸对此也十分谨慎。"开会时记者和旁听者站满了整个会议室，町、村长们十分紧张，我也很紧张。但是，我没有把上级要求训示的内容原封不动地传达给与会者。"⑤ 会上，南原繁首先讲了时局的重要性，希望郡民们提高选举的自觉性，同时也要求并强调了选举的公正性和选举自由。会议很快就结束了，"大家都惊讶得木若呆鸡，因为会议太短暂了。……我把政府要传达的事项都印刷成册，上级的训示作

---

① 丸山真男、福田歓一：『聞き書　南原繁回顧録』、東京大学出版会 1990 年版、第 37 頁。
② 丸山真男、福田歓一：『聞き書　南原繁回顧録』、東京大学出版会 1990 年版、第 37 頁。
③ 南原繁：「郡にいた頃の回想　その一」、『南原繁著作集』第八巻、東京岩波書店 1984 年特装版、第 270 頁。
④ 丸山真男、福田歓一：『聞き書　南原繁回顧録』、東京大学出版会 1990 年版、第 56 頁。
⑤ 丸山真男、福田歓一：『聞き書　南原繁回顧録』、東京大学出版会 1990 年版、第 38 頁。

为附录附在小册子后面发给了大家……我只阐述了'时局重大之际，请大家尽可能公平、自由地进行选举'"。① 3 月 22 日，当地的《富士日报》报道："南原郡长演讲时一身正气、光明磊落，赢得了町村会长们的信任和敬佩。"② 3 月 29 日，南原繁返回到东京。4 月 2 日，他带着家人登上了在上野站始发的夜班列车返回到射水郡。

五　规划射水平原排水灌溉事业

南原繁任射水郡郡长期间，为当地做的最大贡献就是有前瞻性地、科学合理地规划了射水平原灌溉排水治水的宏伟蓝图，并动用一切人力资源和物质条件积极地推进了此项工作。南原繁深知："横跨 14 个町村，要做到大家步调一致，尤其是和地主协商并不是一件轻而易举的事。我那个时候的想法就是一定要民主，这件事不能头脑发热。于是，我立即着手成立了'射水郡治水协调会'，聚集了有关的町村长、郡会议员、地主代表以及有实际工作经验的人，共有 160 余人参加。之后又按地理位置分成东部、中部、南部以及西部四个分会，进行了充分的讨论后才开始着手进行具体工作。"③ 南原繁认为最紧要的是首先应从地方发起舆论，做到上下想法一致、人心所向。会后，全体人员一致决定要进行详细的实地调查后再设计排水治水的具体方案。

南原繁首先从京都大学请来了水利专家对射水郡的具体情况进行了详细调查，还让专家们做了排水治水的初步设计方案。其后又让富山县耕地整理科科长、水利工程师川村长作和射水郡书记官前坪才一以及土木部门主任等人做了大量的实地调查。在此基础上，南原繁提出了以下几个具体问题。第一，提出了改良灌溉排水事业在技术上是否可行的问题。根据实地调查的结果得知，以修建河流为主要目的，通过修建堤防和安装排水设施改良灌溉排水在技术上是完全可行的。同时，还可以平整出大面积可供使用的耕地。在此期间，南原繁还亲自出差考察了新潟、爱知等县排水治水的成功经验，并听取了有关专家各方面的意见，大家一致认为此计划切实可行。第二，如何解决经费和收益等问题。经多方研究，此计划需要 100 万日元，一半要国库补助，另一半要县里和地方筹资。第三，南原繁

① 丸山真男、福田歓一：『聞き書　南原繁回顧録』、東京大学出版会 1990 年版、第 38 頁。
② 山口周三：『南原繁の生涯　信仰・思想・業績』、東京教文館 2013 年版、第 89 頁。
③ 丸山真男、福田歓一：『聞き書　南原繁回顧録』、東京大学出版会 1990 年版、第 58 頁。

提出了改良洪涝地灌溉排水的时机问题。他认为当下是绝好的时机，其理由是第一次世界大战刚刚结束，农业经济正处于最好的发展时期。① 经过缜密思考和初步调查，1918 年 3 月 25 日，南原繁将射水郡上下一致通过的"下条川沿岸排水灌溉设计方案"带到富山县井上孝哉知事的办公室，向他做了详细的汇报。井上孝哉知事笑着对他说："这项伟大的工程还是等你做了县知事后再实施如何？"② 南原繁不甘心地坚持解释道："这项工程一个是技术上完全有可操作性，经费也可以解决，而且还会有一定的经济效益；第三个是在经济效益好的情况下，还会带来其他方面的各种收益。"③ 但由于此计划规模宏大，需要耗费巨资，县知事井上孝哉有些犹豫，但最终还是马上召开了临时县级会议商议南原繁的提案。7 月，井上孝哉知事听取了"射水郡治水协调会"的建议后开始着手进行调查和核实预算，并向临时议会提交了此方案。

按照日本的惯例，像排水灌溉这类大型的地方事业，自古以来都不是郡级政府能做的事，基本上都是由国家或者是县级政府来统一规划才能完成。"下条川沿岸排水灌溉设计方案"需要的调查费为 5 万日元到 10 万日元，治水排水灌溉水利工程大约需要 200 万日元，这在当时是个很大的数目，最后反复商量的结果是地方政府负担一半的费用，剩余部分由国库和县里出。

1920 年 3 月，在南原繁全力以赴的努力和政府的支持下，终于完成了排水灌溉的调查和设计工作。1923 年设立了"东庄耕地整理工会"，并获得了政府相关部门的认可。进入实质性的工作则是 1926 年正式举行开工仪式之后的事了。"下条川沿岸排水灌溉设计"工程分为一期、二期、三期，1934 年 3 月彻底竣工。从最初射水郡提出建议历经了 15 年的时间④，从最初的调查设计到 1926 年开始施工整整花费了 10 年的时间⑤，从施工到最终竣工则整整用了 30 余年的时间。⑥

在南原繁的带领下，经过几届地方官员们的不懈努力，射水平原的农业水利灌溉排水事业顺利、持续地进行着，此项浩大的治水排水灌溉水利工程使得几百年间每到春季和秋季洪水泛滥的洪涝"湖"变成了现在约

---

① 山口周三：『南原繁の生涯　信仰・思想・業績』、東京教文館 2013 年版、第 93 頁。
② 山口周三：『南原繁の生涯　信仰・思想・業績』、東京教文館 2013 年版、第 58 頁。
③ 山口周三：『南原繁の生涯　信仰・思想・業績』、東京教文館 2013 年版、第 93 頁。
④ 丸山真男、福田歓一：『聞き書　南原繁回顧録』、東京大学出版会 1990 年版、第 60 頁。
⑤ 南原繁：「郡にいた頃も回想　その一」、『南原繁著作集』第八巻、東京岩波書店 1984 年特装版、第 285 頁。
⑥ 丸山真男、福田歓一：『聞き書　南原繁回顧録』、東京大学出版会 1990 年版、第 60 頁。

6000 公顷旱涝保收的优质良田。南原繁后来评价道："射水郡的灌溉排水事业涉及 14 个町村农户的人们，他们克服了错综复杂的利益关系，采取了步调一致的行动，对此，我们应该大书特写，我们要把这块优质自由的土地留给子孙后代。"① 山口周三认为南原繁实施这项宏伟的治水排水灌溉水利事业与歌德在《浮士德》诗剧里开拓沿海排水不佳的土地，创建理想国，让民众住在自由的土地上幸福生活的情节相吻合。②

　　曾任富山县土木部部长的白井芳树对南原繁策划这项排水事业的评价是，南原繁有着与众不同的各种杰出难得的能力，才促使这项工程完成。第一，南原繁在领命赴任途中看到地图上没有标出的洪涝"湖"就敏感地意识到自己要尽的义务，证明他有着非凡的发现问题的能力和洞察力；亲自到各地考察排水灌溉工程，虚心听取专家们的意见，认真调查，亲自策划充满说服力的规划书，证明他有着非凡的策划能力和说服力；召集 160村町长组成"射水郡治水协调会"，并多次与县知事沟通、与各部门协调，还说服了富山县知事井上孝哉支持此事，证明南原繁有一定的行动力和鼓动力。第二，这是一项南原繁把他的人生理想付诸实践的伟大事业。"人生的意义在于人类并不只是官能上的享乐，也不仅仅是为了生活的幸福和富有，而在于为同胞的自由和幸福构建宏伟蓝图，并为实现人类崇高的理想所做出的各种不懈努力。"③ 射水郡的治水排水灌溉事业对于抱有崇高人生理想的南原繁来说，不仅仅是完成了一项治水排水灌溉工程的水利工程，也是他政治理想在现实社会中的付诸实践，理论联系实际，检验真理的一块试金石。

六　建立射水郡"农业公民学校"

　　南原繁任射水郡郡长后对富山县射水郡所做的另一个大贡献是于 1918年开始为射水郡建立"农业公民学校"所做的立项方案。南原繁在接受福田欢一的采访时曾回忆道："射水郡是比较发达的郡，当地有个风气即尽可能地在本郡花巨资做大事。于是，我在任职的第二年提议要和大家一起共同为郡里做一项大事，此提案得到了大家的一致认可。这个事就是建立一所学校。我的提议是如果要建立普通的像现在已有的县立学校就没有什

　　① 丸山真男、福田歓一：『聞き書　南原繁回顧録』、東京大学出版会 1990 年版、第 60 頁。
　　② 山口周三：『南原繁の生涯　信仰・思想・業績』、東京教文館 2013 年版、第 94 頁。
　　③ 南原繁研究会：「射水郡長　南原繁の仕事に学ぶ」、『南原繁と現代』、東京 to be 出版2005 年版、第 100 頁。

么意义了，我们在郡里建立一个有特色的学校吧。"① 南原繁的提议得到了大家的一致同意和赞扬。射水郡是富山县大米的主要产地，他认为在乡下建学校就应该为农村打下一个基础，培养一批与时俱进的领军人物。此前高岗和富山只有中学，却没有一所能升入上级学校的过渡阶段的学校，更缺少独特的教育理念。南原繁想把这所学校建成"属于郡立的中学，学校里有学生宿舍，全体学生实行寄宿制"②，"要是找不到首任校长的话，虽然我有些顾虑，但如果没有更合适的人选，那就由我来兼任校长，我要和孩子们吃住在一起，和学生们一起过集体生活"。③

南原繁想方设法做文部省有关负责人的工作，下决心要建立一所郡立，旨在为当地培养有见识、有教养、精通当地农业状况的"农业公民学校"。他的具体想法就是"要建立一个不同于常规的普通中学，一所学生可以直接升入上一级学校的新型农业学校。这所学校不光要培养学生们掌握农业技术，还要让这些身在乡下的孩子们了解当地的风土人情和淳朴的民风、尊重辛勤从事农业工作的当地农民、掌握各项实用的农业技术，同时，还要培养具有知晓日本、世界农业相关知识和教养的领军人物。并且，学生们还要像家庭成员那样朝夕相处地一起共同生活，还要培养学生们独立自主的精神风貌"。④ 建立这样一所培养当地青年的"农业公民学校"，大概是南原繁认为当时的欧洲特别是丹麦的农村克服了恶劣的自然条件等诸多困难，过上了富裕的生活，是与培养了大批高素质的公民和胸怀大志有理想的年轻人有关吧。⑤ 上级主管部门同意后，南原繁先后考察了几个地方，最后他选定了位于射水郡中央地区的小杉中西部的一块田地作为学校的新校址。

1920 年 9 月 17 日，富山县射水郡的小杉举行了"射水郡立农业公民学校"的开学仪式，县里把这一天作为建校纪念日。1948 年 3 月 21 日，"射水郡立农业公民学校"改名为"新制富山县小杉高中"。在两任町长梅川新多郎和片口安太郎以及郡议会议员山崎要吉的大力支持下，南原繁的人生理想再次得以实现。这所学校的创建在当时的日本是独一无二的，"射水郡立农业公民学校"⑥ 是"唯一被日本文部省认可的地方农业学

① 丸山真男、福田歓一：『聞き書　南原繁回顧録』、東京大学出版会 1990 年版、第 60 頁。
② 丸山真男、福田歓一：『聞き書　南原繁回顧録』、東京大学出版会 1990 年版、第 61 頁。
③ 丸山真男、福田歓一：『聞き書　南原繁回顧録』、東京大学出版会 1990 年版、第 61 頁。
④ 南原繁：「郡にいた頃も回想　その一」、『南原繁著作集』第八巻、東京岩波書店 1984 年特装版、第 274 頁。
⑤ 丸山真男、福田歓一：『聞き書　南原繁回顧録』、東京大学出版会 1990 年版、第 61 頁。
⑥ 丸山真男、福田歓一：『聞き書　南原繁回顧録』、東京大学出版会 1990 年版、第 63 頁。

校"。这所农业公民学校的建立使南原繁培养"自由的公民和有教养"的当地有为青年的人生理想得以实现，他所提倡的教育理念培养了众多年轻有为的年轻人，为当地的农业、经济和卫生等各个方面做出了巨大的贡献。

南原繁之所以要在射水郡建立"射水郡立农业公民学校"除了上述原因之外，他规划建立这所学校的初衷应该还与当时世界以及日本的社会现状休戚相关。第一次世界大战后日本开始了明治维新，日本为了步入世界先进国家的行列，便萌生了"脱亚入欧"的想法，打算以西方文明取代东方文明来充实自己。由于日本在中日甲午战争和日俄战争中取得了胜利，国家的实力逐渐增强，特别是历经了第一次世界大战，日本已跻身于世界五大强国之列，这些都极大地刺激了日本人，日本举国上下为此欢欣鼓舞、澎拜不已。但日本的一些有识之士也清楚地意识到必须大力提高全民族的文化素质和人文教养。作为知识分子精英的南原繁清醒地认识到："对外要放弃武力，停止扩张，对内既要谋求国民大众的幸福，更要设法提高当下十分匮乏的国民精神文化。为了达到此目的，应在日本各地建立振兴地方的各种产业，让国民在享受幸福生活的同时，还要培养和提高国家自由公民的意识，进而做具有和平意识的有教养的世界公民。"①

七　创立日本最早的"妇女会"、振兴地方产业

南原繁任射水郡郡长期间，除了规划了"射水平原灌溉排水治水"水利工程、建立"射水郡立农业公民学校"以外，他还做了以下几项影响深远、为当地百姓造福的大事。首先，他设立了"町村自治委员会"，打破当地因循守旧的传统，努力改善当地老百姓的生活。同时，他还想方设法地提高妇女地位，组织起了全日本最早的县级"妇女会"。他在大岛村首先建立起了"村妇女会"，之后，他还指导小杉、大门、新凑、伏木等地率先成立了"妇女会"，其后又成立了"郡联合妇女会"。南原繁做通夫人百合子的工作后让她担任"郡联合妇女会"的会长，协助他做此项工作。这项工作在二战结束后还得到了富山县知事吉田实母亲吉田久子的鼎力协助。吉田久子毕业于同志社大学，是内村鉴三著作的热心读者。南原繁担任射水郡郡长期间，她任高岗女子学校的英语教师。为了改善并提高当地人们的生活质量，特别是在简化婚葬礼嫁和农家厨房的现代化地域性活动

---

① 南原繁：「郡にいた頃も回想　その一」、『南原繁著作集』第八巻、東京岩波書店 1984年特装版、第 274 頁。

中付出了不懈的努力。在南原繁的影响下，吉田久子协助南原繁成立了"富山县妇女会"，并担任了"富山县妇女会"的首任会长。"富山县妇女会"每年举办一次或两次大型聚会，主要组织演讲会或者讲习会。每次活动以小学为一个单位，分成若干个小组，每个小组再分别组织进行小型的裁缝、料理、卫生等对实际生活有指导意义的各种相互学习的活动。通过这些简单易学的启蒙学习活动，"富山县妇女会"的成员们苦口婆心、循序渐进地劝大家改善婚姻状态，打破因循守旧的陋习，极大地提高了当地人们的生活水平和生活质量。

除了以上几项工作，南原繁还千方百计地设法促进"构成国民之精神文化"的地方产业振兴。他认为："自明治维新以来，我们忙于追求构建近代的日本，为此，吸收了西洋文明，特别重视以此来武装自己。日中和日俄两次战役的胜利，成为众人皆知有实力的东洋选手，参加了第一次世界大战，并且形成了与世界上所谓的五大列强并驾齐驱之势。"[①] 但是，"这些并不重要！重要的是要加强我们的自身建设，而不是图谋武力向外扩张。一定要对内提高国民大众的福祉，特别是国民的精神文化。为此，急需在全国偏僻的地方也要进行地方产业的振兴活动。"[②] 这是南原繁在当地共进会举办的农产品展览会上致的开幕词，表达了南原繁振兴地方产业的远见卓识。

射水郡灌溉排水计划的实施和"射水郡立农业公民学校"的成功建成，各级别"妇女会"的建立以及"构成国民之精神文化"的地方产业的振兴，通过对教育、经济、卫生到产业采取的一系列举措，南原繁终于实现了人生最初的"修身、齐家、济国、利民"的远大理想。从这几项利国利民的业绩中，我们不难看出南原繁深受儒家"经国济民"思想的影响以及他本身所具有的西方现实主义与理性主义的哲学思想家的人生情怀。

然而，1917 年的俄国革命给予世界很大的冲击，日本国内的"米骚动"[③] 运动和日本宪法史上首届原政友会内阁的成立也引发了日本国内劳

---

① 南原繁：「郡にいた頃も回想 その一」、『南原繁著作集』第八卷、東京岩波書店 1984 年特装版、第 274 頁。

② 南原繁：「郡にいた頃も回想 その一」、『南原繁著作集』第八卷、東京岩波書店 1984 年特装版、第 274 頁。

③ 1918 年 8 月 3 日，富山县中新川郡西水桥村的渔妇反对投机倒把分子抬高米价，捣毁并夺取米仓，揭开了抢米暴动的序幕，日本爆发了历史上第一次全国性的大暴动。由于这次暴动最初是从渔村妇女抢米引发的，各地也相继以抢米的形式爆发，所以，在日本历史上习惯地称为"米骚动"运动。"米骚动"从最初的抢米继而发展到与地主、资本家进行面对面地斗争，甚至与军警进行搏斗，并且，群众公开提出"打倒寺内内阁"等口号，因此，此场运动本身乃是革命性的政治斗争。

动运动的高涨。

八　领命返京

1919 年 1 月 19 日，一个降雪的夜晚，内务省警备局从东京突然发来一份电报，让南原繁马上动身返回东京接受新的职务。南原繁接到电报后又惊讶又失望，他白天刚刚向射水郡的郡议会提交了建立"农业公民学校"的方案并进行了详细的解说，并且，得到了大家的首肯，他十分高兴自己的人生理想又能进一步得以实现。听到南原繁被调离的消息后，郡议会和郡役所的工作人员也很吃惊。南原繁感到这不是他个人的私事，好几项计划还未能付诸实践，于是，他马上去了县知县办公厅找到县知县说："我说过让我在这里再多待几年，5 年计划有很多的事情才刚刚开始。排水治水事业进展顺利，建学校的方案才刚刚提出来，让我再干一段时间吧。"[①] 县知事也不愿意让南原繁返回东京，于是，马上连夜召开了县部长级会议，大家一致同意向上级主管部门请求延迟南原繁返回东京，但是，这也没能改变内务省的一纸调令。当晚，南原繁和年轻的妻子，还有不满一岁的女儿待子在高岗车站受到了当地众多人自发的夹道欢送，一家人乘坐夜行列车急急忙忙地赶回了东京。

1919 年是第一次世界大战刚刚结束的第二年，日本在各个方面也发生了很大的变化，特别是工人运动频发。1920 年 8 月，南原繁被任命为内务省内务事务官，当时日本政府召集了各方面的力量匆忙成立了"劳动工会"，但劳动争议事件依然频发。随着工人运动、社会问题的激增，用以往的《治安警察法》《过激社会运动取缔法》等法律条文处理是否合适已引起内务省很多人的关注。在日本内务省以警保局为中心管理控制各个方面的中枢机构的内部，如何处理好劳动问题和社会问题一时成了内务省警保局人们热议的话题。不久，内务大臣床次竹二郎召集地方局、警保局、土木局、卫生局等部门年轻的法学专业毕业的大学生们开了一次恳谈会，希望大家针对频发的劳动争议事件能够畅所欲言，提出解决问题的良策。南原繁当场有理有据地表达了自己的想法和意见。他认为只靠警保局的力量是不够的，仅靠管理控制是解决不了根本性问题的。应该让工人们成立劳动者团体和组织机构，让他们和资本家们在同一个框架下进行谈判或许可以从根本上解决一些实际问题。

---

① 丸山真男、福田歓一：『聞き書　南原繁回顧録』、東京大学出版会 1990 年版、第 61 頁。

九 制定日本"劳动工会法"

恳谈会的第 2 天，内务大臣床次竹二郎把南原繁叫到了他的办公室，委托他思考并制作出"劳动工会法"的试行方案。于是，南原繁成立了"劳动问题调查室"。他先后找到了内务省擅长英语的松村光磨、德语最好的安倍源基、精通法文的伊藤义文，这三个人都是法学专业出身，大家开始收集研究英国、德国和法国等先进国家的立法法案和相关的文献。他们开始着手制定日本历史上第一个"劳动工会法"草案。此时，日本内务省也面临着历史上从来也没有遇到过的最严峻的问题，即如何尽快组成劳动工会以应对频发的劳动争议等事端。为此，南原繁草拟了"劳动工会法"方案，并将其定位在"为保护劳动者的共同利益，承认已经成立起来的'劳动工会'"。[①] 在政府给予"劳动工会"一定程度的保护下，"劳动工会"也要相应地承担一定的社会责任。[②] 此方案旨在建构一个让劳动者和雇佣者之间相互协商的基础上，政府要承认"劳动工会"，"劳动工会"也有义务向上级部门实行呈报的制度。这是一个给予"劳动工会法"承认人人平等、承认劳动者有人格资格的法案，可以说在当时具有划时代的意义。

南原繁主持的"劳动工会法"方案在报纸上一经发表，立即得到了站在劳工运动最前沿、曾经指导过川崎造船厂大罢工"劳动工会"的领袖贺川丰彦和山口均等人的大力赞扬。然而，南原繁等人制定的 22 条"大正九年内务省劳动工会法案"虽然被各部门认为是很好的方案，但最终也只是被当作内务省一个应对劳动纠纷的方案交到了原敬首相的手中。其后，因此案与内阁大臣的意见相左，农商务省大臣山本达雄也认为内务省制定的这个"劳动工会法"方案不符合日本当下的国情，采用此方案还为时尚早，因此，以南原繁为核心制定的获得众人好评的"劳动工会法"方案便被原敬总理锁在抽屉里闲置起来了。曾经受到过内务大臣床次竹二郎的重视，很多人认真调查研究后完成的"劳动工会法"方案最终以此种形式寿终正寝完全出乎南原繁的意料。这也是他从少年时代就树立起来的"经国济民"远大理想在社会和政治境遇下第一次遭受到的挫折。"劳动工会法"

---

① 加藤節：『南原繁——近代日本と知識人』、岩波新書 514、東京岩波書店 1997 年版、第 64 頁。

② 加藤節：『南原繁——近代日本と知識人』、岩波新書 514、東京岩波書店 1997 年版、第 64 頁。

方案的搁浅也促使南原繁开始意识到走仕途的不确定性和个人抱负与理想在强大的国家机器面前的软弱无力。同时，此事件也是促使南原繁放弃走仕途，施展人生抱负的人生最初理想，重返东京帝国大学做学问的一个重要原因。

十　关注马克思主义哲学

南原繁积极策划参与制定的"劳动工会法"方案被束之高阁之后，他开始认真地思考"劳动工会法"在立法的过程中遇到的各种问题。并且，他意识到："要实现'劳动工会法'是不是今后还需要30年的时间？作为内务省的一位官员我是全力以赴地尽力了，但是，关于劳动纠纷等问题，我还是没有信心应对。"① 他后来回忆道："诚实地讲当时自己还完全搞不明白是怎么一回事。是什么时候开始思考劳动问题和社会问题的呢？大概是从感到解决此问题并不是通过立法就能解决问题的那个时候开始的吧。"② 南原繁认为制作法律条文是自己对内务省所尽的最后义务，但最切合实际、能解决问题的可能是要研究今后如何接受并实践马克思主义的问题，于是，他开始关注马克思主义。此后，南原繁开始专注地研究马克思主义的理论，他认真通读了"京都帝国大学河上肇教授出版的杂志《社会问题研究》③（1919 年创刊），书中阐述的'马克思主义的社会主义理论体系'的观点和内容使他受益匪浅"④。此外，他还受到了研究劳动问题和社会问题的节田民藏以及大内兵卫等人相关研究的一些影响。

南原繁认为："马克思主义的根本问题不仅仅是社会问题、经济问题和理论问题，其核心问题是唯物史观的问题，而唯物史观的问题则是哲学的问题。我有了这种认识后就开始研究、关注产生这些问题的马克思主义源流的德国理想主义。我意识到与其研究马克思主义本身的原理，莫不如追本溯源地从源流入手做进一步深入的研究。"⑤ 与此同时，南原繁还产生了要搞清楚哲学世界观和唯物史观在什么情况下是正确的、可以持续多久的想法。当他读到《科学是空想》序文："我们德国的社会主义者不仅把法国空想社会主义者圣西门、傅立叶、欧文作为始祖，甚至还把康德、费

---

① 丸山真男、福田歓一：『聞き書　南原繁回顧録』、東京大学出版会 1990 年版、第 91 頁。
② 丸山真男、福田歓一：『聞き書　南原繁回顧録』、東京大学出版会 1990 年版、第 91 頁。
③ 河上肇于 1919 年创刊的杂志，主要介绍马克思主义等。
④ 丸山真男、福田歓一：『聞き書　南原繁回顧録』、東京大学出版会 1990 年版、第 86 頁。
⑤ 丸山真男、福田歓一：『聞き書　南原繁回顧録』、東京大学出版会 1990 年版、第 86 頁。

希特等不同的哲学流派的思想也作为我们引以为傲的哲学思想"① 的一部分时，南原繁立即联想到要判断唯物史观是否正确，则很有必要研究产生马克思主义思想的德国理想主义。"可以说作为哲学的一个世界观，究其根本，确定马克思主义正确性和可持续性的意识一直是萦绕在我头脑里的问题。我当时很迷惑，迷茫的同时也明确了要想搞清楚这个问题就要学习新知识、重新做学问……要想弄清楚马克思主义源头中真正的精髓，就必须回溯究明德国理想主义、黑格尔、康德。于是，我开始考虑重新回到大学做学问的事情。"② 做出此决定的南原繁去内务大臣床次竹二郎的办公室直截了当、如实地说明了自己的想法："劳动问题和社会问题并不是通过政治手段就能简单地解决的问题，所以，我想重新回到大学好好研究这方面的问题。"③ 床次竹二郎认真地听取了南原繁的辞职说明，也很赞成他的想法，于是，南原繁于 1921 年 5 月义无反顾地辞去了内务省内务事务官一职。

十一　重返东京大学

实际上在南原繁犹豫是否辞去内务省的工作之前，他也曾找过大学时代教过他"政治学"的大学恩师小野塚喜平次教授商量过此事。从大学时代就开始听小野塚喜平次教授的讲义课，大学毕业就职前，也找恩师相商过有关毕业去向的问题。这次南原繁诚恳地和小野塚喜平次教授商量，要研究政治理论基础，是不是有必要从头开始做柏拉图的政治学史、政治学等哲学方面的基础性研究。南原繁做公务员时对劳动问题、社会问题和马克思主义就产生了兴趣，也很想从理论上追根溯源学习、研究这些问题，因此，才有了重新回学校做学问的想法。小野塚喜平次教授认为了解时代的状况、明确有些事是力所不及的想法是可以理解的，将来大学可能会需要在思想方面的政治学。因此，他建议南原繁研究政治学。

南原繁回到东京帝国大学是在 1921 年 5 月，此前法学部部长小野塚喜平次教授接受了日本学士院的使命出国一年，南原繁正好是此时回到了大学工作。南原繁认为大学之所以能接受他，可能与小野塚喜平次教授即将出国，已经考虑到让南原繁接他的课有关系。"我留校的想法如前所述，

---

① 　丸山眞男、福田歓一：『聞き書　南原繁回顧録』、東京大学出版会 1990 年版、第 92 页。
② 　丸山眞男、福田歓一：『聞き書　南原繁回顧録』、東京大学出版会 1990 年版、第 91 页。
③ 　丸山眞男、福田歓一：『聞き書　南原繁回顧録』、東京大学出版会 1990 年版、第 92 页。

政治理论、柏拉图的政治学、政治哲学等基础性研究大学还是很需要的，我自身也是这样考虑的，并向小野塚喜平次教授做了上述的说明。不过我还补充说明我是个做过官员的人，我对劳动问题、社会问题、马克思主义特别关注，我特别希望能研究这些理论才想回到学校做学问的。"① 小野塚喜平次教授也很赞同南原繁的这些想法。"我想大概先生认为我想研究的内容不仅有先生本身的实证性科学解释不了的领域，也有先生政治学理论中尚没有出现的问题，这才是他接受我回到大学做学问的其中一个理由吧。"② 虽然南原繁当时并没有学术研究方面的业绩，只是在内务府工作时研究劳动问题时做了些翻译和资料方面的整理，除此以外并没有什么学术方面的建树。但小野塚喜平次教授考虑到将来思想方面的政治学会很有必要，于是，他在大学教授会上推荐南原繁做政治学和政治学史讲座的副教授，教授会的各位教授也同意了小野塚喜平次教授的提议。

此时，恰巧东京帝国大学在 1919 年开始恢复法学部，讲座和讲义课增加后教师人手严重不足，于是，法学部准备从毕业生中收集人才回到学校任教。在恩师小野塚喜平次教授的努力下，南原繁回到了母校。与南原繁同期回来的人都是从政府或民间著名企业回到东京帝国大学法学部的，如1917 年从内务省回到法科大学的田中耕太郎；1919 年从大藏省回到经济学部的大内兵卫；1919 年从大藏省回到法学部的高木八尺；1920 年从住友公司回到经济学部的矢内原忠雄；1920 年从农商务省回到经济学部的河合荣治郎；1921 年从住友公司回到经济学部的江原万里③等，他们中有的人后来成为东京大学校长、法学部的部长或院系的教学、学术研究骨干。

南原繁回忆道："东京帝国大学法学部的政治学研究室，当时有小野塚喜平次教授、吉野造作教授、助手有蜡山政道和贺河村又介，研究室是个很大的房间。当时法学部还没有专用的研究室，最初是借用高野岩三郎教授开设的统计学研究室，之后发展成经济学部，后来才有了研究室制度和演讲课程。小野塚喜平次教授每天 9 点半到研究室，我第 2 个到研究室。平日大家都安静地看书，中午大家一起去'山上御殿'教工餐厅用餐，然后，大家一起返回研究室继续读书专研。下午三、四点钟小野塚喜平次教授回家。"④

南原繁原来在内务省工作时，在研究制定"劳动工会法"方案的过程

①　丸山真男、福田歓一：『聞き書　南原繁回顧録』、東京大学出版会 1990 年版、第 96 頁。
②　丸山真男、福田歓一：『聞き書　南原繁回顧録』、東京大学出版会 1990 年版、第 97 頁。
③　山口周三：『南原繁の生涯　信仰・思想・業績』、東京教文館 2013 年版、第 100 頁。
④　山口周三：『南原繁の生涯　信仰・思想・業績』、東京教文館 2013 年版、第 102 頁。

中，产生了一个困惑和疑问。他认为制定"劳动工会法"方案是国家大事，但首先要搞清楚与"劳动工会"相关联、构成社会主义核心价值观的马克思主义哲学问题。如果不从根本上研究马克思主义的德国哲学观点，特别是康德、黑格尔等人的德国理想主义哲学的基本原理，则无法真正地应对日本当时的劳动运动和"劳动工会"等一系列问题。南原繁认为劳动运动最根本的问题实际上就是马克思主义"哲学世界观的问题"，而马克思主义的精髓则扎根于德国理想主义哲学对现实社会中最契合实际的被关注的问题上，可以说究明马克思主义的哲学所关注的本源与实质是南原繁决定回归母校、重新做学问的一个重要缘由。

南原繁认为："德国的观念论是马克思主义理论的精髓所在。"① 因此，为了彻底搞清楚马克思主义哲学观点的基础原理，考察德国哲学的源流，解决"劳动工会"在理论与实践上的困境，南原繁认为很有必要去欧洲留学学习西方哲学、政治思想史、政治思想等政治哲学理论。

第四节 赴欧留学与哲人时空对话

1921 年 8 月 5 日，南原繁与抱病在床的妻子和两个年幼的孩子告别后，于 9 日在神户港口登上了 9000 吨重的三岛丸邮政汽船。"我之所以重新做学问，就是想搞清楚马克思主义的理论基础，尽快弄明白其理论基础的构成，于是，自然就想去留学，去德国真正地好好学习各种相关的政治哲学理论，这么思考的同时也就开始着手做了留学的准备。当然，刚去的时候以公费留学的身份是不现实的，考虑来考虑去最后还是决定自己想办法筹款自费留学。"② 当时，幸好有高年级在满铁工作的石川铁雄从中斡旋，南原繁在内务省工作时的地方局长添田敬一知道了南原繁想留学的事情以后就让南原繁去欧洲留学后写一些关于劳动问题、社会问题等方面的研究调查报告，添田敬一以此名义资助给南原繁 1000 日元。当时的 1000 日元基本可以满足在欧洲留学一年的生活费用，小野塚喜平次教授也同意了南原繁赴欧洲自费留学的申请。

1921 年 8 月，南原繁以自费留学生的身份向第一次世界大战结束后百废待兴的欧洲进发。南原繁在路上用了五十多天的时间，九月下旬终于抵达英国伦敦。他先后在英国伦敦大学、德国柏林大学、法国格勒诺布尔大

---

① 丸山真男、福田歓一：『聞き書　南原繁回顧録』、東京大学出版会 1990 年版、第 93 頁。
② 丸山真男、福田歓一：『聞き書　南原繁回顧録』、東京大学出版会 1990 年版、第 102 頁。

学从事哲学、政治哲学、政治理论、思想史等方面的学习与研究。

一 接触德国哲学

1921 年 9 月下旬，南原繁抵达伦敦后发了一则 "Japanese student wants English home"① 的求租房屋告示，结果他收到了 42 封回信。南原繁从笔迹和回信内容中几经筛选最后决定住在伦敦郊外、风景优美的乡下一位牧师的家里。年轻的牧师出身于剑桥大学的神学院，40 多岁才结婚，新娘子的父亲也是一位牧师，三人同住在一座两层楼里，还有一个大院子。南原繁住在二楼老人旁边的房间，两个人每天一起散步，成了好朋友。

南原繁在伦敦大学听了大约七个月的讲义课，据他本人回忆主要学习了美国式的社会心理学、政治学史、哲学史等，南原繁基本上是在家里自学、思考，学习效率不是很高，也没有去过任何一个地方游玩。南原繁留学期间一直担心国内病重的妻子，当时通信很不方便，他中途几度想要回国，都被家人劝阻了，有一次家人甚至拍了电报劝告他不必回国。

南原繁最感兴趣的还是哲学史。为了进一步研究哲学，南原繁感到有必要去德国进一步学习。于是，1922 年 5 月，他直接去了魏玛时期②的德国柏林，因为校友矢内原忠雄在此留学，他也得到了矢内原忠雄的特别关照，自此，南原繁开始真正地接触德国哲学。

矢内原忠雄帮助南原繁在自己居所的附近找到了一位旧式军人的出租屋，主人是位中将，据说第一次世界大战时家里还有 2 匹马，战后一直过着靠政府救济的生活。房东的家很大，二楼有三个房间，主人将其中的一间租给了南原繁，他一直在此住了一年零 8 个月。这家一共有 5 口人，夫妻分别拥有柏林大学地理和医学的博士学位，大女儿是基督教徒，还有一位刚考上大学的男孩儿，家里还有一位佣人。房东家平时生活得非常艰难，每天基本上只吃土豆，一周只能吃上一顿肉，日子过得很清苦。南原繁在德国留学期间学习之余唯一的乐趣就是和房东的女儿坐着马车定期去歌剧院听歌剧。有时他也会和家里的佣人去一个名叫"五教会"的宗教集会上做礼拜。南原

---

① 大意为"日本留学生求租说英语的家庭出租屋"。

② 魏玛时代源自 1919 年出现的国名"德意志国家"或"德意志帝国"，由于共和国宪法是在魏玛召开的国民议会上通过的，因此，此共和政府被称为"魏玛共和国"。"魏玛共和国"是后世历史学家的称呼。"魏玛时代"是德国有史以来第一次走向共和的尝试，因十一月革命而生，后因阿道夫·希特勒与纳粹党在 1933 年上台而结束，"魏玛共和国"在 1933 年实际上已经名存实亡。

繁曾谈及喜欢此集会的主要原因是每次三四十名教友在深林中齐唱《圣经》中的赞歌。大家都是普通的劳动者，有工人、职员、女仆，衣着都很朴素，但他们虔诚地忠实于自己的信仰。南原繁很喜欢大家谈论《圣经》时那种平等、和善、充满友爱的气氛。1923 年 12 月，南原繁在柏林住了一年半有余，开始了真正意义上的研究西方哲学的留学生涯。

二 邂逅康德哲学

南原繁在德国留学期间正好是欧洲流行新康德派哲学①、澳大利亚学派的全盛期。澳大利亚学派主要围绕着社会主义关系进行研究，南原繁对康德的著作很感兴趣，于是他买了《康德全集》，开始认真地研读康德的著作。南原繁在柏林期间主要学习了构成马克思主义源流的德国理性主义哲学②，他几乎把所有的时间都用于学习与研究康德③的三大批判上，即《纯粹理性批判》④《实践理性批判》⑤《判断力批判》⑥。为了更好地学习理解原著，南原繁还专门花钱请了一位德国文学学士，帮助他学习研读康德的德语原著，并且，他还经常通过提问或者讨论的方式开启自己与德国古典哲学的时空对话。

南原繁在柏林全身心地研究康德哲学的同时，还在柏林大学注册听课，定期去听柏林大学担任"法理学与民法"鲁道夫·休坦穆拉教授的讲座课。鲁道夫·休坦穆拉先生在大学讲授法理学和民法学，他的课很受学生们的欢迎，每堂课教室里学生都坐得满满的，他的讲座很有名。南原繁给鲁道夫·休坦穆拉教授写了信，希望能拜访他。南原繁在得到了这位导

---

① 新康德学派是指 19 世纪后半期，以德国为中心兴起的一个哲学流派。主要以康德的三大批判哲学为基础，分成了以数学和自然科学为中心的马堡学派和以文化科学为中心的巴登学派。

② 德国理性主义开始于 18 世纪德国启蒙时期，这种学说后来由康德、赫尔德、黑格尔以及文德尔班等人继承发展。他们指出："社会是由其成员的感情、信仰、理念、心智、思维所控制的。这种公众的情感体现在习俗、语言、规律之中，并形成了那个时代的精神或特征。"

③ 康德（1724—1804），德国人，世界著名的作家、哲学家，德国古典哲学创始人，其思想和主张深深地影响了近代西方哲学，他开启了德国古典哲学和康德主义等诸多流派，被认为是对现代欧洲最具影响力的思想家之一。主要代表作有《纯粹理性批判》《实践理性批判》《批判力批判》三大批判，他的《和平论》对南原繁的知性学术思想影响至深。

④ 理论哲学著作，第一版又称 A 版，1781 年版；第三版又称 B 版，1787 年版。简写本《未来形而上学导论》，1783 年版。

⑤ 实践哲学的著作，1788 年版。

⑥ 是一部内容特殊的著作，其中关于审美判断和目的性判断的论述可以解释为联系理论理性与实践理性的媒介，也是对前两部《纯粹理性批判》《实践理性批判》的补充。

师的同意后便开始定期地到鲁道夫·休坦穆拉教授的家里接受他的个人指导。老师的家很大，他照顾过很多日本留学生，据说后来做了日本文部大臣的田中耕太郎也曾受过鲁道夫·休坦穆拉教授的关照。南原繁在近一年的时间中把代表新康德派①的这位著名的法学哲学家当作自己的家庭教师，请他给自己解读康德三大批判中的《实践理性批判》。

南原繁自大学时代起就十分崇拜这位学者，心中对这位担当过 20 个法哲学和民法讲座的德国导师充满了无限的崇拜和敬意。鲁道夫·休坦穆拉教授还把刚刚完成的《近世法学之系列》手稿赠送给了南原繁，并允许他随意使用，也可以发表。南原繁一拿到这份内容充实、十分珍贵的手稿后，他马上动笔将其翻译成日文，于 1923 年 4 月至 9 月分别寄回到东京帝国大学法学部，连载在东京帝国大学的《国家学会杂志》上。南原繁在和这位德国著名导师学习的过程中逐渐地感到鲁道夫·休坦穆拉对康德的研究过于忠实原著，有些解释与自己所理解的康德哲学中的观点有一定的差距。南原繁认为作为学者的鲁道夫·休坦穆拉对康德的理解过于形式主义和表面化，没有从更深层次的角度诠释并领会其内容。南原繁认为从政治哲学的立场来看，康德的哲学观点有很多是与时代密切相关联的内容，因此，研究康德哲学就一定要研究康德与时代紧密联系的那部分思想与观点。然而，对于南原繁来说，能师从于德国一流的法哲学大家，用整整一年的时间接受这种一对一的悉心指导，的确十分幸运，受教的意义非同寻常。

南原繁精读了康德的三大批判后认为康德在人间理性能力诸如知识、道德以及审美诸领域已经确立了普遍的合适的先验原理，但是，构成康德三大批判的核心内容却是人格的自由。特别是当他读了康德晚年写的政治评论《为了永久和平》后更加强烈地意识到道德上的最高善要求综合道德与幸福，政治上的最高善要求综合正义与福祉，唯有两者结合才能构成"永久和平"，这也是政治追求的终极目标。南原繁还通读了康德的《世界公民的一般历史理念》《人类历史臆测之起源》等与历史哲学相关的文献之后，他得出了"人类大多的场合采用的是愚劣的意见和行动（比如战争）"的结论，但是，从人类的全部历史来看，还是有符合法规秩序，通过理性获得人类自身幸福的大量史实。南原繁以康德为起点进一步深入地研究了西方哲学，特别是德国哲学。他有的放矢地抓住了人类生存多样性与文化价值体系的关联性，并以此构筑了他自己独特的具有政治价值的政

---

① 卢丽：《南原繁的知性学术思想》，《东北师大学报》（哲学社会科学版）2011 年第 4 期。

治哲学体系——"价值并行论"和"共同体论"①。他通过对康德的思想研究，不仅构建了其后专攻政治思想史初始时研究的基本框架，康德的哲学思想与哲学理念也贯穿于南原繁的整个学术生涯，并且持续终生。对于南原繁来说，康德与其说是他的研究对象，莫不如说他通过与其时空对话，将研究德国哲学构成了一种真实的学术研究生存方式。不可否认，南原繁的知性学术思想中的理论建构受到了新康德派很大的影响。② 南原繁认为康德的思想也不仅仅是上述的纯粹哲学理论形式，在接受了康德哲学思想的德国理想主义哲学后，他毅然选择研究费希特的哲学思想③，之所以进行这种连续性的研究，是因为南原繁认为将康德的哲学理论进一步发展、完善起来的是费希特。

在德国留学时南原繁还听了很多哲学讲座，他印象较深的是特立西（音译）的哲学讲座。"特立西讲座的内容我最关心的马克思和康德，他是以最接近宗教的立场去看待社会主义的。这个讲座我是看到告示之后才去听的。他只比我大三岁，上课时有时候有 10 名学生，有时候有 20 名学生听课，他总是头也不抬地看着自己手写的原稿，很认真、努力地讲着课。现在回想起来，他当时授课的内容应该是《路德④主义与社会主义》那本书稿吧。"⑤

1923 年 12 月，时任东京帝国大学代理校长的小野塚喜平次教授在大学教授会上提议开设一门国际政治课。他提议南原繁以自费留学生的身份转为公费留学生的身份移至法国继续研究深造。于是，南原繁转为公费留学生去了法国巴黎，又开始尝试与柏拉图、费希特进行穿越时空的对话。

南原繁后来回忆在英国、德国的留学生活时说："我精力有限，除了读过罗曼·罗兰的三部人物传记——托尔斯泰、米开朗琪罗、贝多芬是个例外，我专心致志地研读的几乎全部是康德的著作。所以，我连日本留学

---

① 又称"新康德主义"，是一场针对在古典唯心主义浪潮消退后科学领域泛滥的唯物主义思潮的一场反对运动。其发源地在德国，是对多个不同学术中心流派的总称。

② 山口周三：『南原繁の生涯　信仰·思想·業績』、東京教文館 2013 年版、第 116 頁。

③ 费希特（1762—1814），德国哲学家、爱国主义者。作为一名哲学家，他寻求对哲学思想，特别是康德唯心主义思想的统一；作为一名爱国主义者，他试图唤醒德意志人民要求国家统一的意识。

④ 路德（1483—1546），德国著名的宗教改革家。1517 年发表了《九十五条论纲》，抨击了罗马建筑教会发售赎罪券的行径，拉开了宗教改革的帷幕。1521 年他被逐出教门。1522 年他将《新约圣经》译成德语，1534 年他全部完成了《圣经》的德译工作。他是个多才多艺的人，还创作了赞美诗，并自己作曲。

⑤ 丸山真男、福田歓一：『聞き書　南原繁回顧録』、東京大学出版会 1990 年版、第 118 頁。

生几乎都去过的澳大利亚也没有去过，哥尼斯堡①等那些著名的旅游景点我也都不知道。除了鲁道夫·休坦穆拉教授的家以外，我也就是购书，季节性地观赏音乐会和歌剧，此外，我足不出户，连康德的墓地也没有去过，我把全部的时间和精力都花在学习和研读康德的著作上面了。"②

1924年7月，南原繁从英国伦敦出发，花了2周的时间在美国坐船游历了纽约、华盛顿、芝加哥和西雅图，之后于7月1日回到了日本横滨，结束了在欧洲三年的留学生活。

第五节 "洞窟哲人"初建政治哲学思想体系

一 回国

1921年5月，31岁的南原繁将生病的妻子和年幼的孩子留在了妻子的娘家后只身一人返回了东京。回到大学的南原繁正好赶上东京帝国大学面临的两个重要转换期：一个是东京帝国大学法学部要设立以"学部"③为中心的研究教育机构；另一个是东京帝国大学开始重视如何持续地保持"大学的自治"和"学术的自由"这一传统。

东京帝国大学自1886年日本政府颁布"帝国大学令"以来由原来的法、理、文、医4个学部重新分成了法、医、工、文、理、农6个分科大学，构成了拥有"学部"和"大学院"④的一所综合性帝国大学。把教育与研究分别让分科大学和大学院来承担这一新的大学教育体制，实质上是为了贯彻培养"大学自治"的传统。这些转变实际上与当时日本政府对内要走现代化，对外推行"富国强兵"的政策息息相关。日本政府设立帝国大学的初衷也是为了从西欧摄取国家需要的技艺性需求和拥有自由的学术精神。在提倡民本主义、大正民主主义运动的理论指导者，东京帝国大学法学部吉野作造⑤等人的大力提倡下，东京帝国大学此时已经初步具备了自由批判的学术研究精神。南原繁正是在东京帝国大学各个"学部"承担

---

① 哥尼斯堡，俄罗斯西北部面临波罗的海的海港城市，加里宁格勒的旧称，以对外贸易和鱼港闻名。

② 丸山真男、福田歓一：『聞き書　南原繁回顧録』、東京大学出版会1990年版、第121頁。

③ 相当于我国大学的院系或学院。

④ 相当于我国的研究生院。

⑤ 吉野作造（1878—1933），出生于日本宫城县，法学博士。1909年任东京帝国大学法学部副教授，1914年任教授，担任新开设的政治史讲座。他倡导民本主义，是日本大正民主主义运动的发起人之一，大正年间活跃的政治学者、思想家，明治时期的文化研究家。

起教育和科研的双重重任、大学也正致力于加强、提倡科学研究自治的精神之际，从欧洲返回到了母校东京帝国大学的法学部工作。

此时也正是日本大正时期民主运动如火如荼，学术机构的研究和教育机构的独立自主性虽然在一定程度上得到了加强，但这仅仅是相对而言的独立自主。自日本"帝国大学令"颁布以来，日本大学就被"必须为培养国家之需要来教授知识、传授技艺"的国家意志所掌控。事实上，随着这种国家意志的加强，大学学人的学问和研究自由以及作为制度保证的大学自治制度已摇摇欲坠。其背景则是第一次世界大战后，日本被日渐强大起来的社会运动左倾化支配的危机意识所掌控。这是由于以第一次世界大战为契机的日本资本主义的急速发展导致了日本社会矛盾的不断加剧，处于工人、农民、城市中间层的人们掀起了席卷全日本的民主主义运动。其后俄国十月革命的胜利、共产国际的创立、1922 年以堺利彦和片山潜为中心的日本共产党的成立等这些历史大事件均加速了日本民主主义社会运动高涨。针对这场运动中有人提出的在现有体制框架内进行普选、成立工会，废除天皇制和私有财产、改革现有体制等要求，日本政府反应迅速，即刻在贵族院通过了《过激社会运动取缔法》[①] 等法案。

二 开设讲座

1924 年 11 月，南原繁按照时任东京大学代理校长小野塚喜平次教授的提议，开设了以国际政治为中心内容的"政治学"和"政治史学"第二讲座，之后南原繁又开设了"国际政治特别讲义"[②] 课，这些讲座均以康德的《永久和平论》作为授课的主要内容，把康德的"永久和平论"置于最高的位置是南原繁独特的观点和立场。1925 年 4 月，南原繁又开始通过专题讨论课的形式正式开设了"政治学史"讲座。当时有人建议他开设"国际政治"讲座，但南原繁认为开设"国际政治"讲座还为时尚早，他认为要让学生知晓政治学的哲学背景，应从历史的角度学习政治学史。

1927 年南原繁以"国际政治学"讲座的授课内容为基础，在《国家学会杂志》上发表了题为《康德的国际政治理念》处女作。在此篇论文

---

① 1922 年，针对激进的劳动运动而企图取缔的法案。原敬内阁采纳了此方案，高桥是清内阁时向贵族院提案，但因爆发了全国性的反对此法案的运动，政府不得不撤回此法案。

② 日本大学的一种授课方式。将学问或学说以及研究成果通过口头进行解释或解说，一般由教授、副教授、讲师担任，按组成的学科分类，与有一定体系的"讲座"有所不同，授课的内容一般要比"讲座"难度大些。

中，南原繁对康德的哲学思想表达了自己独特的观点和看法，诸如对现实关注的太少；把政治置于道德价值派生出来的价值上；极少涉及民族和国家政治；没有提及社会主义；关于宗教也只是在理性的范围内谈论了与道德之间的关系等。南原繁通过认真研究康德，构筑了自己独特的政治哲学理论框架，由此也迎来了他作为学者研究政治哲学最初的"蜜月期"。此篇论文即是他研究政治哲学问题的起点，也基本奠定了他此后学术研究的大方向。

1928 年 1 月，南原繁在《国家学会杂志》上又发表了长篇论文《政治原理的自由主义的考察》。此篇论文中提及的"人格的自由""国家·民族"与"个人""全体乃至共同体"的对立和融合是南原繁自此以后终身研究的课题。在本篇论文的结语部分南原繁写道："'自由主义'通过把'自由'作为人类的遗产传给后代，其本身构成的主义或是思想体系便不得不让位于其他主义了。"① 南原繁在此对自由主义进行了批判，因为他最关注的是"自由"给予"共同体"是什么位置的问题。

1928 年 3 月，东京帝国大学校长古在由直生病，日本文部省遂任命小野塚喜平次教授为代理校长，于是，小野塚喜平次教授让南原繁接替他政治学这门课，南原繁认为自己的"政治学史"还需要好好地梳理、完善，便和小野塚喜平次教授商量，先让神川彦松教授把这门课包含在"国际关系"的课里承担起来，新学期之后南原繁才开始上"政治学"这门课，之后南原繁一直上了三年"政治学"这门课。

正当南原繁研究政治哲学思想渐入佳境之时，1928 年 8 月 30 日，已患多年结核病年仅 29 岁的妻子星野百合子在娘家沼田病逝。南原繁抱着 7 岁和 5 岁的两个幼儿悲痛万分，他说："对我来说没有比这更难更黑暗的时刻了。"② 他甚至痛苦地想要从此以后放弃做学问。11 月，南原繁的母亲为了帮助陷入困境的儿子，下定决心变卖家里祖传的房屋和田地，带着祖先墓地上的一把泥土，领着南原繁的妹妹熏从香川县来到了东京儿子的身旁，并决定在东京永住。不久，她又拿出了变卖祖上宅基地和家产的大半费用，在东京新宿区中落合买了地基，盖了新房。南原繁接受了母亲这份沉甸甸的深情厚谊，一家三代人从此生活在一起。多年研究南原繁的加藤节认为此事意义非凡："可以看作是南原繁信仰基督教后与母亲分道扬镳后的一种和解。"③ 南原繁在母亲给予的精神和物质的双重帮助下，终于

① 山口周三：『南原繁の生涯　信仰・思想・業績』、東京教文館 2013 年版、第 118 頁。
② 丸山真男、福田歓一：『聞き書　南原繁回顧録』、東京大学出版会 1990 年版、第 134 頁。
③ 加藤節：『南原繁——近代日本と知識人』、岩波新書 514、東京岩波書店 1997 年版、第 81 頁。

从丧妻的沉痛悲哀中逐渐地走了出来，重新回到了自己早已踏入的学术研究之旅。

1929 年 1 月，小野塚喜平次教授由代理校长正式就任东京帝国大学校长。为此，南原繁除了要上自己已经承担的"政治学史"课程外，还要接替小野塚喜平次教授担任的"政治学"课，并以"政治学"的讲座名义担当了"政治哲学"的讲义课。

南原繁留学归来之时正是日本政治学学界盛行研究康德的时代。1920年，吉野造作出版了代表其政治新观点的《政治学的革新》。1932 年，户泽铁彦出版了《政治学讲义》。同年，大川郁夫出版了《政治的社会基础》，从此，日本的政治学发生了翻天覆地的变化。南原繁认为此种政治变化"似乎有将政治理论置于与国家论对立的倾向。一方面作为实证科学的政治学由小野塚喜平次先生创立起来了，于是，就出现了以新康德派的哲学方法为武器试图解开并排除政治学的倾向。当时十分盛行概念论或是方法论的论争"。① 南原繁认为小野塚喜平次教授和京都帝国大学的加藤末次郎教授他们研究的德国"国法学"在德国"国家学"的学科里是没有的。所以，作为实证主义的"政治学"进一步与马克思主义相联系时就成了一个问题意识，成为此次大论战争论的一个焦点。

三 创设"演习课"

据丸山真男回忆："自从上了南原繁老师的课后才开始读霍布斯②的原著。"③ 当时，其他老师上课几乎都不读原著，只让学生记笔记。南原繁认为这样不太好，一定让学生去读原著，只有读精典原著，才能更好地让学生理解原文的要义和思想，于是，他让学生们去图书馆买外文书，这样喜欢研究的学生就会认真地通读原著。当时的日本还不容易购买到外文原文书籍，因此，南原繁尽可能地用和学生们能买到的比较接近的原著授课。此外，南原繁还做出了年级考试时写小论文的决定。论文的内容都是南原繁和学生们商量好以后再做出决定。南原繁基本上都是先和学生们商量好参考书之后才开始让学生阅读原文，之后才让学生开始写论文。

---

① 加藤節：『南原繁——近代日本と知識人』、岩波新書 514、東京岩波書店 1997 年版、第 81 頁。

② 霍布斯：英国哲学家，提倡社会契约说和主权国家论。主要代表著作《利维坦》，是对专制主义予以理论性论争的政治哲学论。

③ 丸山真男、福田歓一：『聞き書 南原繁回顧録』、東京大学出版会 1990 年版、第 137 頁。

　　南原繁是东京帝国大学中比较早开设"演习课"的教师，南原繁担当的"演习课"一个班的人数一般都限定在 10 人左右，有的学期有 20 多名学生要上这门课，但是南原繁觉得 10 人左右最佳，所以，南原繁"演习课"的人数一直都控制在 10 人左右。南原繁上"演习课"时会和学生们商量，找到适合每位同学的问题，有时也会给学生提出问题让他们自己独立去解答；有时候也会以黑格尔的《历史哲学序说》作为原版教材；有的学期南原繁也会让学生们查找他们自己感兴趣的内容让他们发表；有时候也会让学生们提问或者发表感想。总之，南原繁运用了各种各样的教学方法上"演习课"。课余有时间时他还经常带上选学他"演习课"的学生们一起去旅行。南原繁之所以用这么多的方法方式严格地上"演习课"是有他自己独特的想法和目的的。他认为："大学教授除了要承担教授要做的学术研究、进行日常教学这两种义务以外，我觉得能为大学留下最好的继承者成为大学教师中的一员也是作为教授极为重要的责任之一，所以，寻找合适的承继者也是我开设'演习课'的主要目的之一。"①

　　南原繁除了基于上述理由开设了"演习课"以外，他还反思道："我是晚学，大学毕业之后就进入了内务省，走了 6 年的弯路后才开始重新步入学问之旅。现在我反省我自己曾经走过的路，这对于缺乏才能的我来说，是我不应该走的弯路。于是，我想到了柏拉图的教育方法。我大学毕业后进入实业界②实际上多少是有我自己的考虑的。"③ 南原繁记得柏拉图曾有过类似的主张，即仅仅搞学校教育并不能搞明白哲学这门深奥的学问，必须在实业界摸爬滚打 10 年或者是 15 年，过了 40 岁以后才能初次修得哲学这门学问。"只有这样才能真正地研究明白政治哲学，这么做学问是柏拉图的理想，也是我的想法。但是，这种方法在柏拉图那个时代作为教育方法是可以的，遗憾的是并不适用于现今大学的教育方法。此种方法已伴随着学问的专门化又有了进一步的发展和变化。因而，学生们从学生时代开始就要全身心地投入到做学问的世界里去挑战浩瀚无垠的知识海洋。"④ 南原繁认为越是有才能的人越要这样去做，也必须这样去做。而且，这样做也是有其价值和意义的，应该推广。

---

① 丸山真男、福田歓一：『聞き書　南原繁回顧録』、東京大学出版会 1990 年版、第 139 頁。
② 在此特指南原繁大学毕业后进入内务省工作一事。
③ 丸山真男、福田歓一：『聞き書　南原繁回顧録』、東京大学出版会 1990 年版、第 141 頁。
④ 丸山真男、福田歓一：『聞き書　南原繁回顧録』、東京大学出版会 1990 年版、第 142 頁。

四　聘任丸山真男做助手

"回顾我自己过去的经验，向广大的年轻学者们提个建议：这种想法越早越好，这也是我比较早，年轻时就开设'演习课'的缘由之一。"① 那个时代日本大学很少，因而，助手也不需要那么多。因为没有正式职位，南原繁也不用助手，他也不喜欢极力地去劝别人做自己的助手。南原繁认为："有人来当自己的助手，应该是命运的安排，从某种意义上来说，我也很想和主动愿意做我助手的人共同学习。所以，我才开了'演习课'。我忘了我是怎么说希望把丸山君留校的事情的，我好像是说了做我的助手有点难，但当时正好我在考虑开设东洋政治思想史讲座的事，此讲座也很适合丸山君的研究兴趣，他也很合适这个讲座，我也尽了我作为教授应尽的义务，同时，我也十分满足能有这么年轻的校友加入到同行中来。"② 于是，丸山真男就做了南原繁的助手，其后成为日本近现代思想界一颗熠熠闪烁的新星，与自己的大学恩师南原繁比肩成为日本思想界的双璧。

南原繁自从做了东京帝国大学的校长之后一直到快退休的时候，还是没有找到适合自己本专业"政治学史"的继承人，正当他以为从此以后开不了这门课的时候，"福田欢一加入进来了，并且，成为法学部的一员，他一直做到我辞去东京大学校长职务的时候。这两个人可以说都是我命运的邂逅，托他们两人的福，我作为大学教授找到了这么优秀的人才彻底地尽了我应尽的责任和义务。这种幸运对我来说真的是比我做学问出成果还让我欣慰，这是我真实的想法"。③ 据福田欢一回忆，他在"一高时代通过上一届法学部出席过南原繁'演习课'的室友充满对南原繁感恩的讲述中就已经知道了德高望重的南原繁先生"。④ 实际上除了丸山真男和福田欢一以外，南原繁还为日本的学界、政界和实业界培养了诸如学界著名的中村哲、五十岚风作、黑住真，政界的官房长官黑金泰美、千叶县知事友纳武人等优秀人才。

南原繁开设"演习课"，寻求学术研究继承人这一做法很值得我们当今的大学教授特别是担任领导重任以及学科带头人学习。作为大学教授，除了进行日常授课和学术研究以外，为了大学的学科建设和可持续发展，还要善

---

① 丸山真男、福田歓一：『聞き書　南原繁回顧録』、東京大学出版会 1990 年版、第 143 頁。
② 丸山真男、福田歓一：『聞き書　南原繁回顧録』、東京大学出版会 1990 年版、第 140 頁。
③ 丸山真男、福田歓一：『聞き書　南原繁回顧録』、東京大学出版会 1990 年版、第 141 頁。
④ 丸山真男、福田歓一：『聞き書　南原繁回顧録』、東京大学出版会 1990 年版、第 141 頁。

于在自己的学生当中挖掘和找寻各方面都十分出色的学生，培养学科建设和发展的继承者，现在很多大学的重要学科建设和人才梯队青黄不接、后继无人，这已经暴露出此问题的严重性，也严重地影响了中国大学向"世界一流大学"进发的目标以及培养国家急需人才的大学办学宗旨。

五 初建政治哲学思想体系

南原繁就职后写的第一篇论文是在他 38 岁时纪念自己的恩师小野塚喜平次教授任职 25 周年时发表的《康德国际政治理念》一文，在此篇文章中南原繁认真地研究了康德的《永久和平论》，首次将康德和平论置于康德哲学的系统理论中，并且，南原繁没有只考量康德的哲学观点，而是将"最高善"置于康德的《永久和平论》中，这是南原繁从欧洲留学回来后，根据他秋天开设的"特别讲义"课的内容进一步改写的论文。此篇论文虽然与"特别讲义"不完全相同，但与康德的研究有关联。关于此篇论文，丸山真男曾问过恩师南原繁："先生把'最高善'的想法与康德的'和平论'结合在一起，即康德不是纯粹形式上的，而是把您所研究内容中的一种理念与他的哲学结合在一起，我是不是可以理解这是先生独特的一种政治哲学的表现形式呢？"[①] 南原繁对此回答道："是的，这是我自己的一个独特的观点，我想其他人还没有意识到这个问题。这是我没有单纯地只考虑'和平'这个问题，而是将'最高善'补充到康德的'和平论'中，并将其作为一个具有政治性的内容去进行综合思考的结果。"[②] 福田欢一认为："在给《永久和平论》定位时，康德自身也是把涉及政治性的论文全部作为形而上学的内容，而不再从批判的范围内去思考。对于康德自身来说三大批判涉及的只是现实社会的问题，全部批判则是另外一项工作，至此为止的研究也只是属于形而上学领域的一项内容，仅仅把它作为一种研究方法来进行学术方面的研究的。与此相反，先生却将其与《实践理性批判》相联系，并将其作为'最高善'来完善康德的思想体系，我认为这才是先生最独特的地方。"[③]

南原繁本人也认为这篇文章虽然不长，但却是从世界史的理念以及与政治相关联的角度独自思考才得出与众不同的结论，从这一点上来说的确是南原繁独有的贡献。其后的 4 年间，南原繁更加系统地整理并公开发表

---

① 丸山真男、福田歓一：『聞き書 南原繁回顧録』、東京大学出版会 1990 年版、第 145 頁。
② 丸山真男、福田歓一：『聞き書 南原繁回顧録』、東京大学出版会 1990 年版、第 144 頁。
③ 丸山真男、福田歓一：『聞き書 南原繁回顧録』、東京大学出版会 1990 年版、第 143 頁。

了以"政治学"讲义为蓝本的《政治哲学序说》等一系列论文，并于1971年正式出版。研究了康德之后，南原繁感到："研究康德的古典理想主义还有几分余力，我就想试着再研究一下费希特，因为费希特与康德有截然不同的地方，于是，我在研究康德之后便又开始转向研究费希特。"①当有人问及南原繁为什么转而研究费希特时，他回答道："我并不认为他们特别地冲突，只是想尽可能地挖掘康德和费希特他们两人的政治理念，因为日本很少有人研究他们俩，康德就不用说了，至于费希特就更没有人研究了。所以，我打算开始深入地研究费希特的政治思想，特别是他关于民族、社会主义、宗教等相关的政治思想和哲学理念。"②

1930年11月至1931年9月，南原繁在《国家学会杂志》上连续4次发表了题为《费希特政治理论的哲学基础》的论文。此篇论文由四章构成：第一章，"知识学的发展与政治哲学"；第二章，"政治·道德·宗教的关系Ⅰ"；第三章，"政治·道德·宗教的关系Ⅱ"；第四章，"现代哲学的课题"，四章均是围绕着以费希特的政治哲学与宗教的关系为论述的重点而完成的。南原繁在第四章《费希特哲学的根本性格》中指出："实际上他的哲学的根本特点表现在宗教、政治的世界观方面"，但南原繁并不赞成费希特的"神政政治"是先决条件的这个观点。山口周三认为：南原繁在此篇连续的长论文中已基本完成了他政治哲学中"价值并行论"③的基本理论构架。

六　日本法西斯对知识分子的迫害

1925年，日本政府制定了与《普通选举法》配套的《治安维持法》。此法律规定最高刑罚可以判死刑，通过此项法规对思想犯的预防拘留合法化也得到了加强，被政府监控的对象由普通参与体制改革运动的结社团体或者个人，进一步扩展到思想、言论、学术研究等意识形态各个领域。这也意味着日本以天皇为首的政府"不仅要维持万世一表的神圣天皇为主权的国体，面对战前总动员态势下的法西斯军国主义已把学术研究和传授知识和技艺的大学严密地控制在右翼分子和法西斯军国主义的魔掌中。同时，他们还要严防反体制运动，杜绝与此相关的思想、言论和学问自由的

---

① 丸山真男、福田歓一：『聞き書　南原繁回顧録』、東京大学出版会1990年版、第147頁。
② 丸山真男、福田歓一：『聞き書　南原繁回顧録』、東京大学出版会1990年版、第148頁。
③ 山口周三：『南原繁の生涯　信仰・思想・業績』、東京教文館2013年版、第125頁。

蔓延"。① 此时，日本右翼势力和天皇法西斯分子已经意识到如果有人反对天皇制国体论，那么，维系此神话的意图势必难以维持，反对"天皇国体论"的思想或观念便会导致现有的政治体制陷入危险境地。于是，"生产"和"制造"这种"危险思想"的大学便首当其冲地被裹挟进日本法西斯和军国主义分子铁蹄的任意践踏和蹂躏之下。日本政府制定《治安维持法》的同年，又公布了《陆军现役将校学校配置令》，自此，日本大学开始了由日本军部军事教官执教的"受难期"，从此，也拉开了日本高等学校、知识分子和莘莘学子受难的序章。

1933 年 1 月，南原繁就任东京帝国大学评议员，其后东京帝国大学发生了几件大学史上罕见的大学学人被迫害的"受难"事件。如 1937 年 12 月，东京帝国大学矢内原忠雄②教授因思想问题被辞退的"矢内原事件"。1920 年 3 月，新渡户稻造因就任国际联盟实务次长，遂辞去东京帝国大学教授一职。矢内原忠雄从住友总部回到东京帝国大学经济学部被任命为副教授。他和南原繁同属"柏会"会员，曾受到内村鉴三"决定性的最大感化和影响"，从而"完成了精神革命和新生的转换"③。从 1921 年开始至 1937 年 12 月矢内原忠雄连续出版了《基督教的信仰》《殖民及殖民政策》《人口问题》《帝国主义下的台湾》《马克思主义与基督教》《满洲问题》《南洋群岛的研究》《民族与和平》《帝国主义下的印度》《民族与国家》等一系列以旅游调查为第一手资料的实证性学术专著。矢内原忠雄站在基督教徒的立场，对日本关东军在中国挑起的"卢沟桥事变"并全面引发中日战争，还在殖民地采取非人道的侵略政策，做过一次关于"殖民地政策论"的讲座。他还在讲座的基础上写了一篇题为《国际理想》批判战争的文章寄给著名的《中央公论》杂志。但此篇文章遭到了内务省检阅官的审查和大量删减，同时还被定为"有反战言论"的"思想问题"等罪名。此外，他们还发现矢内原忠雄教授关于宗教讲义"神之

----

①　加藤節：『南原繁——近代日本と知識人』、岩波新書 514、東京岩波書店 1997 年版、第 91 頁。

②　矢内原忠雄（1893—1961），毕业于东京帝国大学，后进入住友总社、别子矿业所。1920 年回到东京帝国大学经济学部讲授"殖民政策"课程。1937 年因发表文章引起笔祸，被迫辞职。其后作为独立基督教的传授者，创立了个人杂志《佳信》，还开设了"周六学校"做与基督教相关的讲座。二战结束后回到东京帝国大学，历任经济学部长、教养学部第一任部长。1925 年作为南原繁的后任，接任东京大学校长一职。著作有《圣经讲义》九卷、《矢内原忠雄全集》二十九卷（岩波书店出版）。

③　丸山真男、福田歓一：「矢内原教授、大学を去る」、『聞き書——南原繁回顧録』、東京大学出版会 1990 年版、第 179 頁。

国"中还有"请埋葬这个国家吧!"之类的言辞,于是,矢内原忠雄教授逼迫辞职。"矢内原事件"表明在日本天皇法西斯体制的控制下,就连讲授基督教与现实关联的宗教思想也会遭受到迫害。此事件后,紧接着又发生了"教授团事件"。1938年2月,东京帝国大学教授大内兵卫①等相关人员因"人民战线"问题受牵连被检举,受到离职处分,史称"教授团事件"②。

在东京帝国大学学人"受难"的一系列事件中最有代表性的则是"天皇机关说"③事件。1935年2月,日本贵族院议会围绕"伦敦军缩会议"④等问题进行了质疑性讨论。当谈及统帅权的问题时,贵族院议员美浓部达吉⑤等人主张《明治宪法》中关于天皇的地位应该按照耶里内克⑥的"国家法人说"即统治权的主体是法人——国家,天皇只是国家的最高机关,统治权应该归国家所有。美浓部达吉的主张立即遭到了国会议员菊地武夫等人的强烈反对。其后,军部和以狂热的国家主义分子蓑田胸喜为首的右翼团体和法西斯分子也开始疯狂地向美浓部达吉的"天皇机关说"进行了群起攻击。他们斥责美浓部达吉大逆不道,亵渎了日本国神圣的国体和

---

① 大内兵卫(1888—1980),东京帝国大学法科大学毕业后进入大藏省工作。1919年东京大学法学部创立之初任副教授,担任"财政学"课程。第二年因"森户事件"被迫停职。1923年任东京帝国大学教授。1938年因"人民战线问题"受到牵连被迫离职入狱,1944年无罪释放。1945年11月再次回到东京帝国大学工作,一生为重建经济学部竭尽全力,立下了汗马功劳,1949年退休。1950年就任法政大学校长,1959年退休。历任东京大学、法政大学名誉教授,日本学士院院士,著有《大内兵卫著作集》十二卷。

② 又称"教授团问题"。

③ 指东京帝国大学名誉教授美浓部达吉主张的"天皇是法人即国家的最高机关,统治权归国家所有的宪法"学说,因该学说与天皇主权说相对立,遭到了日本政府与民间右翼分子的强烈抨击。1935年美浓部达吉被迫辞去贵族院议员一职。

④ 1930年,日、美、英、德、意五国参加的军缩会议,德、意两国中途退场。会上缔结了限制海军主力舰:英、美各十五艘,日本九艘,辅助舰艇的总吨数英、美各限定在十吨,日本为七吨的条约。若槻礼次郎作为日本海军的全权代表参加了本次会议,但是遭到日本军部的强烈反对。此后,统帅权问题成为超国家主义运动表面化的契机。

⑤ 美浓部达吉(1873—1984),东京帝国大学毕业后进入内务省,后来为了研究"比较法治史"留学欧美各国。回国任东京帝国大学副教授后开设了"比较法治史""行政法第一讲座"。1920年又与上杉慎吉教授开设了"宪法第二讲座"。关于天皇的地位问题,他极力主张耶里内克的"国家法人说"更适合日本的国情,由此展开了"天皇机关说"大论战。1932年就任日本贵族院议员。伦敦军缩会议后,因统帅权的问题受到军部、右翼的攻击。1935年2月18日,遭到议员菊地武夫等人的弹劾。25日在帝国议会上又进行了"国家法人说"理论的演讲,博得了喝彩,战后任枢密院顾问官。

⑥ 耶里内克(1851—1911),德国法学家。从法律和社会两个侧面来考察国家,主张国家二重说和国家法人说,使国家学成为系统的学说,著有《一般国家》等。

"日本精神"，于是，美浓部达吉成为日本"国体明征"① 运动中主要被攻击的对象。不久，美浓部达吉被以对天皇的"不敬罪"告发。4 月，美浓部达吉的三本学术著作也被禁止发行，随后，美浓部达吉被迫辞去贵族院议员一职。此事件后，凡主张或是信奉"天皇机关说"的宪法学者均被赶出了大学校门。日本"军部以及狂热的国家主义右翼团体和法西斯分子通过对'天皇机关说'相关人员进行迫害，更加强硬地把'天皇国体论'作为国体意识形态的强大支柱摇旗呐喊，迫使大学和言论界无力还击②"。

　　东京帝国大学"受难期"一系列事件中的另一件有代表性的事件则是"津田左右吉③'记纪神话④'事件"。当时日本政府希望东京帝国大学开设一门关于"国体明征"的讲座或讲义课，在征得文部省的同意后，东京帝国大学法学部决定开设"东洋政治思想史"讲座。但当时东京帝国大学没有合适的人选，读过津田左右吉《神代史的新研究》《上代日本社会及思想》《支那思想与日本》和《文学中出现的我国国民思想研究》等书籍的南原繁认为早稻田大学的津田左右吉教授是一位十分优秀的学者，也是此讲座的最佳人选。于是，南原繁登门请津田左右吉教授担任此讲座的主讲人，最初津田左右吉教授以各种理由婉言拒绝。但南原繁三顾茅庐，多次拜访津田左右吉教授家，做了大量的工作后津田左右吉才勉强答应做东京帝国大学"东洋政治思想史"讲座的主讲人。津田左右吉从事的古典研究是通过分析文献进行学术上的批判，他主张《古事记》《日本书纪》作为历史事实的依据有些暧昧，两册史书叙述的只不过是故事或神话而已。他认为依据《古事记》《日本书纪》中的故事或神话考据出至第 14 代仲哀天皇的天皇系谱在学术上是站不住脚的。然而，纵观津田左右吉研究日本"国民思想"的全部学术成果，他基本上是属于爱国尊皇派的。但是，由于他的学术思想和研究方法与当时日本法西斯的主张背道而驰，再加上他研究《古事记》《日本书纪》以及"东洋文化"时运用了马克思主义实证

---

　　① 1933 年，日本内阁为了向国民灌输至高无上的国体思想，掀起了"国体明征"运动。目的是向普通民众的思想中注入"国体""日本精神"等概念，使国民成为心甘情愿为天皇、国家献身的忠臣。最初只是学界关于日本国体的论争，后来发展成为政界、军部也开始介入的一场全国性的洗脑运动。

　　② 韩东育：《两个"八·一五"》，《读书》2006 年第 11 期。

　　③ 津田左右吉（1873—1961），日本早稻田帝国大学文学部教授，文学博士，他是中国思想史、中日文化交流史、日本思想史、日本文学史的先驱研究者，还开创了日本以文学作品为素材，进行国民思想研究的新领域。1949 年获日本文化勋章，著有《津田左右吉》三十三卷。

　　④ 日本古代的两部历史书名《古事记》《日本书纪》，这两本书的很多内容都是日本古代的传说、神话，很多都没有客观或者科学的依据。

性研究方法，特别是他研究出'记纪神话'实际上否定了支撑国体观念的"万世一系"的天皇存在的神性。此外，津田左右吉还得出了"东洋文化"的一体性观点等，而这些都是与日本当局要建立"东亚新秩序"的主张背道而驰的，因此，津田左右吉遭到了狂热的国家主义者日本右翼阵营中蓑田胸喜等人、日本右翼杂志《原理日本》以及《帝国新闻》等杂志社轮番轰炸式的攻击，这些人甚至还攻击南原繁是引荐津田左右吉在东京帝国大学开设此讲座的罪魁祸首。

据丸山真男回忆，南原繁对此事十分痛心，他竭尽所能、想方设法地帮助津田左右吉免于起诉。南原繁还亲自联系出版社等有关人员，并让自己的弟子丸山真男秘密地奔走于各知名教授的研究室之间，千方百计地寻找合适的人选，三番五次地做工作请求他们为津田左右吉联名签署"无罪请愿书"。但最终津田左右吉还是被处分停职休讲。10月，在南原繁的一再努力下，法学部的"东洋政治思想史讲座"由津田左右吉担任讲师再度开讲，但在1940年，津田左右吉的《古事记与日本书纪的研究》《神代史的新研究》《冒渎皇室至尊》《上代日本的社会思想》四本著作也被禁止发行了，紧接着出版这四部书的岩波出版社社长岩波茂雄也被连带起诉。1942年，津田左右吉因莫须有的"亵渎皇室至尊、败坏政体、扰乱宪法、违反图书出版法"等一系列罪名被捕入狱。

众所周知，战前的日本国家神道把《古事记》《日本书纪》奉为神典，并以"记纪神话"为依据，强调日本天皇是继承天照大神血统的神的子孙，是"现人神"，因此，日本天皇历来被认为具有统治日本的正统性和神圣性，日本则是天照大神创造的国家，是任何国家无法匹敌的神之国。津田左右吉对"记纪"进行研究后在学术上对"日本神之国说"指出了他独特的观点和看法。他严正地指出："'记纪'中的上代史至少是神功皇后以前的部分，不能当作严格意义上的真实历史，而且，其后的部分作为趣味性的物语①之类的故事也不能看作是真实的历史，有些分类条目下的歌谣并不是那么久远的古作。"② 津田左右吉对"记纪神话"在学术上研究得出的这一结论实际上是对日本"天皇神权"的挑战，他一语道破了日本一直以来把"记纪"神话作为神代史的日本古史的真面目，使日本自明治以来建立起来的神国史观这根擎天柱顷刻间轰

---

① 物语：故事或传说。
② 津田左右吉：『文学における表現したわが国民の思想の研究』（巻1）、東京岩波書店1980年版、第49頁。

然倒塌。本书认为这也是津田左右吉对美浓部达吉的"天皇机关说"在学理和道义上遥相呼应的助阵呐喊。此事件最终的结果是终生也没有失去对天皇敬爱的津田左右吉被以"批判皇室"的罪名而起诉，被判罪人狱。

七　南原繁对日本法西斯的直面抗争和批判

面对这种让高等学府的知识分子们噤若寒蝉的法西斯行径，眼看着日本军国主义裹挟着日本在军国主义的道路上越走越远，南原繁十分担心处于"超越常识、超越学识"[1]的日本也会卷入这场疯狂的法西斯挑起的世界战争的旋涡中。在政府工作过几年的南原繁早已熟知官场钩心斗角的黑暗和与国家机器抗争时个体的无奈。因此，重新返回母校后便立志只专心做学术研究的南原繁便对自己定下了两条铁律：绝不参加任何媒体的宣传，只做教授该做的授课和学术研究这两件事，绝不参与任何与政治相关的活动。[2]他认为："既然回到了大学，我只想专心致志地'钻进象牙塔'里做学问。更何况我的研究方向是政治哲学、政治思想史，我所研究的内容是与繁杂的行政事务工作原本就无缘的领域。我会尽全力做好大学教授应尽的义务和责任，但我绝不会做行政事务方面的工作。"[3]因此，二战前的南原繁始终遵守着"只在研究室里一心一意地做学问"[4]的诺言。

但是，当南原繁目睹了法西斯之徒的倒行逆施后便勇敢地挺身而出，直面进行了抗争和学术上的全面批判。1938年9月，南原繁在东京帝国大学的《帝国大学报纸》上发表了《大学的自治》一文，这也是他第一次公开面对媒体发表文章。在此篇文章中，南原繁十分明确地表达了自己的三个观点："第一个观点是荒木陆军大将就任文部大臣后第一件事抓的就是关于校长、系主任、教授和副教授的任免等问题，本人对此无法赞成；第二个观点，学问的自由是关乎国家存亡的必要条件；第三个观点是纳粹德

---

① 加藤節：『南原繁——近代日本と知識人』、岩波新書514、東京岩波書店1997年版、第137頁。

② 丸山真男、福田歓一：「大学受難の序章」、『聞き書　南原繁回顧録』、東京大学出版会1990年版、第155頁。

③ 加藤節：『南原繁——近代日本と知識人』、岩波新書514、東京岩波書店1997年版、第88頁。

④ 加藤節：『南原繁——近代日本と知識人』、岩波新書514、東京岩波書店1997年版、第88頁。

1943 年南原繁在东京帝国大学校园

（图 1 - 2）

国法西斯急于中央集权的统一，对强化大学的政治手段比较强硬，更不幸的是这次的修正案与纳粹德国法西斯的政策极其相似。然而，大学必须永远是真理之府，为了国家永远要坚持自己的正义立场。"① 在此，南原繁旗帜鲜明地公开批判了军国主义对大学的强制统治和粗暴干预，极力主张大学的自治和学问的自由关系到国家存亡的重要性。

　　1939 年 5 月，南原繁在《帝国大学报纸》上又发表了《人间与政治》一文，这是一篇洞察纳粹法西斯动向、警戒日本政治危险走向的檄文。南原繁在文章中指出："'纳粹的民族概念'相信纳粹白种人的优越和日耳曼民族血统的纯洁性，这种观点在方法论上容易陷入政治上的'自然主义'的危险。"② 他在文章中对同一民族或国家原理的费希特与黑格尔的理想主义哲学与现代纳粹德国法西斯的国家思想进行了详细的比较后得出了两者是根本无法相容的思想以及纳粹民族主义的危险性。在文章的最后，南原繁主张日本与这种全体主义有着本质上的区别，要寄希望于日本文化未来的发展，尤其不能失去对日本民族和历史文化的热爱，在此基础上还要进一步确立"人间自由"和合理的批判精神。但此篇文章遭到了蓑田胸喜等

①　山口周三：『南原繁の生涯　信仰・思想・業績』、東京教文館 2013 年版、第 157 頁。
②　山口周三：『南原繁の生涯　信仰・思想・業績』、東京教文館 2013 年版、第 157 頁。

人的攻击。

1940 年 4 月，南原繁在《帝国大学报纸》上发表了《大学的本质》一文，他进一步明确指出："我想对诸君说，培养提高憧憬和信仰善与美以及崇高的心灵十分重要，特别要注意的是诸君在未来的人生中遇到任何困难的时候，能够解开这些难题让诸君振奋的就是这种信仰和憧憬，我们对追求真理的热情也源于此。"① 山口周三认为："可以说这是南原繁把'价值并行论'的观点作为世界观、人生观向学生们言简意赅地进行诠释的好文章。进而，南原繁也导出了通过自己本身的'教育'来进行'自我教育'，在战时的严峻环境下，更要不断地进行自我教育和提高修养"② 的结论。正如南原繁在战争伊始就预料的那样，12 月，太平洋战争爆发。1943 年 12 月，日本政府正式公布"学徒出阵"③ 的命令。南原繁在《新日本的建设》一文中写道："这次战争的特点是学生也不得不站在战争的最前沿。因征兵令的改变，就连文科学生也要弃笔一起被迫出征上战场了。"④

南原繁在二战前至 1945 年就任东京帝国大学法学部部长的 20 年间，虽然做过两次东京帝国大学的评议员，但从来也没有参与过大学行政事务方面的工作。由于他一直坚持"钻在象牙塔内做学问"，所以，丸山真男和其他的助手们给南原繁起了个绰号，比喻南原繁是一位如同柏拉图一样的"洞窟哲人"⑤。然而，被称为"洞窟哲人"的南原繁虽然一直在大学的"象牙塔"内做学问，但战前和战中他却是一位勇敢地追究面向时代的批评家。在法西斯军国主义猖狂之时，他更没有脱离现实社会只做自己的学术研究。当法西斯军国主义伸出魔爪开始迫害思想界、学术界和大学学人之际，他始终坚守康德"要把自己和时代的命运紧密地联系在一起做学问"的政治哲学主张，没有置大学学人的危险于不顾，而是脚踏实地从事着与政治哲学和法西斯等相关的政治哲学方面的理论研究并勇敢地对现实社会进行了彻底的批判。"南原繁的学术研究在其缜密的逻辑背后，密切地与时代紧密相连，不仅如此，作为大学共同体的一员，他经常把自己置

---

① 山口周三：『南原繁の生涯　信仰・思想・業績』、東京教文館 2013 年版、第 158 頁。

② 山口周三：『南原繁の生涯　信仰・思想・業績』、東京教文館 2013 年版、第 158 頁。

③ 指日本政府公布的"大学生上战场"的公告。最开始只是理科生上战场，后来发展到文科生、教员也被迫上战场。

④ 南原繁：「新日本の建設」、『南原繁著作集』第六巻、東京岩波書店 1984 年特装版、第 59 頁。

⑤ 加藤節：『南原繁——近代日本と知識人』、岩波新書 514、東京岩波書店 1997 年版、第 89 頁。

于抵御来自国家与军部的攻击位置，时刻捍卫着学问的自由和为保障学问自由的大学自治"① 这一立场。

1944 年 1 月，日本政府发布"学徒勤劳动员令"。南原繁的担忧变成了可怕的既成事实，大批年轻的学生和知识分子们被迫应征入伍开往前线。南原繁痛心疾首，每当大学生们出征时，南原繁都不愿走出研究室前去送行，他总是在自己的研究室里默默地隔窗相望，目送自己心爱的学子们被迫走上前线。

1945 年 3 月，南原繁任东京帝国大学法学部部长。3 月至 8 月南原繁同东京帝国大学的六位教授秘密地进行了著名的"终战工作"② 同年 8 月15 日，日本接受了《波斯坦公告》宣布无条件投降，太平洋战争结束。11月大内兵卫、矢内原忠雄、有泽广巳等很多被迫离职的教授恢复了原职，东京帝国大学决定再建经济学部。1945 年 12 月至 1951 年 12 月南原繁被东京大学的学人们推举为东京帝国大学第十五代总长（校长）。

第六节　两任东京大学校长

1946 年 2 月 11 日，时值日本"纪元节"③ 之际，南原繁以"创造新日本文化"为题进行了公开演讲。他主要阐述了"日本民族要自重、要恢复信心！不可否定日本民族的神话与传统，旧传统要与新精神进行嫁接，要担负起民族及世界的神圣使命，要团结一致向创造新日本文化的目标迈进！"④ 他大声地呼吁："失去个性的民族便会灭亡。现在正是日本文化复兴的最佳时机。我们不能仅仅是狭义上的民族主义，要在世界普遍性的基础上建设新日本，以新的世界公民的身份向新的目标进发！"⑤ 南原繁此次演讲给二战刚刚结束后萎靡不振的日本人鼓足了前行的勇气，为二战后的日本注入了新的生机。

1946 年 3 月，美国教育使节团访问日本时南原繁被委任为日本方面的"教育家委员会"委员。同月，作为知识分子精英代表的南原繁又被选为

---

① 加藤節：『南原繁——近代日本と知識人』、岩波新書 514、東京岩波書店 1997 年版、第101 頁。
② 山口周三：『南原繁の生涯　信仰・思想・業績』、東京教文館 2013 年版、第 188 頁。
③ 日本传统的四大节日之一。日本明治以后，以神武天皇即位之日的 2 月 11 日作为庆祝节日，二战结束后被废除，现在改称为"建国纪念日"，为日本法定休息日。
④ 山口周三：『南原繁の生涯　信仰・思想・業績』、東京教文館 2013 年版、第 188 頁。
⑤ 赤澤庄三：「南原先生とふるさと」、『南原繁と現代』、東京 to be 出版 2005 年版、第 64 頁。

贵族院的议员，参与了日本宪法草案的审议工作并就任"日本教育革新审议会"委员。其后南原繁进行了多次公开性演讲。7月，南原繁被选为帝国学士院会员。8月，被选为"教育革新审议会"副委员长、委员长，直至1952年"教育革新审议会"委员会解散。在此期间，南原繁为日本二战后几乎停滞的教育事业的恢复与发展奔走呼号，竭尽全力地动用各种资源做出了很多重要贡献。"建设民主主义的新文化国家、为世界和平做贡献，培养尊重个人希冀和平真理的年轻人、普及尊重传统与充满个性的文化教育"等《日本教育法》中最基本的教育理念和主张是南原繁在此期间为之努力奋斗的目标，并最终全部付诸实践。

1947年12月，日本各大学创立了全国大学教授总联合会，南原繁任首任会长直至1953年10月。1947年5月，南原繁被选为国家学会会长。10月，美国人文科学顾问团访问日本时，南原繁被任命日本方面的委员，不久被选为委员长。11月，南原繁创立了日本政治学会，就任理事长直至1960年10月卸任。1949年5月，新制东京大学成立后，南原繁力主设置了教养学部、教育学部、生产技术研究所等。12月，南原繁再次就任新制东京大学校长。同月，南原繁赴美国华盛顿出席了"被占领国全美教育会议"。会上南原繁用娴熟的英文发表了题为"日本教育改革之设想"的演讲。他强调指出尊重个性、以真理追寻自由乃构成日本战后教育改革的核心。他还阐述了文化与政治的关系，同时，他还向与会者多次表达了日本要"全面讲和"的强烈愿望。参加会议的人们对战败后的日本还有这样有学识、有眼界的学者敬佩不已。翌日，美国最权威的《教育杂志》新年号在头版头条上刊登了南原繁的演讲全文。会后，南原繁访问了哈佛大学、哥伦比亚大学、伊利诺伊大学、密歇根大学、斯坦福大学等，并与各位知名大学的校长们进行了会晤和面谈。南原繁每访问一个地方，都会强调日本想要全面讲和，与世界各国友好相处的主张。1950年1月，南原繁从美国回到了日本。

第七节　离任

南原繁担任东京大学校长期间，在很多日本重大的庆典节假日向学生和普通市民发表了多次公开演讲，其中许多演讲的内容出版后被日本国民争相传颂、广泛阅读。他演讲的内容主要集中在二战后日本人如何做一名新国民，如何重新做人以及如何振兴国家等诸多问题上。

一 离任后的社会活动

1950 年 3 月，南原繁退休，随即辞去了东京大学教授一职。5 月，被称为日本"铁腕首相"的吉田茂因强调日本要与以美国为首的资本主义阵营国家"一边倒"的政策与南原繁要与包括苏联、中国在内所有国家的"全面讲和①、保持中立"的政见不同，遂诬陷南原繁等学者迎合世人所好，为"曲学阿世之辈"②。此消息一经新闻界披露，日本社会舆论哗然，由此展开了二战后在日本引起巨大反响的"曲学阿世论争"。

7 月，南原繁创立了国立大学协会，出任首届会长。1951 年 2 月 28 日，南原繁创立了东京大学出版会并出任第一位会长，理事长由经济学部的有泽广巳教授担任。这一天南原繁在安田讲堂北侧的会议室举办的创立东京大学出版会上讲道："东京大学出版会是由大学创立，为大学学人出版学术研究成果的出版机构"③，并阐明了成立东京大学出版会的宗旨。1951 年 12 月 14 日，南原繁任期结束后辞去东京大学校长一职。同日，日本文部省正式批准"财团法人东京大学出版会"成立。发起成立东京大学出版会是他就任东京大学校长时就有的想法，从发起到成立历经了很久的时日。南原繁最初的想法是向欧洲以及美国的哈佛大学等大学学习，把大学知识分子从象牙塔中解放出来，扩展教授们的见识和视野。他首先将学部之间的横向研究分成了宪法、企业体制、通货膨胀对策、教育体制、国民健康营养五个部分，同时，也将法学部二战后开设的开放式讲座作为大学的公开讲座在全校普及。东京大学出版会由东京大学协同组合出版部和综合研究出版部为基础组合而成。南原繁向东京大学出版会赠送了自己出版演讲集的版税，东京大学的教授和助教授一共募集到 10500 日元的基金。这笔筹款在当时是一个很大的数目，对出版会而言可以说是雪中送炭式的出版资助。

1952 年 3 月，南原繁接受了东京大学名誉教授的称号。离任后的南原繁解除了行政职务的所有羁绊，可以自由支配时间，他又一次全身心地投

---

① 指包括与社会主义国家苏联、中国、东欧各国的讲和。

② 典出汉朝司马迁的《史记·儒林传》："公孙务正学以言，无曲学以阿世也。"所谓"曲学"，原指邪僻之学。在此以别于当时的所谓正学。

③ 山口周三：『南原繁の生涯 信仰・思想・業績』、東京教文館 2013 年版、第 329 頁。

入做学问的状态中。重返学术界，具有"民族共同体"① 视野的南原繁又一次在"对应严峻的现实"② 中找寻到了自己应尽的义务。"此后的 6 年，作为与当局权势对峙的舆论发言人，南原繁异常活跃，他站在世界的视野和角度向日本民众大声疾呼黄金时期再次到来。此时期，南原繁的主要活动是到日本各地和欧洲以及亚洲巡讲、访问。"③ 在任期间来自家乡的中小学和高中、香川县各地、任富山县射水郡郡长时代的各种相关机构、内村鉴三的门下、日教组④、教育委员会等教育机构的演讲邀请比较多，南原繁任职期间没有时间满足这些接连不断的邀请，所以，他认为离任后应该首先弥补、满足这些单位和团体的邀请，南原繁打破了"绝不与媒体打交道"的誓言。自此以后，他开始频繁地出现在各种报纸、杂志等媒体上。

二 访问苏联和中国

在此期间，南原繁也先后访问了欧洲、印度、苏联和我国。此期间内日本政府从鸠山一郎内阁开始，其后经过佐藤荣作、田中角荣等几届内阁的努力，日本先后与苏联和我国建交，日本又重新加入联合国，再次步入国际社会。

1952 年 8 月，南原繁赴欧洲出席了在荷兰海牙举办的第二届世界政治学会。会上，南原繁做了题为"战后日本民主主义意识的发展"的演讲，并任分会座谈会的主持人。会后，南原繁立即飞往伦敦去拜访当年留学时曾经得到过很多关照的房东。遗憾的是给房东家每位成员都悉心买了礼物的南原繁几经打探也没能找到历经二战后的房东一家人。于是，他又飞往巴黎，在巴黎，南原繁见到了加藤周一、东京大学文学部的森有正副教授。离开巴黎后南原繁又飞往柏林，拜访了几位德国著名的思想家、哲学家、历史学家，如海德格尔等。之后，南原繁历访了瑞典、丹麦、英国、法国、西德、瑞士。从欧洲返回日本途中，南原繁还顺路去了印度，见到了印度总理尼赫鲁等众多的政府要人。在印度国际问题协会上南原繁做了题为"世界的问题与日本"的演讲。印度总理尼赫鲁对南原繁提出的第三

---

① 卢丽：《"爱国的民族主义"：南原繁的"共同体论"》，《西南大学学报》（社会科学版）2014 年第 3 期。

② 山口周三：『南原繁の生涯 信仰・思想・業績』、東京教文館 2013 年版、第 343 頁。

③ 山口周三：『南原繁の生涯 信仰・思想・業績』、東京教文館 2013 年版、第 342 頁。

④ 日本教职员工会。

世界应走的道路深表敬意和赞扬。① 10 月，南原繁返回了日本。从欧洲旅行返回日本后的南原繁在秋季全国大学教授联合总会上做了题为"创造今后世界的人们——以印度为中心"的演讲。

1955 年 5 月 7 日至 6 月 25 日全程 50 余日，南原繁带领"日本学术视察团"一行人访问了苏联和我国。团长由东京大学工学部部长、日本学术会会长茅诚司担任，团员共有 16 名，其中有 13 名是"日本学术会"的会员。南原繁与大内兵卫是由苏联方面特意邀请后加入到"日本学术视察团"里面的成员。访问苏联期间，南原繁一行人首先拜访了莫斯科大学。5 月 12 日，正值莫斯科大学举办成立 200 周年校庆的庆典仪式，团长茅诚司和南原繁作为东京大学的代表受到了贵宾邀请，南原繁发表了热情洋溢的贺词。莫斯科大学为了纪念成立 200 周年，2 年前特意建成了 37 层宏伟壮丽的建筑，里面有很多现代化的教室、宿舍、图书馆、运动设施、社交室等②，南原繁一行人对这座规模宏大的建筑进行了参观和考察。

在苏联考察期间，"日本学术视察团"中的 4 位成员被特殊安排去参观了二战的激战地斯大林格勒历史博物馆及二战时的战场、工业区和伏尔加运河等地。南原繁在行前就向苏联方面提出要参观关押日本关东军收容所的要求，被批准参观关押日本关东军的收容所是距离莫斯科约400 公里的茨连兹（音）收容所，同行者是日本东北大学医学部外科的一位教授。在收容所里面，南原繁见到了日本甲级战犯、关东军最后一位司令官山田乙三大将、原关东军第三方面军司令官后宫淳大将、原关东军第四十四军参谋长小畑信良，以及其他 35 名日本战犯，南原繁为他们带去了日本羊羹、茶和香烟。由于返程道路难行，所以，南原繁他们用了近 24 个小时的时间才回到原来所住的宾馆。6 月 6 日，南原繁三人比其他人晚到中国三天。南原繁一行在苏联参观了大学、研究所、工厂、农场，并且和众多的人进行了会谈。主要考察提问了在苏联是否有学问和思想的自由？是否有宗教的自由？后来南原繁在《苏联与中国》一文中写道："无论是在苏联还是在中国，共产党政权承认宗教信仰，并尊重信仰和结社的自由。"③

南原繁一行到了我国后，于 6 月 9 日晚 10 点，通过中日友好协议会会长廖承志的引荐，受到了周恩来总理的亲切接见。会见周恩来总理的

---

① 南原繁：『南原繁著作集』第八卷、東京岩波書店 1984 年特装版、第 162 頁。
② 南原繁：『南原繁著作集』第八卷、東京岩波書店 1984 年特装版、第 362 頁。
③ 山口周三：『南原繁の生涯　信仰・思想・業績』、東京教文館 2013 年版、第 342 頁。

时候，南原繁首先对日本关东军在战争时所犯下的罪行表达了遗憾的心情和诚挚的道歉。对此，周恩来回答道："这是当时信奉日本帝国主义极其一小撮分子所犯下的罪行，并不是众多的知识分子和广大日本国民的责任。在中日两国 2000 多年的友好交往中，战争只不过只有 60 年。"①之后，南原繁、大内兵卫关于今后中日两国之间的文化交流、未来中国与日本的经贸往来、两国如何恢复政治关系、朝鲜及印度问题、围绕着台湾问题和亚洲的和平问题等进行了提问，并相互坦诚地交换了意见。周恩来总理对两人提出的问题都一一做了详细的解答。周恩来总理还认真地征求了南原繁和大内兵卫对中国现状的批评，会见一直持续到深夜 12 点多。一国总理在繁忙的工作之后，深夜还会见来自日本的知识分子并且持续交谈了 2 个多小时，对于周恩来总理的睿智、对世人关注的几个问题的高见、敞开心扉的诚实，南原繁和大内兵卫等人都十分感动，铭记在心。②几天以后，国务院副总理兼中国科学院院长郭沫若为晚到中国三天的南原繁等人在家中设宴招待，同时也宴请了同行的"日本学术视察团"团长茅诚司教授和东京大学校长大内兵卫教授。因郭沫若年轻时曾在日本冈山"第六高等学校"留学，之后他考上了日本帝国九州大学的医学部，所以，大家推杯换盏、畅所欲言。最后一天，中国科学院宴请了"日本学术视察团"的全体成员。"日本学术视察团"回到日本以后，为回报中国科学院的盛情邀请，南原繁、大内兵卫和茅诚司积极做好招待、回访以郭沫若为团长的访日视察团的各项准备工作，1952年以"日本学术会"会长茅诚司的名义向中方发出了邀请函，12 月，郭沫若一行到日本进行了友好访问。

1957 年 12 月，南原繁为了出席母校三本松高中和自治厅、香川县和德岛的演讲和同学会，再次安排了十分紧张的行程。6 日，从东京出发，由大贺一郎博士陪伴一路同行。南原繁一行首先在冈山新建的苇川会馆做了演讲。8 日，在津山市鹤山城迹的第一小学讲堂做了演讲。9 日，赴三本松高中同学会途中，南原繁拜访了中学时代的恩师福家几太郎的家还有几位同年级同学的家。下午，在三本松高中的礼堂，面对在校生和毕业生，南原繁讲述了自己的青少年时代、中学时代、高中时代以及大学时代的人生经历。他说支撑自己、贯穿生涯的是青少年时期的教养与信仰，他殷切地希望建设日本未来的年轻人要诚实做人、做正确的事。演讲之后，南原

---

① 南原繁：『南原繁著作集』第八卷、東京岩波書店 1984 年特装版、第 68 頁。
② 山口周三：『南原繁の生涯　信仰・思想・業績』、東京教文館 2013 年版、第 364 頁。

繁又出席了中学和教师培训所的同窗会。10 日，南原繁走访了"白雨会"时代的教友和其他几位朋友，晚饭后又参加了昨日刚刚拜访过的恩师福家几太郎的守灵仪式。11 日上午，南原繁参加了大川中学 30 届毕业生樋端康民医师的医院开张庆典，下午在香川县选举管理委员会举办的演讲会上又做了题为"世界的危机与日本"的演讲。晚上与香川县知事、负责四国管区的弟子警察局局长共进晚餐。

三　突患心梗

12 日上午 10 点 35 分，刚在母校相生小学的操场上做完简短演讲的南原繁突然感到身体不舒服、浑身流汗、胸部钝疼、有压迫感，还感到恶心，想打喷嚏打不出来。傍晚，德岛大学医学院院长油谷教授和县立白鸟医院古贺院长共同诊断的结果是心肌梗死。[1] 惊闻南原繁突患心肌梗死，当地很多的医护人员和南原繁的学生们都迅速前往救治并看望。南原繁的妻子南原博子、二儿子南原晃和大女婿兵上英广也即刻从东京飞到当地。在此要特别提及的是南原繁的学生齐藤浩二。大学时代曾任东京大学法学部自治会绿会[2]委员长的齐藤浩二在一次学生运动中受到休学的处分，后经南原繁的斡旋恢复了学籍，司法考试合格后他进入了司法研修所工作。齐藤浩二在广播中惊闻南原繁在乡下突发心肌梗死，他知道此病的治疗刻不容缓，即刻联系了曾经为石桥湛山总理诊治过病情的国手、东京大学医学部内科的冲中重雄教授，齐藤浩二恳请他去四国的引田救治自己的恩师南原繁。齐藤浩二陪同冲中重雄教授坐飞机，再换乘国铁和船，然后坐汽车辗转来到了引田。那时当地还没有机场，也没有新干线，在交通十分不便的情形下，两人马不停蹄、日夜奔波、一路辛苦劳顿，很快赶到了南原繁生病的乡下引田。

南原繁在医护人员、弟子和家人无微不至的悉心照料下，凭着他本人乐观、坚强的毅力很快就恢复了健康。南原繁在住院期间从医生那里借来的医学书里了解到"老年性心肌梗死的余生大约只有 4 年左右"的时间，于是，他下决心要在有限的时间里把该整理的学术研究成果和内容，特别是未完成的书稿工作，一定要像小学生一样全力以赴地认真去完成。对南原繁来说，在故乡的这次意外患病可以说是他人生中一个重要拐点，他开

---

① 　南原繁：『南原繁著作集』第八卷、東京岩波書店 1984 年特装版、第 369 頁。
② 　学生的一个自发组织。

始全身心地投入到一度中断了的学术研究中。

南原繁在患病一周后的 12 月 20 日便开始创作了疏离久远的日本和歌，仅一个月的时间他在病床上让妻子和护士帮他记录的和歌竟然有 700 余首。回到东京后，南原繁以此为素材，创作了和歌体日记《故乡》。南原繁对患病期间前来看望以及照顾他的众多同人、弟子和亲朋好友们充满了感激之情。作为回报，南原繁自费出版了这部和歌集日记《故乡》。其后，东京大学出版社正式公开出版了此书，南原繁对故乡亲人和学子们的诚挚谢意以及对故乡的那份深情厚谊深深地感动了广大读者，也受到了读者们的盛赞。

四　完善政治哲学思想体系

大病初愈的南原繁意识到要珍惜分分秒秒的时间专心致志地完成政治学史、政治哲学著作，完善自己的政治哲学思想体系。二战前南原繁作为东京大学教授做过的演讲和讲义中已有涉及有关费希特的论述。由于战后继任东京大学校长一职后的南原繁把全部时间和精力都投入到行政事务工作中，所以，南原繁决定首先把中断了的费希特研究完成。在原有的研究基础上，南原繁添加了费希特的个人传记以及对费希特哲学思想的分析与解说，他将原有的论文加上新撰写的论文合为一书。1959 年 4 月，南原繁把所有关于费希特的研究成果与前不久发表的《费希特自由主义的理论》一文合订一册，由岩波书店出版了《费希特的政治哲学》。这是他花费了毕生的心血，完成了"四十多岁时便建构起来的政治哲学体系中尚未完成的学术研究"[①]。该书成为他政治哲学体系中最主要的知性学术思想体系中的代表作之一，从而，南原繁也奠定并夯实了日本政治学史的基础。其后，大病愈后的南原繁又相继出版了《费希特的政治哲学》[②]《自由与国家的理念》[③]《政治理论史》[④]、恩师评传《小野塚喜平次　人与业绩》等学术研究成果和人物传记。

1959 年 7 月，南原繁就任日本学士院第一部长，直至 1970 年 11 月。同年 11 月就任学士会理事长。1970 年南原繁担任了日本学士院院长。南

---

① 加藤節：『南原繁——近代日本と知識人』、東京岩波新書 514、東京岩波書店 1997 年版、第 172 頁。

② 1959 年 4 月由东京大学出版会出版。

③ 1959 年 4 月由青林书院出版。

④ 南原繁整理出来的多年讲义，由东京大学出版会于 1962 年 5 月出版。

原繁自辞去东京大学校长直至 1974 年 5 月 19 日辞世时，一边坚持完善他的学术研究，一边身体力行地继续投身到各项社会活动之中，特别是他在任时没有完成的各地邀请他做的演讲。南原繁每天都把日程排得满满的，尽力满足所有人的邀请。

五 废寝忘食建日本学士馆

1964 年 11 月，在妻子南原博子病危期间，南原繁就任日本学士会理事长一职。日本学士会是 1944 年设立的，在 1922 年 9 所旧制帝国大学的社团法人取得了文部省认可的情形下，由帝国大学毕业的同窗会构成。南原繁是阪谷芳郎、山田三良、岩田宙造之后的第 4 位继任者。南原繁任日本学士会理事长期间竭尽全力做了两件事。一是想办法确保了学士会的财政收入，特别是经南原繁的周旋，政府部门同意将原来属于国有财产的学士会的建设土地以国有财产的形式转让并出售给日本学士会。经过南原繁的各种努力，日本政府同意日本学士会以 5 年分期还款的方式购买这片建筑土地，直到辞世的前一天，他在病榻上正襟危坐地听了学士会书记官山下正美已全部还完 5 年贷款的汇报。二是南原繁致力于日本学士会会报的改版，新设了编辑委员会并亲自负责编辑工作。同时，也对委员会的诸项工作做了很多的改变。此外，每年学士会年会的新年贺词和欢迎新学士会员的演讲稿，南原繁也都是亲力亲为，决不让他人代劳。南原繁每次格调高雅、清新的演讲都会让人情不自禁地联想到他做东京大学校长时每年在开学仪式和毕业仪式上令人难忘的那些演讲。1965 年 3 月 27 日，南原繁在欢迎新学士会员的欢迎会上发表了题为"他者"的重要演讲。

南原繁除了进行学术研究、建学士楼等外，他还不忘身为知识分子的重任，积极参与了以下几件影响日本的大事件。第一件大事就是南原繁积极地和众多知识分子参与了争取"世界和平"的活动，希冀改变世界冷战的格局。1956 年 10 月，第三届鸠山一郎内阁执政时期，日、苏两国恢复了外交关系并发表了共同宣言。12 月 7 日，日本再次加入了联合国，但日本仍然与社会主义国家阵营关系紧张，为了尽快实现日本与中国的和解，1960 年 6 月，南原繁在宪法问题研究会主办的"保卫民主政治的演讲会"上做了"要战争还是要和平？"的演讲。南原繁严厉地批判了日本政府恣意改变宪法的新动向，坚决反对政府一部分人企图重蹈战争覆辙、修改《日美安保条约》的主张。南原繁还和他人一道坚决要求废除核武器等导

致战争的军事扩大化的条款。更值得一提的是，南原繁在此时期还积极参
与了由东京大学教授大内兵卫等人组织的，东京大学教授宫泽俊义、我妻
荣等人也参加的抗议政府的团体。他们与岸信介内阁发起的关于"宪法调
查会"和"宪法问题研究会"展开了针锋相对的论战，在当时具有一定的
社会影响。

　　1970 年 11 月，81 岁的南原繁就任日本学士院院长。日本学士院即
1879 年创设的"东京学士会院"，1906 年改称"帝国学士院"，1947 年 12
月更名为"日本学士院"。根据《日本学士院法》的规定：这是一个优待
在学术上功绩显赫的学者，由 150 名终生会员构成的机构。南原繁于 1946
年 7 月被选为帝国学士院会员，从 1959 年开始，他担任人文科学部第一部
门部长。南原繁就任日本学士院院长后除游刃有余地负责日常的运营工作
以外，还制定了很多规则和运作方式。他首先严格地将第一部（人文科
学）和第二部（自然科学）的论文与报告分开，还详细地规定了欢迎新会
员的庆祝仪式等工作程序。他还十分积极地推进学士会与外国学士院以及
其他学术机关之间的交流，同时也努力促进国内日本学术会议等诸多工
作。所有关于学士院的工作南原繁都躬身尽责，他还经常去亲自拜访当事
人，甚至对学士院会员的贺词、悼词都亲自动笔，仔细推敲，决不让他人
代笔。对年长会员们多年期盼的要设计修建一所属于学士院自己的新会
馆，他更是倾注了全部的心血和努力。

　　南原繁就任日本学士院院长后马上找到时任日本首相佐藤荣作，恳请
他支持学士院建新会馆的项目。1971 年日本政府在预算里添加了建设学士
院会馆的相关调查费用。紧接着日本政府在预算里又添加了持续 2 年的相
关设施费用。会馆于 1973 年 4 月开工，1974 年 5 月 30 日竣工。在此期间，
南原繁设立了"学士院会馆建筑委员会"。他积极地参与每一项具体工作，
为了参考建筑样板，年事已高的他亲自去京都的国际会议场馆参观进行实
地考察，总结规划出新楼的设计图。虽然新大楼的设计委托给谷口吉郎博
士，具体施工由建筑省直属部门进行，但南原繁几乎每天都会往返于工地
现场，亲自指挥、监督并落实建学士院会馆的各项具体事宜。

　　1973 年 10 月，84 岁的南原繁积劳成疾累倒了。在病床上，他仍旧指
挥着建设学士院会馆的落成仪式等收尾工作以及日本天皇陛下举行学士院
受奖仪式等工作，病逝前他甚至写好了学士院会馆竣工仪式的贺词。学士
院会馆的收尾工作一再延迟，从 3 月一直拖到了 5 月。南原繁在病中还一
直牵挂着此项工程，1974 年 4 月 27 日，他主持召开了建筑委员会，并带
病出席了会议。在会上他果断地决定 5 月 30 日举行学士院会馆的竣工仪

式，第二天召开学士院例会。工人们日夜兼程地赶工程，学士院会馆的竣工仪式终于如期举行。

南原繁高效率地完成了学士院会馆以及其他各项社会工作的同时，还争分夺秒地推进自己多年的学术研究工作。1971 年 9 月，南原繁的最后一部著作《政治哲学序说》脱稿。这本凝聚着南原繁全部心血的知性学术集大成的付梓，不仅证明了南原繁在政治思想、政治哲学和日本思想上的成绩斐然，也是动荡的 20 世纪历史长河中，终身致力于将理想化为现实、理论密切联系现实社会的南原繁一生的写照。岩波书店于 1972 年 11 月至 1973 年 8 月出版了南原繁全部的演讲以及学术研究成果《南原繁著作集》全 10 卷。

1974 年 5 月 19 日早晨，南原繁给学士院会馆建筑委员会委员担当与日本大藏省交涉具体工作的东畑正二郎打电话说："5 月 30 日如期举行竣工仪式，谢谢你所做的各项工作。但是我参加不了了，向给予我们帮助的各位财界朋友的感谢词已委托代理院长和达清夫了，招待其他贵宾的事就麻烦你代劳了。"① 南原繁说完没等对方的回话便即刻挂了电话。当日下午 3 点，南原繁在病床上安详地闭上了眼睛，毫无牵挂地离开了这个世界。

结　语

南原繁的一生做过政府官员、留学生、学者、教育家、大学行政管理人员、哲人政治家、思想家、议员、基督教信徒、诗人，可谓度过了波澜壮阔、丰富多彩的一生，更为后人留下了诸多令人振奋的精神遗产。他为人们留下的知性学术思想的鸿篇巨作，特别是他二战后无数次令人激动的演讲为人们留下了许多宝贵的精神财富。

作为二战前东京帝国大学的最后一位校长，二战后东京大学的首任校长，南原繁提倡"人间革命""精神革命""真理立国""创造新日本文化""建设道义的日本国"，在战后的日本重新出发之际起到了舵手般的引领作用。

纵观南原繁 85 年的独特生涯，可以说南原繁是应运而生。他的思想、他的行动，与日本历史宿命般地巧合，时代选择了他，他也承担起了历史赋予他的重大使命与责任。南原繁以非同寻常的洞察力和想象力、高远的

---

① 山口周三：『南原繁の生涯　信仰・思想・業績』、東京教文館 2013 年版、第 456 頁。

人生理想、对和平的信仰与坚守以及谦虚平和的待人方式赢得了世人的敬仰和尊重。他对历史动向的敏锐感觉、克己奉公的人生价值观、信仰基督教的天职意识、战时对法西斯的彻底批判、战后为日本建立新民主国家的奔走呼号，忠实于自己的个性与信仰，与历史共生、展开时代课题的人生选择，仍然是现代人要重新审视、研究、追忆和探寻的课题。

第二章　南原繁的"天皇退位论"

众所周知，日本近代昭和天皇和天皇制是导致日本侵略中国和亚洲其他国家的罪魁祸首，日本近代的学校教育以"教育敕语"为纲，在大力培养"皇国忠民"的教育理念和教育思想的指导下，为日本培养了数以万计的绝对效忠天皇的战争炮灰亦是不争的事实。因此，关于昭和天皇和天皇制的去留问题，在二战刚刚结束的日本成为街头巷尾很长时间的一个热议话题。以美国麦克阿瑟为联盟的 GHQ① 对是否保留日本昭和天皇和天皇制的问题也十分慎重，甚至在美国国内还组织了一大批专家和学者专门研究日本二战结束后要应对的各种问题，特别是日本天皇和天皇制的问题。

南原繁认为日本的天皇和天皇制与日本的旧教育体系和教育理念有着密不可分的渊源，日本一步一步地走向侵略中国和亚洲其他各国的步履并陷入战争泥潭无法自拔，实际上与日本的学校教育在天皇"教育敕语"②的指挥棒下培养了大批的"皇国忠民"有着必然的因果关系。在南原繁看来，"建立在神话和蒙昧意识上的天皇制国体论，无疑是导致这场战争的精神病源"③。因此，南原繁在二战前与二战期间坚决主张日本天皇应该退位。

---

① 驻日盟军总司令，又称联合国军最高司令官，简称"盟总"（SCAP）。联合国设置了最高司令官司令部，简称"GHQ"，是英文"General headquarters"的缩写。二战后联合国在日本设置的"最高总司令部"，该组织具有双层身份，即是"盟军驻日总司令部"，也是"美国太平洋海军总司令部"。从最高司令官到工作人员都是美国人，麦克阿瑟为首位司令官。虽然是盟军驻日机构，但对战后日本的处理基本是在美国的主导下进行的。

② 日本正式的日语文本为："教育ニ関スル勅語"。

③ 韩东育：《两个"八·一五"》，《读书》2006 年第 11 期。

第一节　日本天皇与"教育敕语"

1890 年 2 月，在日本政府的一次例行行政会议上，全体与会者一致同意上书天皇请求赐予关于国民道德方面的"箴言"。时任日本首相山县有朋马上命令文部大臣芳川显正编纂此"箴言"，其后几易其稿，于 1890 年 10 月 30 日，经过日本内阁全体成员传阅并同意后，以"天皇个人关于道德和教育等相关的意见，通过儒教与立宪主义相混合的文本形式，作为天皇的御意，超越法规地直接上升到国民道德的层面上的'敕语'[①] 出笼了。并且，还产生了被强制执行的后果"。[②] 这也是日本明治政府以德国为先例，推进近代化的立宪主义与天皇身旁的儒教主义相结合的结晶。由此，日本近代最重要的统治日本国民教育的官方文本文件，统领日本近代学校教育的"教育敕语"便如法炮制、应运而生了。在日本近代学校教育史上，"教育敕语"在学校教育中发挥了绝对的至高无上的指导性作用，成为日本国体教育的基础。与此同时，日本文部省还明文规定：日本学校的各项庆典仪式以及小学节假日的各种活动中要向"御真影"[③] 鞠躬礼拜，同时，还要将双手举过头顶高呼"万岁！"；校长每天清晨要捧读"教育敕语"，对全体教职员工和学生们训诫；学校举办活动时还要升国旗、唱国歌等。日本文部省通过如此炮制这些法定的规定动作和仪式"让学生们在这种神秘的仪式和宗教的气氛中，下意识、不知不觉地掌握并领会'忠君爱国''灭私奉公'的国体精神。在学校教育中，如此重视庆典活动仪式是其他各国教育史上史无前例的，此举也使日本近代化给予的传统教育定型化了"。[④]

第一次世界大战结束后，从 1920 年至 1930 年，日本军部逐渐加强了对学校教育政策、行政改革、学校日常管理和教育内容等各方面的监管。日本军部为了加强对教育政策的监管于 1924 年设置了"文教审议会"，1935 年 11 月又成立了"教育刷新评议会"，1937 年 12 月成立了"教育审议会"等管理机构，开始任命军部的要员为学校的高层管理人员并派驻各所学校。

---

① 在此指日本天皇的语言。
② 尾崎ムゲン：『日本の教育改革』、中公新書 1488、東京中公新書 1999 年版、第 56 頁。
③ 指日本天皇和皇后的肖像照片。
④ 尾崎ムゲン：『日本の教育改革』、中公新書 1488、東京中公新書 1999 年版、第 58 頁。

1913 年，根据日本贵族院①的建议，在文部大臣下面建立了"教育调查委员会"，时任日本首相陆军大将寺内正毅于 1917 年成立了由他亲自负责监督的"临时教育委员会"。"临时教育委员会"自发起之日，首相寺内正毅诚惶诚恐地接受了日本天皇的敕令，他在一次演讲中指出："虽然教育形式是多样化的，但是，国民教育的要务是要更加全面、彻底地贯彻'教育敕语'的精神，培养具有护国精神的'忠良臣民'。并且，我希冀实施实用教育的同时也要重视传授'国家致富的技能'，教师们应避开那些空洞的理论说教，重视传授实用的技艺。"②

1937 年 7 月，抗日战争全面爆发前夕，日本文部省在"教育刷新评议会"的下面又增设了"教育局"，其后又连续发动了"教学刷新""国体明征"等多项国体运动。"教育审议会"则以"炼成遵守皇国之道的国民"③为学校教育的指导理念。1938 年，日本文部省规定"青年学校"必须贯彻与上述教育理念相关的教育内容，而且，作为教育的一种应尽义务还要传授国体方面的教育内容。其后，又创建了以全面培养"皇国良民"为宗旨的所谓的"国民学校"。

日本文部省下属的"文部思想局"根据"教学刷新评议会"答辩会的内容发行了《国体的本义》宣传册，"文部思想局"还通过学校、社会教育团体等机构向全国开始大量地配发此书，5 年间一共发行了 103 万册。书中大量地引入了日本古代的两部史书"记纪神话"④和日本古典书籍中的诸多内容，并随意地对日本国体进行了添加、说明和恣意引用。更有甚者，在小册子中还强调："我国以皇室为宗家供奉，自古以来以天皇为尊，是君民一体的大家族。故而，为国家的繁荣效力即是侍奉天皇之昌运。为天皇尽忠即是爱国谋国家之繁荣。不做忠君，则无法爱

---

① 二战前日本帝国议会由贵族院和众议院构成。贵族院的权力大于众议院，贵族院不对选民负责，只对天皇负责，是辅佐天皇的智囊团。贵族院议员由不经过选民选举的皇族、华族和敕任议员组成，南原繁和美浓部达吉等人都是精英知识分子的代表，以敕任议员的身份参与贵族院的各项工作。

② 山住正己：『日本教育小史——近·现代——』、岩波新书 363、东京岩波书店 1992 年版、第 91、92 页。

③ 尾崎ムゲン：『日本の教育改革』、中公新书 1488、东京中公新书 1999 年版、第 146 页。

④ 日本古代两部历史书名《古事记》《日本书纪》，大多都是日本古代的传说、神话，很多都没有客观事实或者科学依据。

国，不爱国，则非忠君。"① 等国体观念。日本"临时教育会议"又再次打出了"国体明征"的训诫教育，赤裸裸地想把接受教育者甚至全体日本国民都培养灌输成忠君爱国、为国献身的"忠皇良民"的险恶用心昭示于天下。

1939 年 5 月，日本昭和天皇发布了"赐青少年学徒敕语"，大意是"为了国之昌盛长久，尔等青少年学徒重任在肩！"② 日本天皇赤膊上阵动员学生们要为国家和战事而英勇献身。在"赐青少年学徒敕语"发布的当日，"日本天皇亲临皇宫前面的广场，视察了由中等学校以上 1800 所学校 32500 名学生代表组成的全副武装行列行进表演，此举暗示了日本教育改革今后的大方向，也证明了日本天皇对二战前日本教育的指引作用和负有发动战争的责任"③。其后的"学徒动员"和"学徒出征"也都是日本内阁征求昭和天皇的同意后才发出的全国动员令。事实胜于雄辩，日本昭和天皇此举表明了当时日本学校教育方向的大逆转，也用铁一般的事实佐证了日本天皇"赐青少年学徒敕语"对二战前日本学校教育的导向作用和将日本拖入战争泥潭负有的不可推卸的责任。

目睹自己心爱的弟子们被一个一个地赶上战场的南原繁深知"教育敕语"体制下日本旧教育制度和教育管理体制给日本国民带来的深重灾难。1945 年 9 月 5 日，在日本贵族议会的宪法会议上，被选为日本高级知识分子代表的贵族院议员的南原繁提出："明治以来的'教育敕语'已不符合二战后日本新宪法中主要的基本精神，希望政府在研究新宪法提案的基础上，能够寻求到符合新宪法精神、培养新国民教育体系的理念和方法，并用新的政令取代'教育敕语'。"④ 由此可见，南原繁是经过深思熟虑后才极力主张战后的日本必须要进行各项教育改革的。在南原繁和"教育刷新委员会"委员们的共同努力下，日本教育改革的各项措施在二战后的日本教育改革中逐步得以实现。1946 年 5 月，日本国会一致通过了废除"教育敕语"的决定，标志着日本二战前"忠君爱国"的军国主义教育寿终

---

① 　山住正己：『日本教育小史—近・現代—』、岩波新書363、東京岩波書店 1992 年版、第126 頁。

日语原文："そもそも我が国は皇室を宗家とし奉り、天皇を古今に亘る中心と仰ぐ君民一体の一大家族国家である。故に国家の繁盛に尽くすことは、即ち天皇の御栄えに奉仕することであり、天皇に忠を尽くし奉ることは、即ち国を愛し、国の隆昌を図ることはほかならない。忠君なくして、愛国はなく、愛国なくして忠君はない。"

② 　尾崎ムゲン：『日本の教育改革』、中公新書1488、東京中公新書 1999 年版、第 150 頁。

③ 　尾崎ムゲン：『日本の教育改革』、中公新書1488、東京中公新書 1999 年版、第 151 頁。

④ 　南原繁：「民族の独立と教育」、『南原繁著作集』第八巻、東京岩波書店 1984 年特装版、第 184 頁。

正寝，日本二战后的学校教育终于迎来了"纳入世界公民教育"①的一个崭新时代。

1947 年 3 月，日本政府公布的《教育基本法》《学校教育法》等一系列教育基本法规的正式实施是二战后根据美国教育中"民主、平等和地方分权制"等基本精神制定并实施的。日本《教育基本法》与 1946 年 11 月实施的《日本宪法》具有同等重要的统领地位，任何其他形式的教育规章制度都必须以《教育基本法》和《学校教育法》为标准来制定并加以贯彻执行。在某种程度上也可以说，二战后由于《教育基本法》和《学校教育法》等一系列教育法规的颁布与实施，才使二战后的日本学校教育快速地步入与世界先进国家同步的轨道，也从根本上彻底地铲除了二战前日本天皇"教育敕语"的恶劣影响，肢解了培养大批的"忠君爱国"的极端国家主义教育体制，使日本战后的学校教育迅速地进入了以民主、平等和地方分权为特征的新时代。

据《南原繁回顾录》记载：最终完成"终战工作"的核心人物是高木八尺教授，他正是在南原繁的"天皇道德责任说"的基础上推衍出了"道德高于权力"这一命题，并将这一命题渗透给天皇本人的。② 此理论的逻辑延伸即是既然天皇对战争负有"道德责任"，那么天皇就应该以一个崭新的面貌出现在世人面前。从而，天皇为了获得一个全新的道德精神面貌，则必须离开权力的塔尖——因为世人皆知"道德高于权力"。

1949 年，在该舆论和占领军不断施加压力的共同作用下，日本天皇果然公开表明了自己打算退位的态度，虽然因天皇周围人的强烈反对未果，但此后的日本天皇却只能以"国民统合之象征"的身份存续下来，而这一条后来也被写进了《日本国宪法》里。

第二节 日本天皇的"人间宣言"

虽然 1946 年的《日本国宪法》规定"天皇是日本国的象征，是全体日本国民的象征，其地位以主权所在的全体国民的意志为依据"，"天皇只能行使本宪法所规定的有关国事行为，并无掌控国政的实际大权"等。但是，在新宪法审议和颁布的前后，在日本政界和学界有关学者的建议

---

① 尾崎ムゲン：『日本の教育改革』、中公新書 1488、東京中公新書 1999 年版、第 151 頁。

② 丸山真男、福田歓一：「天皇退位論」、『聞き書 南原繁回顧録』、東京大学出版会 1990 年版、第 271 頁。

和影响下，昭和天皇本人为改变自己以往的形象也采取了一系列的措施和行动。

1946 年元旦，日本昭和天皇发表了"国运振兴之诏书"，亦即通常人们所说的"人间宣言"。在诏书中昭和天皇申明自己是"人间天皇"，是人不是神，"然朕与尔等国民同在，常欲利害与共，休戚相关。朕与尔等国民之纽带，始终依相互信赖与敬爱而结成，而非单纯依神话及传说而生。且非基于以天皇为'现御神'①，以日本国民为优于其他民族，进而有统治世界之命运的架空观念"。② 对于大多数的日本国民来说，天皇由"神"转变为普通的"人"是理所当然的。然而，由于日本媒体铺天盖地的报道和大肆喧嚷，在当时也起到了不小的轰动效应。事实上，"人间宣言"也只是宣布日本昭和天皇开始了由"神"转变到普通人的第一步，而其后的"天皇巡幸"③ 则进一步完成了昭和天皇由天皇陛下的身份转变为与普通人同样的"现人身"的华丽大变身。

南原繁在《访谈录·南原繁回顾录》中提及他在 1946 年"天长节④——在纪念庆典的演讲"时回忆道："纪元节之后不久便迎来了日本战后 4 月 29 日的第一个天长节。在此以前日本天长节的各种庆典活动就是围绕着'御真影'⑤ 进行的，即要向天皇的影像礼拜之后才能进行天长节的各种庆典活动。但是，今年的 1 月份，天皇自身否定了他的神性，正式宣布自己是'人间天皇'⑥。在此意义上，我国从此有了新的天长节。"⑦ 但当时很多东京大学学人认为大学不宜在世人的众目睽睽之下大张旗鼓地进行二战后第一个天长节的庆典活动。然而，南原繁却认为应该正大光明、勇敢地进行二战后第一个天长节的庆典仪式活动，"其理由有二：一个是对宣布了自己是'人'的'人间天皇'表达作为一名国民的敬意，同时也想表达他个人衷心地祝愿天皇生日的心愿。因为历史上还没有哪一位天皇像当今的天皇这样背负着如此悲惨的命运。昭和天皇是至今日本历史上历经多

---

① 即显现出人形之神，现人神。

② 塩田庄兵衛编：『戦後史資料集』、東京新日本出版社 1988 年版、第 223 頁。

③ 在此指日本昭和天皇到各地巡游。

④ 日本传统的四大节日之一。日本天皇诞辰的节日，1868 年日本明治元年时制定了此节日，二战后改称为"天皇诞生日"，现为日本法定的休息日。

⑤ 在此指从前日本"天长节"搞庆典活动的时候，所有参加者都要对日本天皇的画像或者照片行鞠躬礼之类的规定。

⑥ 在此是指日本天皇从此成为普通人的天皇。

⑦ 丸山真男、福田歓一：「天皇退位論」、『聞き書 南原繁回顧録』、東京大学出版会 1990 年版、第 314 頁。

灾多难的一位非常特殊的天皇，他是日本历史上一名命运最为悲惨的天皇"①。"昭和天皇即位不久便经历了 1932 年的'五·一五事件'、1936 年的'二·二六事件'等诸多历史上的大事件，但这只不过是其后诸多不幸的前奏。在后来日本关东军发动的 1937 年的'七·七事变'、中日战争以及日本与全世界为敌的太平洋战争中不仅使东南亚各国的民众受灾受难，也使日本本国的国民陷入水深火热的悲惨境地。"② 其二就是"国际远东军事裁判之日即将到来，我想要阐述的是日本天皇在法律上、政治上对战争没有任何责任的立场"③。南原繁认为天皇无责任"与'大义名分'天皇制度本身有关系，天皇在法律上、政治上对战争没有任何的责任。不过，与此同时，我认为天皇自身负有道德、精神上的责任"④，"天皇向世人宣布自己是'人间天皇'，仅此我们不难推测出天皇在道德、精神上是有很大责任的。而且，我们也不得不承认日本再建的根本性基础是道德上的责任，因为日本再建与道德问题紧密相连。然而，天皇负有道德、精神上的责任是天皇制自身的权限问题所致。按皇室的权限规定，但凡重大事情均是由当时的内阁决定的，天皇只有等待'提议'和'建议'的名分，天皇本人无法表达个人的意志"⑤。为此，"天皇也无法制止那些专横跋扈的军阀、迎合军阀的超国家主义者以及近旁的侍奉者和众臣们的行为"⑥。南原繁的这些观点实际上是他站在维系日本国体的立场上，替日本天皇开脱战争罪责的辩解，这也与他二战前坚决主张"天皇退位论"的观点和立场相悖。

　　由于当时日本的媒体连篇累牍地报道了南原繁在东京大学安田讲堂关于天长节这次演讲的内容，因此，他也受到了来自日本共产党、日本右翼等组织和一些人的轮番攻击。东京大学的报纸也率先对南原繁进行了批

---

　　① 丸山真男、福田歓一：「天皇退位論」、『聞き書　南原繁回顧録』、東京大学出版会 1990 年版、第 315 頁。

　　② 丸山真男、福田歓一：「天皇退位論」、『聞き書　南原繁回顧録』、東京大学出版会 1990 年版、第 316 頁。

　　③ 丸山真男、福田歓一：「天皇退位論」、『聞き書　南原繁回顧録』、東京大学出版会 1990 年版、第 317 頁。

　　④ 丸山真男、福田歓一：「天皇退位論」、『聞き書　南原繁回顧録』、東京大学出版会 1990 年版、第 314 頁。

　　⑤ 丸山真男、福田歓一：「天皇退位論」、『聞き書　南原繁回顧録』、東京大学出版会 1990 年版、第 314 頁。

　　⑥ 南原繁：「天長節」、『南原繁著作集』第七巻、東京岩波書店 1984 年特装版、第 55 頁。

判。众所周知，时任日本首相东久弥稔彦提出的"一亿总忏悔"① 实际上也是针对南原繁这次庆祝"天长节"演讲时所阐述的上述观点提出来的。面对此种局面，南原繁首先阐述了他仅代表他个人的观点和主张，继而，他反驳道："作为制度，我只是拥护天皇制，天皇在道德上、精神上的责任是天皇制自身产生的问题。"② 由此可见，一贯坚持二战结束后的日本要走和平之路、战前坚决主张天皇退位、充满了正义感的南原繁想要延续日本国体的"民族主义""爱国主义"情结昭然若揭。③

此前，南原繁在 1946 年 2 月日本"纪元节"之际，发表的《新日本文化的创造》对日本天皇发布的"人间宣言"诏书中宣布自己不再是"现人神"而是"普通人"表示了超乎寻常的欢迎。南原繁认为在 1945 年 12 月进行的日本战后民主改革过程中，日本国家神道的废止以及天皇由"现人神"转变为"普通人"这两件重大事件，对于二战后的日本来说应该是最受欢迎的思想史上的大事件。至此，通过"人间宣言"表达了自己对基督教信仰、希冀于带有普遍性的"新的国民精神之创造"以及与天皇的违和感便无缝对接、密切地融合在一起了。这对于作为一名虔诚基督教的徒南原繁而言，在他的内心深处实质上是非常欢迎否定天皇神性的存在的。因为这意味着消除了只承认耶稣神性的南原繁身上所具有的那种除了自己的信仰以外还必须要有其他信仰的种种顾虑。此外，南原繁通过天皇的"人间宣言"也找到了创造具有普遍意义的民族精神之途径。对于日本民族而言，这实则象征着脱离"特殊的民族宗教的束缚"的同时也开创了"世界普遍性"的可能性④。南原繁指出："唯有在此观点和意义的基础上，才能实现'人文主义的普遍'精神，进而实现基督教'普遍人类的世界宗教'精神以及形成有个性的日本国民精神。唯此，方可进一步实现并完成日本'民族真正的恒久性和世界赋予的使命。"⑤ 在南原繁看来，这不单是天皇从"日本神学和神道教义"中获得了解放和人性独立的宣言，也是日

---

① 丸山真男、福田歓一：「天皇退位論」、『聞き書　南原繁回顧録』、東京大学出版会 1990 年版、第 316 頁。

② 丸山真男、福田歓一：「天皇退位論」、『聞き書　南原繁回顧録』、東京大学出版会 1990 年版、第 315 頁。

③ 卢丽：《"爱国的民族主义"：南原繁的"共同体论"》，《西南大学学报》（社会科学版）2014 年第 3 期。

④ 加藤節：『南原繁——近代日本と知識人』、岩波新書 514、東京岩波書店 1997 年版、第 147 頁。

⑤ 加藤節：『南原繁——近代日本と知識人』、岩波新書 514、東京岩波書店 1997 年版、第 147 頁。

本文化和日本国民从此摆脱所谓的"特殊民族宗教之大束缚"、确立具有普世人文主义价值基础,并可能成为世界市民的重大转机。①

南原繁在天皇宣布"人间宣言"时候还评论道:"我们得承认今年年初的'诏书'具有极其重大的历史意义。既然天皇否定了作为'现人神'的神性,天皇与国民之间结合的纽带则是天皇作为一个普通人与国民之间产生的相互信赖和尊敬。这既是来自日本神学和神道的教义的天皇自身的解放,亦是'人间性'的独立宣言。"② 南原繁认为,"人的天皇"一直以来被"现人神天皇"的思想所束缚,不得不扮演"神的天皇"。"天皇通过宣布自己已经变成'人的天皇'才能挣脱以前的束缚成为普通的人,天皇自身才可以恢复人的本性。"③ 南原繁进一步阐述道:"日本天皇的'人间宣言'是一场寄托了天皇本人和承载着普遍的'神的使命'日本民族再生的精神革命。而且,天皇的'人间宣言'还象征着从'民族宗教的日本神学'下日本国民在思想和精神上的解放。"④ 尽管如此,南原繁并没有单纯地将天皇对神格的否定与自己信仰结合到具有普遍性的国民精神的创造上,他断言:"天皇的'人间宣言'下的天皇制要建立在天皇和国民'作为人的相互信赖'的基础上,这是不可或缺的先决条件。"⑤ "天皇只有摆正与'自然'和'人'之间的正确关系,将自己置于同国民结合的平等人的相互信赖和相互尊重的基础上,才具有十分重要的现实意义。"⑥ 本书认为南原繁此意即暗示着天皇不仅要成为普通的人,还要和普通人一样从此以后不再拥有特权,不能搞特殊化。

南原繁在热情评价日本天皇宣布的"人间宣言"具有极其重大的历史意义的同时,还高度评价道:"这是来自日本神学和神道的教义的天皇自身的解放,是人性的独立宣言。"⑦ 更重要的是这"一举完成的日本式宗教改革"⑧ 还促使南原繁开始进一步思考"天皇退位"的必要性和可能性。⑨

---

① 韩东育:《两个"八·一五"》,《读书》2006 年第 11 期。
② 立花隆:「今なぜ南原繁か」、『南原繁の言葉』、東京大学出版会 2007 年版、第 12 頁。
③ 南原繁:「退位の問題」、『南原繁著作集』第九巻、東京岩波書店 1984 年特装版、第 98 頁。
④ 南原繁:「退位の問題」、『南原繁著作集』第九巻、東京岩波書店 1984 年特装版、第 99 頁。
⑤ 南原繁:「退位の問題」、『南原繁著作集』第九巻、東京岩波書店 1984 年特装版、第 99 頁。
⑥ 南原繁:「天長節」、『南原繁著作集』第七巻、東京岩波書店 1984 年特装版、第 52 頁。
⑦ 立花隆:「今なぜ南原繁か」、『南原繁の言葉』、東京大学出版会 2007 年版、第 12 頁。
⑧ 韩东育:《两个"八·一五"》,《读书》2006 年第 11 期。
⑨ 韩东育:《两个"八·一五"》,《读书》2006 年第 11 期。

第三节　"天皇退位论"

　　二战结束前一贯主张天皇要退位的南原繁在二战结束后却从延续日本国体的立场出发，转向要维持日本的天皇制。但是，他也不得不承认"惹起如此大祸，使国民陷入自建国以来彻底的失败和悲惨的境地，面对列祖列宗和国民，我强烈地认为天皇陛下负有道德和精神上的责任"[①]。南原繁认为："不回避责任乃我国至高无上的道德，作为我国国民生活之中心的皇室，也会由此获得国民更大的尊重，这也关乎今后我国再建的精神基石。"[②]在1964年天长节的演讲中南原繁再一次提及此问题时强调："国民统合之象征的天皇不仅要置于现实政治的国家秩序的最高位置之上，也必须是国民共同体之理想表现。因为所谓的象征是指在有限的时间内把无限的时间或者与现实关联的理想具体化、对象化之意味。在此意义上天皇负有着基于自由的原理，身先士卒成为国民规范的、理想的精神道德至上的责任。"[③]

　　南原繁在《访谈录·南原繁回顾录》中回忆道："1946年4月的天长节纪念仪式上的演讲，除了是我二战后的第一个公开纪念演讲以外，实际上还是针对当时的保守派所主张的'一亿总忏悔'观点进行的反驳与批判。"[④]日本二战后的第一任首相东久弥稔彦曾提出了"一亿总忏悔"的观点，虽然这也是他本人对战争责任的一种认知与反省，但他只不过是要求全体日本国民要为战争的失败承担责任而已。其后，对东久弥稔彦这种"一亿总忏悔"的批判则强调日本侵略战争的决策者和指挥者应对这场战争负有全部的责任。本书认为这些批判和判断虽然是基于法律的层面对挑起战争的主犯进行的裁决，但却没有从根本上进行彻底的反思与反省，更忽视了日本国民追随挑起战争的责任者，心甘情愿地去做"皇国忠民"的战争炮灰这种连带责任在深层意义上的追究。日本全体国民深刻反省侵略战争所犯下的滔天大罪以及对战争负有责任是铁一般的不可撼动的事实，日本丧心病狂地发动了15年对中国和亚洲其他国家的侵略战争，如果没有日本普通国民的"效忠"参与，就不会有被侵略国家两千万鲜活的生命被

---

① 南原繁：「天長節」、『南原繁著作集』第七卷、東京岩波書店1984年特装版、第56頁。
② 南原繁：「天長節」、『南原繁著作集』第七卷、東京岩波書店1984年特装版、第56頁。
③ 南原繁：「天長節」、『南原繁著作集』第七卷、東京岩波書店1984年特装版、第56頁。
④ 丸山真男、福田歓一：「天皇退位論」、『聞き書　南原繁回顧録』、東京大学出版会1990年版、第314頁。

杀戮。这不仅仅是日本天皇、日本军部、日本法西斯主义者、日本政府等决策层面上应该承担的责任，也是一场日本全民总动员的国家性的总体战争。南原繁对此也有与笔者类似的观点，他说："无论是我们这些在大学就职的人员也好，还是各阶层的国民也好，在举国上下陷入战争之际，无论是谁，任何人都是有责任的。但是，'一亿总忏悔'这种论调的最终结果却是任何人都没有责任，这实际上是在回避战争的责任。众所周知，责任是有一定顺序的，小学是小学老师，大学是大学教师，如此推理下去，特别是代表国家利益的天皇理所当然地也要负有精神上和道德上的责任。"① 值得我们注意的是，南原繁在此为了延续日本的国体，仅仅是强调了日本天皇负有精神上和道德上的责任，这也反映了他在战争责任论认知上的局限性和民族性。南原繁并没有真正地挖掘并认识到战争的推手亦有天皇本人，本书认为这种认知的局限性与南原繁"爱国"的"民族主义"情结息息相关。

1946 年 12 月 16 日，在日本第九十一次帝国议会贵族院会议上进行"皇室典范案"的自由讨论时，南原繁再次做了关于天皇"退位问题"的质疑性演说。南原繁认为，旧《明治宪法》中明确规定了关于皇位的继承、摄政的存废以及皇族会议等十分具体的制度规定，但是，伴随着日本新宪法的即将诞生，正在讨论中的《日本国宪法草案》关于"皇室典范"的界定以及"皇位的继承"等章节中，关于"天皇退位"和"天皇让位"等问题却没有明确、详细的相关规定与说明。于是，南原繁在会上首先向首相吉田茂进行了质疑。他指出日本新宪法中关于天皇与天皇制最根本性的问题即不承认天皇退位问题与新宪法中第一条规定的"天皇是日本国的象征，是全体日本国民的象征，其地位是以主权所在的全体国民的意志为依据"② 中的新性质和新身份是相互矛盾的。"实际上宪法修正案的核心问题亦即天皇的性质或是身份改变的问题。我们可以认为长久以来神秘的非现实存在的天皇从此变成了普通人，我们也可以看作是天皇自身通过对'现人神'的神格之否定，预示了天皇自然回归到普通人的地位，是人性的解放和人性独立的宣言。"③ 然而，"在'新皇室典范案'④ 中，天皇却

① 丸山真男、福田歓一:「天皇退位論」、『聞き書　南原繁回顧録』、東京大学出版会 1990 年版、第 316 頁。

② 南原繁:「退位の問題」、『南原繁著作集』第九卷、東京岩波書店 1984 年特裝版、第 99 頁。

③ 南原繁:「退位の問題」、『南原繁著作集』第九卷、東京岩波書店 1984 年特裝版、第 99 頁。

④ 日本二战后新宪法中关于"皇室典范"章节的方案。

是世袭的，按照一定顺序排位的皇族成员也可以继承皇位。如此一来，一旦有某位皇族成员继承了皇位，无论发生任何事情都得保留其天皇的位置，这是反自然、不符合人类认知常识的"①。在此，南原繁实际上想借助对于"天皇退位"这一问题的讨论，为日本找到二战结束后更好地发展下去的一条生存之路。

多年研究南原繁的加藤节分析认为："实际上南原繁主张天皇退位的真正目的有三个理由：其一是既然权力不能优越并超越于道德，那么，'人间天皇'也理应受到道德的约束；其二是通过天皇负有道德责任而退位，这实际上象征着日本民族再生的新的未来，亦在于日本对战争赎罪后创造一个全新的充满正义感之国家的意义所在；其三，也是最重要的一点就是通过天皇引咎退位这一行动，还可以增强国民对天皇的信任感，进一步夯实缘于国民意志的天皇制基础。"②

然而，虽然南原繁提出了"天皇退位"、天皇对战争"要负有精神上和道义上的责任"等观点和主张，但最终并没有实现，美国也从自身的利益出发对这一问题采取了默许的态度，日本最终还是保留了天皇和天皇制。尽管如此，由于南原繁位居日本教育界最高层，并且，他是在天皇的诞生日提出自己的观点和主张的，由此也反映出二战后的日本还是有一大批有良知的日本精英知识分子在一定程度上是反对侵略战争的。

第四节　《日本宪法》与日本天皇

1946 年 2 月 13 日，GHQ 提出的《宪法草案》③ 第一条中明确规定："天皇是日本国的象征，是日本国民统一的象征，其地位是拥有主权国全体国民的意愿所承，但不拥有其他的权力。"④ 麦克阿瑟的方案将日本天皇的权力与有史以来日本天皇所拥有的皇威彻底地剥离开了，此方案不仅剥夺了日本天皇原来所拥有的政治权力与皇威，同时，也排除了日本天皇在国家机器运行过程中所具有的一切危险性。实际上在麦克阿瑟将此宪法草

---

① 南原繁：「退位の問題」、『南原繁著作集』第九卷、東京岩波書店 1984 年特装版、第 99 頁。

② 加藤節：『南原繁——近代日本と知識人』、岩波新書 514、東京岩波書店 1997 年版、第 149 頁。

③ 又称麦克阿瑟草案。

④ 高柳賢三、大友一郎、田中有夫：『日本国憲法制定の過程 1　原文と翻訳』、東京有斐閣 1972 年版、第 269 頁。

案递交给日本政府之前，日本社会已公布了政府和民间关于宪法的 18 种修正方案。GHQ 认为日本天皇的废存问题不仅仅是日本二战后政治上的大问题，也是日本民众的信念与民族感情的依存问题。因此，GHQ 对如何处理二战结束后日本天皇和天皇制问题也是费尽了周章。

1946 年 8 月，南原繁在日本国宪法案贵族院审议会上针对政府提出的"新宪法修改草案"，从学理的角度提出了其中的一些相互矛盾和不妥之处。他认为："战后的日本面临着两个十分重要的任务：其一，要将天皇由国家政治意志的统治者地位转化为只保存在礼仪事务中对国民所具有权威的象征性意义的君主；其二，解除战前统合日本国民的万世一系的思想，消除战前天皇代表日本国民总体意志的旧观念，实现天皇由拥有天皇统帅权向普通国民身份的转化。"① 南原繁一方面肯定了"新宪法修改草案"中以确立象征天皇制为新的国家意识形态这一基本立场；另一方面也批判了草案中关于"尽臣节维护天皇制意识"的观点。他认为这在逻辑关系上是相互矛盾的，这也是南原繁作为政治学者的独到之处。对此，他指出："如果不从制度上彻底改变战前的国体观，战后的日本依然只会停留在自我满足、自我安慰，甚至是自我欺骗的层面上。"② 他犀利地指出："要完全彻底地消除战前人们拥有的天皇制那种封建意识形态，就必须断然地使国民与天皇之间以道德和情感为纽带的精神和意志退出现实的政治思想舞台。"③ 在此，南原繁一语道破了日本天皇制导致战争的责任和危害。

1946 年 12 月贵族院召开讨论"皇室典范"的专题会议，南原繁在会上指出："新宪法中天皇的地位和性质均有了重大的变化。此项议案中最重要的是继承天皇的皇位等问题。但如果此问题与以前的'皇室典范'没有任何差异的话，则无法体现和实施日本新宪法的基本精神。"④ 之后，他又向各位议员提出："我有三个疑问，请各位考虑是否在新宪法中加入我个人的建议，以体现新宪法之精神。第一个问题就是'新宪法草案'中规定天皇不仅是神圣的统治权的总揽者，还必须基于全体国民的民意，方可置于'日本国的象征''日本国民的象征'之地位。既然如此，那天皇就

---

① 南原繁:「日本国宪法　制定過程その一」、『南原繁著作集』第九卷、東京岩波書店 1984 年特装版、第 20 頁。

② 南原繁:「日本国宪法　制定過程その一」、『南原繁著作集』第九卷、東京岩波書店 1984 年特装版、第 21 頁。

③ 南原繁:「日本国宪法　制定過程その一」、『南原繁著作集』第九卷、東京岩波書店 1984 年特装版、第 22 頁。

④ 南原繁:「退位の問題」、『南原繁著作集』第九卷、東京岩波書店 1984 年特装版、第 98 頁。

不应该作为神秘的超人类的观念而存在于日常生活中，所以，天皇的地位与身份要与国民之象征的身份相符。为此，天皇就应具有一个正常人的一切特征。倘若天皇也像我们正常人一样在精神上或是身体上出现了什么不适的话，那么，在新宪法中继承皇位时不可以更改其继承顺序的话，那就是不合理的，也是违反自然规律的。"① 意即天皇也是普通的人，不可能永远长生不老，"因为我担心如若按新的皇室典范的规定，一旦有天皇的继位者发生什么紧急的事态，如果不改变现有的规定，那不还是依旧残留着长久以来天皇具有神性的那种超自然、超人类的神秘的思维方式吗"②。换言之，二战后的天皇既然走下了神坛，恢复了普通人的本性，就会和普通人一样生老病死，如果否定了这一点，那和二战前天皇具有的"神性"别无二致，这实际上也违反了日本新宪法的精神。南原繁的第二个问题是"天皇作为一个自由的人，当他达不到难以完成的要求或是最终无法尽自己的义务和责任而要求人身自由的时候，在'新宪法草案'中并没有明确的相关规定。天皇拥有皇位保持着特殊的地位和身份的这一条并没有改变天皇由原来拥有统治权变为二战后象征性的天皇的具体规定"③。然而，"在'新宪法草案'中，既然天皇作为具有人格的人，并兼具国民统合的象征，那么，基于所有的人在自由平等的民主主义大原则的前提下，天皇也应与我们普通人一样享有作为人的最基本的人权，即天皇也有完全的自由。如若不然，新宪法中的天皇依然具有昔日神权的思想，那么，归根到底这就是对天皇作为自由人的人性的否定"④。南原繁的第三个问题是："天皇是否退位取决于天皇本人道德的意志即应该发端于其义务和责任的自觉性。旧《明治宪法》中规定天皇不具有一切政治、法律上的责任。新宪法中如果没有相关的具体规定的话，天皇就不会采取与国务大事件相关的行动，天皇进行的一切相关的国事活动和行使的权力必然由内阁取而代之并承担相关的责任。"⑤ 继而，南原繁又进一步阐明了自己的观点："此次修订新宪法之际，日本国之象征、日本国民统合之象征的天皇虽然在政治上被称为是'无色透明'的政体，但是，在道德上绝对不可能是'无色透明'的。我们必须重申的是所谓的取代政治上的大权，作为恒久的国家理念，体现日本国民精神的天皇在精神上、道德上的地位和作用应该反倒

---

① 南原繁：「退位の問題」、『南原繁著作集』第九巻、東京岩波書店 1984 年特装版、第 99 頁。

② 南原繁：「退位の問題」、『南原繁著作集』第九巻、東京岩波書店 1984 年特装版、第 98 頁。

③ 南原繁：「退位の問題」、『南原繁著作集』第九巻、東京岩波書店 1984 年特装版、第 99 頁。

④ 南原繁：「退位の問題」、『南原繁著作集』第九巻、東京岩波書店 1984 年特装版、第 98 頁。

⑤ 南原繁：「退位の問題」、『南原繁著作集』第九巻、東京岩波書店 1984 年特装版、第 99 頁。

比从前更具有重大的意义了。如若将天皇置于至高无上的地位，那么，一旦国家发生重大事件之际，天皇本人还是要负有道德上和精神上的责任的。"① 南原繁在此旗帜鲜明地提出了应限制天皇权力与义务的观点和主张。

1947 年 5 月，《日本国宪法》开始正式实施。虽然美国从自身的利益出发，同意保留了日本天皇制，但南原繁在日本二战结束后新宪法中关于日本天皇的所有设想几乎全部得到了体现。不宁唯是，日本天皇在二战前与二战后的身份和地位的确有了很大的改变。

结　　语

纵观南原繁的天皇观实际上还与他信仰基督教有密切的关系。晚年，他在接受自己得意弟子丸山真男和福田欢一采访时曾经说："长期以来，我一直关注的是希腊哲学和德国理想主义哲学，然而，我却从未在任何时候、任何场合向世人提起过这件事，因为基督教已经成为我的精神支柱，一直在背后支撑着我。这对于我来说却是一件虽然十分重要，但却是不能公开的大事。我是按照康德的做法不把自己的宗教信仰在表面上表露出来去行事的。然而，宗教却是我的生命，是我的全部。"② 他在《国家与宗教》的序文中还写道："大抵国家的问题，其根本的问题在于文化与内在的统一的世界观问题。从而究其根本，与宗教的神性问题不无关联的话，便无从理解。"③ "人类文化的最终目的是导入其个性的创造，最终的理论性认识仅存在于宗教。"④ 这种虔诚的宗教信仰作为南原繁研究日本政治、政治哲学思想的最根本的理论支撑，亦成为他独特的哲学立场、研究方法和手段。

大学时代的南原繁与精神导师内村鉴三在精神层面邂逅产生的对基督教的坚定信念成为上述理论思考的基本框架和思想理论基础。在二战后严峻的社会现实下，作为战败国知识精英中的一分子，应该如何导引二战后的日本快速地走上建国之路就使得南原繁的宗教观与国体的存续之间有了某种微妙的联系，而恰恰是这种思想意识使南原繁对于二战前和二战结束

---

①　南原繁：「天長節」、『南原繁著作集』第七巻、東京岩波書店 1984 年特装版、第 104 頁。

②　丸山真男、福田歓一：「天皇退位論」、『聞き書　南原繁回顧録』、東京大学出版会 1990 年版、第 152 頁。

③　丸山真男、福田歓一：「天皇退位論」、『聞き書　南原繁回顧録』、東京大学出版会 1990 年版、第 150 頁。

④　南原繁研究会：『南原繁と現代』、東京 to be 出版 2005 年版、第 127 頁。

后天皇是否退位的态度有了很大的转变。

"内村鉴三不拘泥于国家与民族的振兴，追求的最根本目标是全人类的自由，进而祈求万民的生命与和平的福音。① 进而，把宗教放在更加广泛的文化关系中来掌控，特别是前文提到的在国民精神结构的深层意义上去考察"② 的想法，还有内村鉴三立志于振兴现代日本、追求人类自由的"日本式基督教"的"无教会精神"以及改造"国民精神结构"的忧患意识等，诸如此类的思想对南原繁的天皇观与二战后国民思想改造以及民族使命等一系列的政治思想的形成有着极为深远的重大影响。

南原繁在二战后为了实现日本的"民主和自由"、建设新日本、创造日本新文化可谓功不可没。但是，他却由战前坚决主张"天皇退位"转变为战后又主张保留日本的天皇制，只追究"天皇在道德上、精神上的责任"。这种前后思想上的巨大变化和反差与他始终坚持的建设"新民主主义的日本"的主张相左，也与他本人终生信奉的基督教相悖。为此，南原繁有关"天皇观"的主张和观点遭到了来自日本共产党、右翼和保守派的攻击。立花隆认为："这是南原繁为了在战后改革的过程中尽可能地摆脱联合国和美军占领军的控制，保持日本国家的独立、延续日本国体的思想所至。"③ "这在某种程度上也反映出南原繁浓厚狭隘的民族主义色彩，是南原繁终生呼吁世界和平、建立'民主''自由'新民主主义的日本思想体系中一个令人不可思议的败笔和缺憾。"④

综上所述，南原繁的"天皇论"彰显出他对日本天皇和天皇制独特的矛盾认知，也是南原繁知性政治哲学思想体系中关于"共同体论"在二战后日本现实社会中的学以致用。然而，我们也应该注意到南原繁的"天皇退位论"不仅与他想延续二战后日本民族"共同体"的愿望休戚相关，也与他终身作为一名忠实的基督教徒的宗教信仰相去甚远。

---

① 卢丽：《南原繁的知性学术思想》，《东北师大学报》（哲学社会科学版）2011 年第 4 期。

② 南原繁：「内村鑑三先生誕生日の思い出」、東京岩波書店 1984 年版、第 346 頁。

③ 立花隆：「新日本の文化の創造」、『南原繁の言葉』、東京大学出版社 2007 年版、第 118 頁。

④ 卢丽：《"爱国的民族主义"：南原繁的"共同体论"》，《西南大学学报》（社会科学版）2014 年第 3 期。

第三章　南原繁的教育改革理念

多年来一直研究南原繁成果颇丰的山口周三认为："日本战后的各项改革是超越明治维新以来的大革命，是一场建立在失去了三百余万人①众多的生命代价的一场大革命。在制定宪法、妇女参政、劳动改革、土地改革、解散财阀、教育改革的诸多改革中，教育改革是最基础的亦是最重要的改革。"② 他在此指出了二战后日本各项改革中教育改革的急迫性和重要性。

南原繁自从二战结束后被任命为东京大学首任校长后，便不遗余力地践行着他本人极力主张的各项教育改革。为此，他辞去了所有的社会工作，将全部的时间和精力都投入日本二战后的教育改革和大学的行政事务中了。东京大学名誉教授寺﨑昌男对此高度评价："战后 10 余年的东大历史难以与南原总长（校长）的名字切割开来。东大皆因受益于南原这位具有明晰的洞察力和卓越的政治能力、极强的统率力和众多的人脉关系才能顺利地完成战后的各项教育改革。"③ "南原繁是一位伟大的教育家，他坚信只有通过依据真理的教育和培养国民的创造力，方可完成日本人的精神革命，而支撑他的这一信念的则是世界永久和平。"④

第一节　"皇国忠民"之教育始末

日本自明治维新开始，一直实行的是天皇制国家主义至上的教育制

---

① 亚洲 2000 万人。

② 南原繁研究会编：「南原繁と戦後教育改革」、『南原繁と現代　今問われているもの』、東京 to be 出版 2005 年版、第 29 頁。

③ 寺﨑昌男：『教育改革者としての南原繁——真理・創造そして平和の探求者』、東京東信堂 2016 年版、第 289 頁。

④ 寺﨑昌男：『教育改革者としての南原繁——真理・創造そして平和の探求者』、東京東信堂 2016 年版、第 304 頁。

度。① 第一次伊藤内阁时期，日本驻英公使、外交官森有礼被任命为文部大臣后，他充分研究并利用以前所做过的田野调查研究报告，开始着手进行了一场史无前例的教育改革，被日本称为"森的国家主义教育"②。森有礼在给时任日本第一位内阁总理大臣、贵族院院长伊藤博文的信中提出自己的主张："教育改革应'以图国家未来治安为要务'，为此，建立强有力的国家这一目的必须贯彻在学校的教育中。"③ 信中引人注目的一点是森有礼在日本教育史上首次提到了要重视以天皇为中心的"国体"教育的观点和主张。

1886 年 3 月，森有礼上任后首先颁布了《帝国大学令》，紧接着又颁布了《师范学校令》《小学令》《中学令》《诸学校通则》等一系列教育改革法令，着手建立关于学校法制的各项管理办法，这些法令通称为《诸学校令》。其后，上述教育法规和制度一直成为二战结束以后，日本进行教育改革之前学校各项教育制度的基础。根据《小学令》，当时的小学分为"寻常小学"（4 制）和"高等小学"（4 年制）两种，适龄儿童必须修完"寻常小学"的全部课程，寻常小学的主要课程有读书、作文、习字和算术，其后又加上了体操，有些地方还增加了图画和唱歌等课程；"高等小学"的主要课程有修身、读书、作文、习字、算术、地理、历史、理科、唱歌、体操、裁缝（女童），有些地方还增加了英语、农业、手工、商业等课程。值得注意的是，此处所指的"修身课"并不是以前进行的中国传统的儒家思想教育，而是转向了世界史或是日本史，主要教授外国史等，在课程安排上有了重大改革。

中学分为"寻常中学"（5 年制）和"高等中学"（2 年制）两个阶段，主要培养上流、中坚、勤劳的社会上三个不同阶层的人才，并形成不同的培养教育梯次。各府县设一所"寻常中学"，"高等中学"属于国家公立的学校，在东京、仙台、京都、金泽、熊本各设立一所，这些学校原来都是由各地的名门望族组织开设的，在森有礼的新制中学构想下，这些学校全部被改编或者被吸收到日本政府的中等教育机构里。可以说在森有礼的中学构想下，这些高级中学成为培养日本社会上流人才的机构，完全可以控制并左右社会上绝大多数人的思想和意志，基本上走仕途就是做官、搞产业就是当理事长、做学问就是学科领头人。"从国家的角度来看，学校

① 尾崎ムゲン：『日本の教育改革』、中公新書 1488、東京中公新書 1999 年版、第 39 頁。
② 尾崎ムゲン：『日本の教育改革』、中公新書 1488、東京中公新書 1999 年版、第 38 頁。
③ 源自 1882 年 9 月森有礼给伊藤博文写的信中提到的"国家将来ノ治安ヲ図ルノ大主意"。尾崎ムゲン：『日本の教育改革』、中公新書 1488、東京中公新書 1999 年版、第 39 頁。

教育的连续性、一体性在森有礼文部大臣教育改革的过程中已初具雏形。"①

伴随着学校各项教育制度的不断完善，自 1883 年 7 月开始，日本文部省开始实行由文部大臣"认可检定教科书"的制度。此前日本中等教育机构和高等教育机构的定位基本止于中等教育即接受中等程度的教育，分别实施高等教育和专门教育即接受高中教育或者专门教育，主要培养中等以上的普通人才。② 但是，森有礼对中学和高中的培养目标和教育理念却与此前有所不同，他认为："中等教育是培养国民的中坚力量，同时，也必须承担着培养社会上流人士高等教育承前启后的教育任务。"③ 因此，森有礼明确规定：中等教育机构要培养"能应用所学的知识，为富国强民出力的实业者"④，高中教育机构要培养"能足以获得做官吏资格的人才"⑤。"森有礼对中学和高中的教育改革，特别是把学校体系与阶层秩序相对应的'分级教育体系'可以说具有划时代的意义。"⑥ 本书认为森有礼的"分级教育体系"实际上是延续了英国传统的精英主义教育方式，也为其后日本的国体教育奠定了一定的基础。

日本很多学者和教育家认为森有礼任日本文部大臣⑦期间，在日本教育改革的过程中达到登峰造极的是 1886 年颁布的《帝国大学令》⑧。根据

---

① 尾崎ムゲン：『日本の教育改革』、中公新書 1488、東京中公新書 1999 年版、第 44、45 頁。

② 源自 1884 年 1 月日本《中学校通则》："中人以上ノ業務二就ク者"。尾崎ムゲン：『日本の教育改革』、中公新書 1488、東京中公新書 1999 年版、第 43 頁。

③ 源自《森有礼全集》（第一卷）《学政要领》："学問ヲ実際二応用シ、国ヲ富マシ民ヲ益スベキ実業者""官吏タルノ資格ヲ得ル二足ルベキ者"。尾崎ムゲン：『日本の教育改革』、中公新書 1488、東京中公新書 1999 年版、第 43 頁。

④ 源自《森有礼全集》（第一卷）《学政要领》："学問ヲ実際二応用シ、国ヲ富マシ民ヲ益スベキ実業者""官吏タルノ資格ヲ得ル二足ルベキ者"。尾崎ムゲン：『日本の教育改革』、中公新書 1488、東京中公新書 1999 年版、第 43 頁。

⑤ 源自《森有礼全集》（第一卷）《学政要领》："学問ヲ実際二応用シ、国ヲ富マシ民ヲ益スベキ実業者""官吏タルノ資格ヲ得ル二足ルベキ者"。尾崎ムゲン：『日本の教育改革』、中公新書 1488、東京中公新書 1999 年版、第 43 頁。

⑥ 尾崎ムゲン：『日本の教育改革』、中公新書 1488、東京中公新書 1999 年版、第 42 頁。

⑦ 日本文部大臣相当于中国的教育部长，日本文部省相当于中国的教育部，日本文部省现改为日本文部科学省。

⑧ 自 1886 年东京帝国大学成立以后，1897 年京都帝国大学成立。此后日本在国内和殖民地先后相继设立了 9 所帝国大学，除以上两所帝国大学以外，还有设在仙台的东北帝国大学、设在福冈的九州帝国大学、设在北海道札幌的北海道大学、设在殖民地韩国首尔的京城帝国大学、设在中国台北的台北帝国大学、设在大阪的大阪帝国大学还有设在名古屋的名古屋帝国大学，一共有 9 所。二战结束后的 1947 年，日本国内的 7 所帝国大学被要求去掉"帝国"两个字，但仍然保留旧的学制。1949 年，日本进行了大学制度学制方面的改革，1962 年，日本彻底废除了旧制大学的名称。

此令，日本大学必须为国家培养需要的技艺和研究型人才，各帝国大学培养的人才必须与国家需要的领域密切相关，无论是教育还是研究都要竭尽其能地传授有价值的知识和实用技能。当时的帝国大学是由如下体制构成的，即由大学院和法科、医科、工科、文科和理科五个分科大学构成，担任法科大学的分科大学校长做帝国大学的总长（校长），由文部大臣任命总管帝国大学的一切事务性工作的总长（校长），文部大臣再从分科大学教授中选任"评议员"组成"评议委员会"进行大学各项工作的运营和管理。森有礼文部大臣的日本教育改革"是将学校定位在为国家人才分配机构上，并对应社会、勤劳以及中坚、上流的阶层秩序配置出初等教育、中等教育和高等教育机构。同时，上述各不同级别的学校要适应各个阶层不同编制的需要，各级学校不仅要传授对学生个人实用性较强的知识和技能，还要成为能培养出接受这些知识后在社会上能起到一定作用，并兼具培养学生的教育机构，而且，上述一系列的要求和做法还要制度化"。①

森有礼在日本的各项教育改革过程中，最下功夫、投入力量最多的是日本"天皇国体"教育中师范学校教育改革这一块。这一点我们从《师范学校令》（全十二条）便可窥其一斑。《师范学校令》规定：师范学校分为"寻常师范学校"（4年）和"高等师范学校"（3年）两种，"寻常师范学校"在各府、县各设一所，主要培养普通的小学校长和教员；"高等师范学校"属于官立学校，只在东京设立一所，主要培养"寻常师范学校"的校长和"寻常师范学校"的教员。1890年3月，"高等师范学校女子部"从"寻常师范学校"中分离出来后成立了"女子高等师范学校"。1902年，广岛成立了"广岛高等师范学校"。1908年3月在奈良又成立了"奈良女子高等师范学校"。《师范学校令》第一条规定："师范学校是培养教员的场所，要重视把学生培养成为具有温顺并兼具慈爱和威严气质的人。"森有礼把师范教育提高到掌控国民教育成败的高度，"特别是对培养教员的重视程度在日本教育史上可谓达到了登峰造极的地步"。② 他首次提出要培养教员精神面貌方面的气质也被列入《师范学校令》中，由此可见，他是非常重视师范学校教员的素质教育和制度建设的。特别要提及的是，森有礼把"来自英国教养的教育原理，即教育的重点是'锻炼'，尤其是把关于'气质与体魄'的培养与锻炼作为日本教育的中心任务来考量，并且，还要把这种教育上的'培养与锻炼'与日本国家主义教育结

---

① 尾崎ムゲン：『日本の教育改革』、中公新書1488、東京中公新書1999年版、第45頁。
② 尾崎ムゲン：『日本の教育改革』、中公新書1488、東京中公新書1999年版、第46頁。

合起来提高到学校教育的层面上来，这也成为森有礼进行日本教育改革的原点和重点"。①

当时，日本"师范学校"实行的是住宿制和完全供给制，宿舍制度按照陆军内务班的管理方式进行，学生的生活也完全按照军队式的管理方式进行管理。课余时间把学生全部集中起来进行军事训练，教师可以免除兵役，从教学到管理全部引入军队式的教育方式和方法等。按照当时的规定："师范学校"的学生分别由当地郡的郡长或是"寻常师范学校"的校长推荐才能入学，学生用的教科书、笔记本、文具以及日常着装和一日三餐也全部免费，学校甚至还给学生提供生活方面的零花钱。所有这些费用全部由日本政府或者是地方政府提供。作为回报，"师范学校"的学生毕业后5年内要为本郡承担教职义务，至少要为该地区教育事业服务10年以上。由于"师范学校"在很多府、县的中等教育机构都是中学和师范学校同时进行，所以，一些地方的名门望族的子弟大多数人能上到中学，连续接受教育，特别是有经济实力的农家长男因为上"师范学校"可以免除兵役，还可以在当地解决工作等问题，受益良多，因此，有条件的几乎都选择上"师范学校"读书，少年时期的南原繁曾上过这种"师范学校"，并破例参加了毕业考试，还获得了"小学准教师资格证书"。

1909年10月，日本政府制定了各地要开设小学、实施义务教育制度的相关准则并颁布了《地方学事通则》②，日本开始全面正式实施小学义务教育制度。"通过此令，不仅最终确立了地方教育的行政财务与自治体之间关系的再编整合，小学教育亦成为市、町、村日常固定的事务性工作，也使其成为国家行政事业的事务性工作。自此，日本学校教育的教育目的、教育方法、教学内容、教科书、诸项规章制度等全部由文部大臣亲自掌控，教育设施、教学设备、财政支出等均由地方掌控，特别是还实行了市、町、村负责的二元化体制管理。"③ 如此一来，日本政府通过立法，将地方制度与教育行政管理结合起来，用行政手段强制地方政府也参与教育管理的工作中，并提高到国家的层面上来依法管理，这是日本历史上开天辟地的第一次。至此，日本开始实行小学的管理和运营全部由府、道、县的一把手知事亲自任命的"郡视学"④ 下到各市、町、村进行督察，市、町、村长掌管教育事务，学务委员作为辅助机构管理市、町、村下小学的

---

① 尾崎ムゲン：『日本の教育改革』、中公新书 1488、东京中公新书 1999 年版、第 47 页。
② 具有法律的效用。
③ 尾崎ムゲン：『日本の教育改革』、中公新书 1488、东京中公新书 1999 年版、第 51 页。
④ 大致相当于我国的"督学"制度。

管理体制。

此管理体制如图 3 - 1 所示：

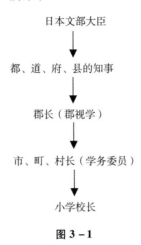

日本文部大臣

都、道、府、县的知事

郡长（郡视学）

市、町、村长（学务委员）

小学校长

图 3 - 1

日本由此形成了自上而下的一整套政府官僚统治下的行之有效的管理教育的行政体制。这也是南原繁在二战结束后力主教育改革，实施学校自治、教育管理独立，不受地方以及上级行政干涉的一个重要原因。随后，日本政府又先后颁布了一系列规定和章程，如：1891 年 4 月颁布的《小学设备准则》、1891 年 6 月颁布的《小学庆典节假日规程》、1891 年 11 月颁布的《小学教则大纲》等。至此，日本学校的管理运营体制已基本形成，此后，也让"人们看到了日本学校教育起到了安定地方秩序的作用，教育的'道德'化、传统秩序的同化等另一个侧面"。① 总之，根据新的《小学令》，小学的教育目的被明示为"与道德教育以及国民教育为基础，相提并论的还要教授其生活必需的通识知识和技能"②，三年制或者是四年制的"寻常小学"要充分考虑地方的治安秩序③等问题。此外，在《小学教则大纲》中还规定"任何科目，只要与道德教育、国民教育相关联的事项

---

① 源于日本《新小学校令》原文："道德教育及国民教育ノ基礎並二其生活二必須ナル普通ノ知識技能ヲ授クル。"尾崎ムゲン：『日本の教育改革』、中公新書 1488、東京中公新書 1999 年版、第 53 頁。

② 源于日本《新小学校令》原文："道德教育及国民教育ノ基礎並二其生活二必須ナル普通ノ知識技能ヲ授クル。"尾崎ムゲン：『日本の教育改革』、中公新書 1488、東京中公新書 1999 年版、第 53 頁。

③ 日本"寻常小学"自 1990 年以后统一改为四年制。

都要特殊地加以留意并进行相关传授①"②。如此，日本的中小学教育就这样被一步一步地裹挟至日本文部大臣森有礼设计的"小学教育构想"的轨道，日本的小学教育此后便完全地与国家的需要相结合，彻底地从以前重在培养参与社会活动的个体，从而转向为培养"整合地方秩序③的个体"④。此后，此培养目标成为日本中小学的主要教育目的和教育理念。

1890 年，日本《小学令》进行了修改，很多教育评论家认为这是森有礼设想的小学教育在理念上彻底的方向性改变。上文提到 1890 年 2 月，在一次地方长官行政会议上，为了控制当时社会秩序的混乱，全体参会者一致决议上书天皇赐予关于道德方面的"箴言"⑤。日本首相山县有朋马上命令文部大臣芳川显正编纂"箴言"，其后几易修改，主宰日本近现代教育的"教育敕语"⑥ 便应运而生了。10 月 30 日，"教育敕语"以"天皇个人与道德和教育等相关的明训形式，通过儒教与立宪主义相混合的文书形式，作为天皇的'御意'超法规地直接干涉到国民道德的层面上"。⑦ 1913年，根据日本贵族院的建议，在文部大臣下面建立了"教育调查委员会"，时任日本首相的陆军大将寺内正毅也于 1917 年成立了首相亲自监督下的"临时教育委员会"。他指出："今后国民教育的要务即是更加彻底地贯彻'教育敕语'的精神，培养富有爱国精神的'忠良臣民'。"⑧ "教育敕语"从此统领日本近现代教育直至二战结束后教育改革完成，这也成为南原繁

---

① 源于日本《小学校教则大纲》原文："何レノ教科目ニ於テモ道德教育国民教育ニ関連スル事項ニ殊に留意シテ教授。"尾崎ムゲン：『日本の教育改革』、中公新書 1488、東京中公新書 1999 年版、第 53 頁。

② 尾崎ムゲン：『日本の教育改革』、中公新書 1488、東京中公新書 1999 年版、第 53 頁。

③ 在此指世袭传统制度、淳风美俗等。

④ 尾崎ムゲン：『日本の教育改革』、中公新書 1488、東京中公新書 1999 年版、第 53 頁。

⑤ 尾崎ムゲン：『日本の教育改革』、中公新書 1488、東京中公新書 1999 年版、第 55 頁。

⑥ 《教育敕语》原文如下："朕惟フニ我ガ皇祖皇宗国ヲ肇ムルコト宏遠二德ヲ樹ツルコト深厚ナリ我ガ臣民克ク忠ニ克ク孝ニ億兆心ヲ一ニシテ世々厥ノ美ヲ済セルハ此レ我ガ国体ノ精華ニシテ教育ノ淵源亦実ニ此ニ存ス爾臣民父母ニ孝ニ兄弟ニ友ニ夫婦相和シ朋友相信シ恭儉己レヲ持シ博愛衆ニ及ホシ学ヲ修メ業ヲ習ヒ以テ智能ヲ啓発シ德器ヲ成就シ進テ公益ヲ広メ世務ヲ開キ常ニ国憲ヲ重シ国法ニ遵ヒ一旦緩急アレハ義勇公ニ奉シ以テ天壌無窮ノ皇運ヲ扶翼スヘシ是ノ如キハ独リ朕ガ忠民ノ臣民タルノミナラス又以テ爾祖先ノ遺風ヲ顕彰スルニ足ラン

斯ノ道ハ実ニ我ガ皇祖皇宗ノ遺訓ニシテ子孫臣民ノ倶ニ尊守スヘキ所之ヲ古今ニ通シテ謬ラス之ヲ中外ニ施シテ悖ラス朕爾忠民ト倶ニ拳々服膺シテ咸其德ヲ一ニセンコトヲ庶幾フ

明治二十三年十月三十日"

⑦ 尾崎ムゲン：『日本の教育改革』、中公新書 1488、東京中公新書 1999 年版、第 56 頁。

⑧ 山住正己：『日本教育小史——近・現代——』、岩波新書 363、東京岩波書店 1992 年版、第 91、92 頁。

力主战后教育改革的原点。

1946 年 9 月 4 日，南原繁在贵族院宪法改正案特别委员会上关于教育问题对文部大臣田中耕太郎进行了质疑性提问："新宪法通过后的政治教育是通过什么样的教育理念进行呢？难道我们没有必要对国民进行统一的国家观、政治观的教育吗？文部大臣田中耕太郎说对天皇的地位这一问题没有必要进行教育上的变更，我认为很有必要进行教育上的重大变革！希望政府在法律、敕语、政令等诸方面能研究出一个代替'教育敕语'的新方案。"① 对此，文部大臣田中耕太郎回答道："我说的天皇的地位在教育上没有变更的意思并不是不拥戴天皇、拥戴大总统。……今日我无法得出结论，请允许我研究之后再回答您的问题。"② 5 日，南原繁在日本贵族议会的宪法会议上再次提出："明治以来的'教育敕语'已不符合二战后日本新宪法的主要精神，希望政府在研究新宪法提案的基础上，能寻求到符合新宪法精神、培养新国民教育体系的理念和方法，并用政令取而代之。"③ 南原繁认为："自明治以来，日本旧的教育理念一贯是以国家精神，而且是以皇室一系为中心，全力以赴地培养皇国忠民的。国民成为国家'忠良'的'皇民'是本分，每位公民都要极尽所能地追求皇运的腾飞，要为民族的发展做贡献。为此，可以想象在战争中成为轻于鸿毛的战争牺牲品则被认为是国民最高的道德品德。"④ "明治、大正、昭和长时间地陷入战争泥潭直至战败的就是拜'教育敕语'所赐。我国国民教育一直以此为准绳，其后，历次的教育改革也只不过是其不同演绎或解释的不同版本而已。此教育理念导致教育走向极端的例子可以说就是在太平洋战争中制定的'皇民玉碎'的'忠臣'教育。"⑤ 在此，南原繁一语道破了日本二战前的"教育敕语"实质上"作为日本国民的伦理、宗教的教典与天皇共同被神圣化了，国民在被迫接受'教育敕语'的同时还被强制性地顶礼膜拜"⑥，在

---

① 山口周三：『南原繁の生涯 信仰・思想・業績』、東京教文館 2013 年版、第 243 頁。

② 南原繁：「制定過程その二」、『南原繁著作集』第九巻、東京岩波書店 1984 年特装版、第 87 頁。

③ 南原繁：「民族の独立と教育」、『南原繁著作集』第八巻、東京岩波書店 1984 年特装版、第 184 頁。

④ 南原繁：「民族の独立と教育」、『南原繁著作集』第八巻、東京岩波書店 1984 年特装版、第 184 頁。

⑤ 南原繁：「日本における教育改革」、『南原繁著作集』第八巻、東京岩波書店 1984 年特装版、第 224 頁。

⑥ 南原繁：「民族の独立と教育」、『南原繁著作集』第八巻、東京岩波書店 1984 年特装版、第 184 頁。

此教育下培养起来的大批"忠臣"在战争中甘当炮灰为国"玉碎"。

日本在小学和中学强制性地推行长达半个世纪的"教育敕语"的教育理念以及相关的庆典仪式规定严重影响了日本人的精神生活以及行为准则，为其后日本实施"天皇国体教育"奠定了基础，导致日本开始奉行"忠君爱国教育"，也正是在这种日本教育体制下培养出来的大批"皇国忠民"盲目执着地追随一部分日本法西斯主义者，才使日本一步一步地陷入了战争的深渊无法自拔。毋庸置疑，日本政府从明治开始就逐步实施的"皇国忠民"教育也是日本法西斯政府发动战争、侵略东亚各国的始作俑者。

1900 年 8 月，日本政府颁布了《小学校令改正》，新法令对日本小学原有的科目进行了统合与压缩，增加了图画和手工课，压缩了课时，还以"日常评价"等形式代替并取消了期末考试，还简化了日语假名等。有人认为这场划时代的《小学校令改正》的颁布，不仅象征着日本小学教育改革主导性地进行着产业化、社会制度和组织结构的近代化进程，同时，也伴随着日本学校教育以实用价值为目标的教育改革在教育内容和教育方法的合理化和学生们在学业上更加科学化的巨大变化。① 自此，日本对中等教育、高中教育和专门教育、私立学校和女子教育等都进行了重大改革，幼儿园教育和女子教育也有了日本教育历史上从来没有过的翻天覆地的变化和可持续性发展。然而，在 1904 年开始使用的国定教科书中，特别是在"修身"这门课中，日本文部省再次强调："在日常生活中要让学生们掌握'忠孝大义'。"② 但是，在 1911 年第二版修身教材中日本文部省又将此项规定更改为"要以家族制度、家族国家观和忠孝道德为主体进行教育，修身成为意识形态教化的中心内容，教科书自身也成了开展思想善道运动和国民道德运动的工具了"。③ 此后，"日本历史"科目也成为国家指定教科书。第一期教科书是由东京大学的喜田贞治教授为中心编辑的，"教材贯穿着一定的客观性和合理性。之所以这么说是因为他采用了凝练了考古学的成果来记叙和评论历史的方法，特别是书中大幅度地减少了以往以古代史为中心的大量内容，但是，本书也凸显出突出意识形态和国粹等某些倾向。例如：'第一天照大神''第二神武大神''第三日本武尊'这种以皇室为中心排列的编年史，充分地反映出与日本社会早已形成的文明史观以

---

① 尾崎ムゲン：『日本の教育改革』、中公新書 1488、東京中公新書 1999 年版、第 87 頁。

② 尾崎ムゲン：『日本の教育改革』、中公新書 1488、東京中公新書 1999 年版、第 89 頁。

③ 尾崎ムゲン：『日本の教育改革』、中公新書 1488、東京中公新書 1999 年版、第 91 頁。

及实证主义历史史观截然不同的性质。显而易见，这本新编的历史教材把'皇国主义教育'的历史教育摆在了全体国民教育的重要位置上"。①

1907 年，日本在日俄战争中大获全胜之后，全国上下一致认为国家面临着一个新的问题，亦即国民思想问题和国民的教化问题，此问题在国家和百姓的日常生活当中日渐显现出来。"人们认为国民道德即是对家和国家的国民之道，与忠孝大义相关的信念应成为国民教化的核心。"② 于是，1911 年 7 月，日本文部省为了加强国民教化的教育工作，遂将全国师范学校、中学、高中和女校的教员全部召集到东京，召开了"国民道德讲习会"，力图强化、贯彻国民教化的教育方针。会上，穗极八束做了关于《国民道德的要旨》的主旨报告，明确指出国民教化教育的方向和现实中存在的一些问题。

1912 年 2 月，日本文部省出版了穗极八束在本次研习会上发表的《国民道德的要旨》一文。文中强调"国民道德教育本来之要点即作为国民应熟知我国国体之本，并永远拥护此国体，以期达到本民族飞跃发展之目的。为达此目的，我们必须进行国民教育，而国民道德之根本则为大义，这是因为国民道德在于国家意识，离开了国和家的意识和观念是不存在的。国民道德即'家国一致''祖先崇拜''忠孝一体'。从而，忠孝的大义则是国民道德之根本"。③ 日本著名的教育评论家海后宗臣认为："上述所有内容是关于构成国民道德的精髓所在，这也可以归结为对家与国的认知，也是关于忠孝大道与国体问题必须持有的正确想法。应重新审视构成日本基础的国民生活之路，这不仅仅是要重新认识日本未来之路的问题，也是通过国民教育者的思想传播撼动全国教育界，昭示出国民教化未来必行的大方向。"④ 经过精心策划，如此这般地一番操作，"国民道德教育"与"皇国主义教育"并轨并沆瀣一气，为日本法西斯发动战争埋下了隐患。

第二节　日本战时体制下的学校教育

日本军部自第一次世界大战结束后强烈地意识到教育在战争中夺取胜利的重要性，因此，如何加强教育、增强战争的总体实力成为重要的任

---

①　尾崎ムゲン：『日本の教育改革』、中公新書 1488、東京中公新書 1999 年版、第 90 頁。
②　海後宗臣：『日本教育小史』、講談社学術文庫 272、東京講談社 1978 年版、第 159 頁。
③　海後宗臣：『日本教育小史』、講談社学術文庫 272、東京講談社 1978 年版、第 160 頁。
④　海後宗臣：『日本教育小史』、講談社学術文庫 272、東京講談社 1978 年版、第 161 頁。

务。于是，对教育的关注也自然而然地被提到日程上。此外，伴随着全世界不得不军缩这一现实问题，日本军部也开始积极研究如何实现全民皆兵的体制等对策。从 1920 年至 1930 年，日本军部逐渐加强了对教育政策、行政改革、学校改革以及教学内容等强烈关注和粗暴干涉。

1925 年 4 月，日本文部省开始将陆军现役军官配置到各学校，史称"军需入校"。1926 年创办了"青年训练所"，这成为日本军部直接控制、支配和管理学校的直接发端。陆军现役军官被派遣到学校做教官的政策实施自不待言，军官进学校本身就已经极大地改变了学校原有的正常教学气氛。加之，1922 年"山梨军缩会议"等一系列事件使人不得不联想到日本军部想要提高全体国民战斗力的险恶用心。虽然日本学校教育的军国主义化在日本的高层内部也遭到了很多人的反对，然而，"青年训练所"和"青年学校"作为小学毕业后的青少年们持续进行军事教育的机构也依然发挥着一定的作用。如此，他们把青少年们也纳入这个军事体制里面的意图通过日本军部将陆军现役军官配置到学校强行干涉的阴谋终于得逞了。但此时的学生运动和社会运动引起了日本政府的极大不安，一些军政要员也开始费尽心机地加强对国民进行思想改造。于是，1928 年 7 月，日本内务省保安课为了应对突然出现的学生集会等状况，匆忙在全国配置了"特别高等警察"①，同时，在日本宪兵队里又设置了"思想课"。

1928 年 12 月，陆军出身的田中义一首相亲自策划了"教化总动员运动"，以"一、'名征国体'观念振奋国民精神；二、改善经济生活，培养国力"② 为目的组织了"中央教化团体联合会"。田中义一亲自对地方的行政、社会教育团体、青年团体以及其他的宗教团体、退职军人团体等进行了总动员。日本政府还发行了《国体名征》机关杂志，并通过组织各种讲习会、制作海报等大量发布相关的宣传品，在全国范围内组织了所谓的"思想善导"③ 运动。此运动带来的极大恶果就是在中日战争开始后的体制下形成了日本"国民精神总动员"的大规模逆流，强化了发扬日本精神的意识形态，导引日本国民开始了一场轰轰烈烈的"举国一致""精忠报国""忍耐持久"的国体观运动。

自 1930 年开始，日本的学校教育全部急速地进入了由日本政府统治的具有军国主义色彩的教育模式。日本政府为了突出显示学校教育的此特

---

① 简称"特高课"。
② 尾崎ムゲン：『日本の教育改革』、中公新書 1488、東京中公新書 1999 年版、第 140 頁。
③ 尾崎ムゲン：『日本の教育改革』、中公新書 1488、東京中公新書 1999 年版、第 141 頁。

征，于 1933 年 4 月由文部省下令全国开始使用统一的"第四期国定教科书"。由于这套教科书首次采用了彩色印刷，教科书的封面和小学低年级教科书均采用了彩色插图，在日本全国引起了极大的反响。这套小学语文读本当时被日本人称为"樱花读本"①，这套新版教科书被认为"编辑方针合理、很现代化。修订后的教材显示出内容更注重适应孩子们的心理和日常生活规范等倾向。同时，也采用了所谓的文化教材，即方法上由原来的文字和单词导入课文开始转向由文章导入国语教育的新型教材的编写方法。但是，另一个方面，新教材也增加了日本皇室、国家、历史、军事等相关的内容，特别是三年级以上的教材均出现了上述内容"。② 海后宗臣对此解释道："这可能与国民道德在我国，国与家是不可分离的国家意识息息相关。"③

1933 年 4 月，日本《小学国语读本　卷 6》中登载着下面这段关于日本"军旗"的一首诗歌。

軍旗④

　　身をすてて
　　皇国のために、
　　まつしくら、進む兵士の
　　　しるしの軍旗、しるし
　　　の軍旗
かしこくも、
天皇陛下、
御手づから、授け給うた
　尊い軍旗、尊い軍旗。
　　おごそかな
　　ラッパのひびき、
　　目の前を今過ぎて行く
　　　尊い軍旗、拝せよ、
　　　軍旗。

---

　① 此套《小学国语读本》教材因有大量的彩色插图，又被日本人称为"花花版本"。尾崎ムゲン：『日本の教育改革』、中公新書 1488、東京中公新書 1999 年版、第 130、131 頁。
　② 尾崎ムゲン：『日本の教育改革』、中公新書 1488、東京中公新書 1999 年版、第 130 頁。
　③ 尾崎ムゲン：『日本の教育改革』、中公新書 1488、東京中公新書 1999 年版、第 131 頁。
　④ 摘自于 1933 年 4 月日本《小学国语读本　卷 6》。

みだれ飛ぶ

たまに破れて、

戦のてがらをかたる。

　ほまれの軍旗、ほまれ

　の軍旗。

　　这段日文"军旗"诗歌的大意是："舍身为皇国，勇往直前的士兵！象征的军旗！象征的军旗！诚惶诚恐从陛下御手接过赐授的军旗，至高无上的军旗！至尊的军旗！庄严的进军号在回响，向眼前飘过的至尊军旗致敬！致敬军旗！零乱飘飞、破损残缺，诉说着战功的显赫。荣誉的战旗！辉煌的战旗！"① 此首诗歌中所指的军旗在日本特指明治维新至二战结束前的日本陆军军旗。它是 1870 年通过日本政府颁布的"太政官布告"作为日本最高法令颁布定制的军旗。由于是日本天皇亲手授予的军旗，所以，日本人一直称其为"陆军御军旗"。日本陆军军旗是从日本国旗的基础上进一步演变过来的，因其在日本原有的国旗上有 16 道血红的象征着太阳光芒的射线，因此，又被称为日本陆军的"旭日旗"。在日本陆军的"陆军御军旗"的上方、右方和下方的三个边上均镶有紫色的流苏，烤漆木质的旗杆顶部还有一个呈三面椎体的镀金旗冠，上面雕刻着象征着日本天皇家族的 16 瓣菊花图案。据相关资料记载，因日本军旗均为天皇亲授，所以仅建制步兵联队和骑兵联队才能拥有，因此，"陆军御军旗"也简称为"联队旗"。日本陆军军规规定："军旗在则编制在，军旗丢则编制无。"② 所以，二战时，很多盟军部队都十分渴望能在战场上缴获到一面日本陆军的"陆军御军旗"，但当时没有任何一个盟军的连队或者部队能缴获到日本陆军的军旗。这是因为当时的日本陆军战斗条令规定：在战场上当最高指挥官判断有可能全军覆灭时，军队要即刻举行"军旗奉烧"仪式，并当场将军旗烧毁。③ 由此可见，日本文部省将讴歌日本陆军军旗这样的内容当作教材的内容写入小学的课本里，这实际上是在向小学生们灌输"皇国忠民""忠军爱国"的思想，培养他们长大后要为国捐躯的所谓"爱国"意识的丑恶嘴脸暴露无遗。

　　自"文教审议会"做出除大学以外要在中等教育的男子学校配置陆军

---

　　① 摘自于 1933 年 4 月日本《小学国语读本　卷 6》。

　　② 尾崎ムゲン：『日本の教育改革』、中公新書 1488、東京中公新書 1999 年版、第 131 頁。

　　③ 当阵地指挥官判断全军即将覆灭前，由最高长官亲自把军旗放置在特制的奉烧台上，然后，全体官兵面向军旗行军礼，其后，最高指挥者亲自点燃军旗，与此同时，全体官兵要一直面向军旗致敬，直至军旗化为灰烬为止。二战中也有其后剖腹自杀的部队和部分军人。

现役将校官的荒唐举动之后，1926 年 4 月，日本文部省又在各地成立了
"青年训练所"，在此读书的都是 16 岁至 20 岁的男子，4 年中只学习 400
学时的修身课、公民课和普通的教育课，此外，余下的 400 学时都要接受
军事训练，并且，这些课程都是委托"实业补习学校"进行的普通教育。
1932 年 8 月，日本文部省设立了"国民精神文化研究所"，积极推进对日
本国民"国体观"以及国民精神方面的研究。1935 年 10 月，"文教审议
会"又将"青年训练所"和"实业补习学校"合并后成立了"青年学
校"。从 1939 年 4 月开始对"青年学校"也施行了义务教育。自 1934 年 4
月开始使用的"寻常小学修身教材"在内容的选择和排列上增加了对学生
们生活和心理方面的改革内容，在进一步使教材内容系统化的同时，也开
始"追求教授适合成为'忠臣良民'的日本国民道德方面的要旨、'特别
是国体观念要明确化'"① 等内容。

　　1935 年 11 月，日本文部省成立的"教育刷新评议会"的主要成员都
是日本陆军和海军的次官，如平泉澄、纪平正美、山田孝雄等强烈主张日
本主义者，还有文部省思想局的成员们都主张将"国体观念和日本精神等
作为教育的根本方针，进行学问和教育刷新的途径"② 并将其作为教育的
专项内容进行。在接受了"教育刷新评议会"的质疑答辩和建议后，1937
年以后的日本高中、中学、师范学校、高中女校和实业学校的教授科目一
律根据所谓的"国体名征"的教育宗旨进行了大幅度修改。在培养教师的
"师范学校"里他们甚至还设立了"修养道场"，并在大学里还开设了"国
体学讲座"这门课。日本军部不仅从外部干涉学校的教育与管理，还更加
频繁地干涉文部省内部制定教育政策等工作，有时甚至直接参与各项具体
的教育工作。通过法西斯军事性管理对学校教育进行了一而再再而三的粗
暴干涉，他们还强制在"教育刷新评议会"下面设置"教育局"，发动了
"教学刷新""国体明征"等全国性的运动。"教育审议会"以"炼成遵守
皇国之道的国民"③ 为教育指导理念，1938 年规定"青年学校"实施此项
教育是一种义务，必须贯彻执行，其后还策划并创建了培养"皇国忠民"
的所谓"国民学校"。

　　1937 年 7 月，抗日战争全面爆发前夕，日本文部思想局根据"教学刷
新评议会"答辩会的内容发行了名为《国体的本义》小册子，5 年间一共

① 尾崎ムゲン：『日本の教育改革』、中公新書 1488、東京中公新書 1999 年版、第 147 頁。
② 尾崎ムゲン：『日本の教育改革』、中公新書 1488、東京中公新書 1999 年版、第 133 頁。
③ 尾崎ムゲン：『日本の教育改革』、中公新書 1488、東京中公新書 1999 年版、第 146 頁。

发行了 103 万册。他们还通过学校、社会教育团体等机构向全国开始大量发行。书中大量地引入了日本古代的两部史书"记纪神话"和日本古典书籍中的很多内容，对日本国体的解释和说明进行了为所欲为的添加和引用。日本"临时教育会议"甚至打出了"国体明征"等口号，赤裸裸地想把全体国民都培养成忠君爱国的"忠皇良民"。此举表明自 20 年代后半起至 30 年代，日本政府面向战时教育体制的正式确立。8 月，日本政府又开始了新一轮的"国民精神总动员"，他们还动用电影、报纸、广播等宣传工具和各种手段加强"举国一致""尽忠报国"的精神宣传，在不断地扩大战争动员的同时，日本政府还要求国民面对长期的诸多困难，要具有"坚韧持久"的思想准备，动员全体国民要打一场持久战。

1937 年 9 月开始，近卫文麿内阁搞的"国民精神总动员"虽然不是学校教育，但是"作为以总体战为目标的国家运动，通过发扬日本精神、勤劳奉公、节约奖励储蓄、改善生活等一系列运动，将这一基本国策在日本国民的生活中贯彻实施，可谓是一场大型的国民教化运动"。[1] 由于日本"教育审议会"把"教育刷新评议会"通过"日本精神"实施的"皇国民教育"作为一项重要课题，因此，为了"炼成遵守皇国之道的国民"[2]，学校、社会、家庭必须形成三位一体，所有学校教育改革的中心都必须要放在贯彻"学行一体""身心一体"的教育宗旨上，要通过智育、德育、体育三位一体的教育方式统一培养人格的形成，再通过实践去追求这种"具体的人格"之"炼成"。因这次教育改革的新构想，1941 年 4 月，日本文部省取消了"寻常小学校"，创立了上文提到的"国民学校"。这是日本近代教育体制形成以来，初等教育机关第一次以小学以外的称呼对小学改换了称呼。可以说，"国民学校"的创建，象征着日本军国主义教育的正式粉墨登场。

如上所述，我们从日本文部省 1941 年 3 月公布的《国民小学令》第一条便可看出其端倪："国民学校实施的是遵皇之道的普通教育，是以培养国民道德炼成为目的的。"[3] 其中所指的"皇国之道"不仅仅是"国民学校"，也是此时期所有学校教育的终极教育目标。此间日本文部省颁布的《国民学校教则案说明要领及解说》中明确地写着："贯彻我国国体渊源的教育精神，一切教育都应统合在皇国之道的修炼中。"[4] 而文中所指的

① 尾崎ムゲン：『日本の教育改革』、中公新書 1488、東京中公新書 1999 年版、第 148 頁。
② 尾崎ムゲン：『日本の教育改革』、中公新書 1488、東京中公新書 1999 年版、第 148 頁。
③ 尾崎ムゲン：『日本の教育改革』、中公新書 1488、東京中公新書 1999 年版、第 148 頁。
④ 尾崎ムゲン：『日本の教育改革』、中公新書 1488、東京中公新書 1999 年版、第 149 頁。

"炼成"据文部省的细则说明则是："磨炼儿童的全面能力，既要培养体魄、思想、意志等，还要让儿童的精神以及身心得到全面的发展。"[1] 日本的"国民学校"实行的是初等科 6 年、高等科 2 年，即 8 年的义务教育制度。在此，必须指出的是"国民学校"的教育内容重点不是传授教科书上的内容，教授教科书以外的内容更加重要。特别强调在学校教育的实施过程中，以礼仪为中心的各种学校庆典活动以及学校以外的各项活动等在政治上的意义。在那个特殊的年代，日本所到之处，包括在国外的殖民地国家和地区"日之丸"国旗、"君之代"国歌一定要作为各项活动的先导，包含着"国体精华"和"为了国家"等仪式或者是晨课训话等均成为日本"国民学校"的象征。

此种教育对日本小学生军国主义人格的形成造成了极其恶劣的影响和严重的后果。也正是在日本文部省和日本法西斯主义的这种"皇国忠民"的教育下成长起来的这一代青少年在二战后期开着木头飞机疯狂地撞向对方的飞机或是与行驶在太平洋中的同盟军舰队船只同归于尽，这在世界战史上都是极为罕见的，可见日本军国主义对二战前日本学校教育渗入的程度以及对接受过"皇国忠民"教育的青少年们毒害之深。

1939 年 5 月，日本天皇发布了"赐青少年学徒敕语"，大意是"为了国家昌盛长久，尔等青少年学徒重任在肩！"[2] 简言之，日本天皇直接动员中学生和小学生们为了国家和战争要英勇献身。"赐青少年学徒敕语"发布的当天，日本天皇还亲临皇宫前面的广场，观看了中等学校以上的近千所学校的 3 万多名学生代表组成的行进表演，此举证实了日本天皇对战前日本教育的引领作用，并对战争负有责任。

1943 年 10 月，日本"学徒征兵"开始，所有年满 20 岁的男子全部接受了征兵体检，除了理工科和培养教师的"师范学校"以外，全部男子都要入营接受军事训练。1944 年 8 月开始，大约有 50 万名大都市的儿童以学校为单位被强制疏散到乡下，日本所有的大学、高专、青年学校的学生全部被迫中断学业，饿着肚子到工厂、农村，不得不从事繁重的体力劳动[3]支援前线。10 月，日本所有初中、高中的学制被缩短，大学生戎装奔赴战场，日本明治维新以来的"皇道主义教育"[4] 到此寿终正寝。

---

① 尾崎ムゲン：『日本の教育改革』、中公新書 1488、東京中公新書 1999 年版、第 148 頁。
② 尾崎ムゲン：『日本の教育改革』、中公新書 1488、東京中公新書 1999 年版、第 150 頁。
③ 山住正己：『日本教育小史——近・現代——』、岩波新書 363、東京岩波書店 1992 年版、第 137 頁。
④ 海後宗臣：『日本教育小史』、講談社学術文庫 272、東京講談社 1978 年版、第 163 頁。

南原繁本人就是在这种教育体制和制度下接受了小学、中学和高中教育，可以说他更能体会到日本"皇国忠民"教育的弊端与毒害。这种独特的教育经历也是二战后他力主教育改革的一个重要原因。

第三节　南原繁教育改革原点与理念

南原繁在《日本的教育改革》一文中指出："日本战后可谓硝烟未散、都市惨淡、一片废墟，全国土地荒废、交通秩序混乱、生活物资极度匮乏、社会动荡不安，比这更加严重的是各个阶层的国民所经受的打击和创伤所带来的精神上的虚脱与空白，致使我们无法知晓日本今后该往何处去？我们到底应该做些什么？"[①] 他一语道破了日本在二战后面临的严酷现实。

在此形势下，二战后各种外国使节团和顾问团频繁访问日本，其中最早访日的是美国教育使节团。以联合国军总司令麦克阿瑟元帅为主宰的GHQ下设了担任日本教育改革的 CIE。[②] 1945 年 4 月，麦克阿瑟向美国华盛顿陆军省申请派遣一个教育使节团访日。4 月 9 日，GHQ 指示日本政府在美国教育使节团访日之时要成立日本方面的教育家委员会协助美国教育使节团开展各项工作。接到此命令后，日本文部省即刻成立了以文部大臣安倍能成为首的由 29 名日本著名教育家组成的"日本教育家委员会"。南原繁认为："这至少可以看作是联合国军总司令麦克阿瑟元帅的远见卓识。之所以这么说，是因为美国教育使节团的来访显示出我国的教育与文化改革是何等重要，因为这是各项改革中最根本的大问题，甚至可以说是日本再建的基石也并不是言过其实。"实际上，美国教育使节团此行的目的就是对日本现行的教育体制进行调查和研究，之后对日本教育改革提出建议并写出相关报告。南原繁后来评价道："美国教育使节团留下的报告书事实上对我们的教育改革起到了重大的作用，而且，使节团留下的报告书与宪法修正案在很多原则问题上都与我们提出的建议有着异曲同工之处。"[③]

1946 年 3 月 5 日和 7 日，把占领政策中重要一环、日本教育改革中"教育的自由化"作为对日民主化政策一大支柱的 GHQ 邀请到的"美国教

---

① 南原繁：「日本における教育改革」、『南原繁著作集』第八卷、東京岩波書店 1984 年特装版、第 212 頁。

② 设在美国 GHQ 下面的日本"民间情报教育局"（Civil Information and Education Section），主要担当二战结束后日本的各项教育改革工作。

③ 南原繁：「日本における教育改革」、『南原繁著作集』第八卷、東京岩波書店 1984 年特装版、第 213 頁。

育使节团"分两批正式访日。美国国务院派遣的"美国教育使节团"一行 27 人均是美国一流的学者和教育家，第一批的团长是美国纽约州教育长官，第二批由伊利诺伊大学校长指定斯托达德（G. D. Stoddard）为团长。年仅 48 岁的斯托达德下决心在日本期间完成关于日本教育改革所有的相关调查报告，于是，他带了 6 位秘书与他同行。后来的事实也证明了"美国教育使节团在日本一个月内对日本教育制度进行调查研究后写下的建议报告书与南原繁等 50 余名委员组成的'教育刷新委员会'所提出的意见大纲如出一辙"①，别无二致。

南原繁认为："日本要实现真正的复兴，就要尊重个人的意志，培养追求真理和正义、热爱和平的新国民。要将人类的理想渗透到国民的心灵中，则急需进行一场'人间革命'，从大学到小学都有必要进行一场大的教育改革。"② 由此可见，南原繁认真思考了日本战后教育改革的关键之所在，这也是他力主二战后教育改革的原点。

南原繁在《民族的独立与教育》一文中指出："天皇在终战诏书中已自我否定了有史以来的'现人神'的神性，表明要作为一名普通的人生存在国民之间。由此以来，与天皇的'人格宣言'相辅相成，确立国民的人性教育则意味着这是我国有史以来最大的一场革命。"③ "此场革命即是日本的'人间革命''精神革命'，这也是其后政治、法律、社会等诸多改革的大前提。教育改革是所有改革中最具有现实意义的改革，是改革的重中之重。"④ 南原繁进一步指出："作为致力于摄取近代文明和研究科学真理的最高学府大学亦不例外，无论是公立大学还是私立大学，追求的存在价值和兼具的教育功能都是'为了国家'培养人才。纵观近代世界，如此完全彻底地拥有国家理想的国民是绝无仅有的，这大概与我国固有的古代乃至中世纪的神学信条以及封建束缚有关。"⑤

南原繁认为，近代日本实际上是兴于此也败于此，因为现在已不是开启世界近代帷幕时崇尚个人自觉和发现的那个年代了。反观近代的欧洲精

---

① 山口周三：『南原繁の生涯 信仰・思想・業績』、東京教文館 2013 年版、第 244 頁。

② 南原繁：「民族の独立と教育」、『南原繁著作集』第八巻、東京岩波書店 1984 年特装版、第 183 頁。

③ 南原繁：「民族の独立と教育」、『南原繁著作集』第八巻、東京岩波書店 1984 年特装版、第 184 頁。

④ 南原繁：「民族の独立と教育」、『南原繁著作集』第八巻、東京岩波書店 1984 年特装版、第 185 頁。

⑤ 南原繁：「日本における教育改革」、『南原繁著作集』第八巻、東京岩波書店 1984 年特装版、第 224 頁。

神史，反抗中世纪基督教会和神学的世界观的"文艺复兴运动"促成了广泛的人文主义运动。个人自由的理念进而取代了教会与近代主权国家的对立，最终取得了胜利，由此确立了近代的民主政治。① "为此，我们的国家如何进行民主政治的当务之急则是解决人的自律性和确立人性的问题。我们要成为真正的国民就要做到人格的自律。即国家权力也不可以侵犯作为自由主体的人格的尊严，同时，每个人都具有他人不可替代的个体价值。"② 然而，近代日本明治维新之际，"日本忙于与世界列强为伍，虽然急功近利地完成了近代主权国家的形成，但人们却总是处于盲目地服从的境遇。现今，国家遭难之际，需要我们重新站立起来的时候，真正的民主主义精神的觉醒和培养自主自律的人格则成为亟待解决的要务。这正是我们要进行教育改革的最根本的缘由，也是教育的基本原理使然"。③ 南原繁在不同的场合也多次阐释教育的基本理念就是尊重每个人的自由、不以勤劳为耻。同时，他也主张与时俱进地了解并认识到时代问题、热爱真理与和平，为实现此目标而承担共同的义务和责任才是社会人应有的教养。"唯有将社会人的教养与尊重个人人格与确立人性相结合，此乃新教育制度的根本性原则和教育之新理念。"④

南原繁一再反复强调，教育并不是以一个时代或社会为对象，只有以"人"为本进行教育才真正有意义。与社会处在不断变化中而言，人终究是人，具有能动性。为此，培养真正的"人"，让每个人在其所处的环境中塑造不同的个性，形成至善的思想，并且，能按照自我的意愿行动才是教育永恒的理念。人类真正的意义不存在于其他的国家性公民生活中以及其他的社会活动中，而是存在于自身一时的内在自觉中。既然如此，教育则是对拥有自我灵魂的自主自律个性的开发和完善，即真正地自我实现至善才是教育的最高理想⑤，这也是南原繁的教育理念，亦是他主张教育改革的终极目标。在此，是指对所有伟大的、美好的、真实的东西能敞开心

---

① 南原繁：「日本における教育改革」、『南原繁著作集』第八卷、東京岩波書店 1984 年特装版、第 225 頁。

② 南原繁：「日本における教育改革」、『南原繁著作集』第八卷、東京岩波書店 1984 年特装版、第 224 頁。

③ 南原繁：「日本における教育改革」、『南原繁著作集』第八卷、東京岩波書店 1984 年特装版、第 225 頁。

④ 南原繁：「日本における教育改革」、『南原繁著作集』第八卷、東京岩波書店 1984 年特装版、第 226 頁。

⑤ 南原繁：「日本における教育改革」、『南原繁著作集』第八卷、東京岩波書店 1984 年特装版、第 225 頁。

扉，拥抱世界的人。如果无法完成这种自我实现，就会陷于孤独的境地。"人都是以他人的存在方式为前提，并通过此种相互依存的关系才构成了人的存在。就此意义上而言，教育人的最后的词汇就是对万人之'爱'。唯有爱才能使人正确地知道人类生存方式中真正的'人类知性'。"①②

第四节 南原繁与"教育刷新委员会"

1946 年 2 月 12 日，南原繁在东京大学评议会上提出进行综合研究的紧急课题，应尽快着手成立五个委员会。其后，首先成立了最重要的"东大教育制度研究委员会"，委员长由文学部部长户田贞三担任。4 月 15 日，"东大教育制度研究委员会"在户田贞三的带领下，完成了关于教育制度改革的报告。此报告提交的时间正好与"美国教育使节团"来日的日程相差无几，南原繁后来做了"教育刷新委员会"的副委员长、委员长，户田贞三作为第二"教育刷新委员会"的"特别委员会"的主要干将与南原繁一道为日本二战后的教育改革做出了巨大贡献。

1946 年 4 月 7 日，GHQ 公开发表了"美国教育使节团"的报告书。日本方面的"教育家委员会"大约在 4 月中旬向文部省提交了报告书，GHQ 看到此报告书是在 5 月以后的事了。也就是说，"美国教育使节团"来日后，日本开始了真正意义上的自律自主的各项教育改革。日本"教育家委员会"的委员们把关于"教育敕语"的意见、学校体系的意见等都汇总到一起，经过反复研究、商讨后将此报告递交给了政府的相关部门。

1946 年 5 月 22 日，吉田茂内阁组阁，田中耕太郎任文部大臣。8 月 10 日，吉田内阁为了使教育改革更加具体化，落实教育改革的各项措施，成立了"教育刷新委员会"③，规定"教育刷新委员会"由内阁总理直接负责。9 月 4 日，在 CIE、文部省和"教育刷新委员会"三方负责人会议上，南原繁阐述了自己的意见："'教育刷新委员会'会与 CIE、文部省保持紧密的协作关系，但是，我们做报告书时，希望 CIE 和文部省一定要确保我们委员会的独立自主性。"④ CIE 和文部省的代表当场表示一定让"教

---

① 南原繁：「人間革命」、『南原繁著作集』第七卷、東京岩波書店 1984 年特装版、参照第 154、155、156 頁。

② 南原繁：「日本における教育改革」、『南原繁著作集』第八卷、東京岩波書店 1984 年特装版、第 225 頁。

③ 1949 年 6 月改名为"教育刷新审议会"。

④ 山口周三：『南原繁の生涯 信仰・思想・業績』、東京教文館 2013 年版、第 242 頁。

育刷新委员会"在工作过程中有一定的独立自主性。三方会谈确保"教育刷新委员会"拥有独立自主性的意义极其重大。其后的六年，作为日本政府教育改革的中枢机构"教育刷新委员会"主要负责审议教育大纲，将审议的事项提交内阁，政府及文部省接受提案后负责具体落实。第一届委员会委员长由安部能成担任，由此可见，日本政府对"教育刷新委员会"的重视程度。在第一次会议上，任副会长的南原繁阐明了建立委员会的意义和作用："我们十分明确'刷新委员会'是为了创建全新的日本而特设的重要机构。官方不参与委员会，委员们可以自行调查、审议，并将结果直接向总理大臣汇报。委员们将采取主动权独立地进行调查和审议。本委员会与以往不同的地方就是给予我们充分的自由和自主调查以及审议权。我们会协调好 GHQ、日本政府和'教育刷新委员会'三者之间的关系，经再次审议后我们才做出最终的方案。"①

1946 年 9 月 4 日上午 10 点，在日本的总理官邸召开了"教育刷新委员会"第一次总会。代替吉田茂总理大臣出席会议的币原喜重郎国务大臣在开幕式上致辞："之所以确立国家教育，是为了务实并能快速地实施教育改革，遂将本委员会设置在内阁直接管辖之下，这样可以将国家的力量集中优先地投入到教育上。"② 文部大臣接着阐述道："'教育刷新委员会'与其他政府设置的诸多部门截然不同的地方是拥有独立的职能。本年度 1月 9 日成立的新委员会的缘由来自 GHQ 的备忘录。全部委员来自教育战线所有领域的权威性代表，没有政府官员，并且不受任何干扰是本委员会的最大特点。教育改革应尊重教育者和教育关系者自身采取的主动权。文部省、'教育刷新委员会'与 GHQ 在我国教育改革的理念上是保持一致的。文部省会清除一切长久以来的官僚色彩，竭尽全力致力于教育的民主化。因此，文部省对本委员会的各种报告和答复等都会十分诚挚地不抱有任何偏见地充分采纳。"③ GHQ 民间情报局局长当场表态："此委员会的任务就是向首相推举提交报告，通过首相直接联系文部省，对委员们所做的决定性的判断不受任何的人影响和干涉。GHQ 对委员会的各位所做的报告和提案都会很关注并感兴趣。本司令部会尽全力支持大家，没有任何控制大家的想法。"④ 后来的事实也证明日本的"教育刷新委员会"所提交的各种报告完全是独立自主、自律地完成的。

---

① 山口周三：『南原繁の生涯　信仰・思想・業績』、東京教文館 2013 年版、第 244 頁。
② 山口周三：『南原繁の生涯　信仰・思想・業績』、東京教文館 2013 年版、第 243 頁。
③ 山口周三：『南原繁の生涯　信仰・思想・業績』、東京教文館 2013 年版、第 244 頁。
④ 山口周三：『南原繁の生涯　信仰・思想・業績』、東京教文館 2013 年版、第 245 頁。

此后，会议进行了"教育刷新委员会"副委员长、委员长的选举，与会者一致选举副委员长为南原繁、委员长为安倍能成。委员长安倍能成因为担任贵族院宪法问题特别委员长缺席，所以，本次会议由副委员长南原繁代表委员会全体委员讲话："大家一致认为这次重建并解决战后教育诸方面的问题是有史以来的最大的难关，正因为如此，我认为这也是我们更要首先站在世界普遍的原理基础上，要优先考虑到教育体制的问题，同时，如何把长久以来的优良传统和道德很好地传承下去也是我们'教育刷新委员会'今后最重要的使命。"① 在会议的最后，文部省次官山崎则就当下有关教育急需解决的各项问题进行了说明。他列举了诸如教育制度、教育内容和方法、青年的教育（特别是青年学校的问题）、义务教育的年限、从根本上改变培养教师的制度、教职员的待遇、教育内容、德智体教育的调整、职业教育、国语改革、指导方法的变革、教育的地方分权问题、中央统一集权的弊端、财政的分权、社会教育的振兴、图书馆、博物馆、成人教育、艺能文化的发展、体育振兴、科学教育的普及、战后学校的复兴、私立学校制度的改善、育英制度的改善等众多需要"教育刷新委员会"负责的工作。

"教育刷新委员会"主要做了以下几件对日本教育事业影响深远的大事。首先，"教育刷新委员会"提出并审议了日本《教育基本法》的基本框架。1946 年 9 月 21 日，在第三次"教育刷新委员会"的总会上，主要探讨了教育的根本理念这一议题。文部大臣田中耕太郎阐述道："教育法的构想，我想主要是诸如教育机会的均等、女子教育、义务教育、政治教育、宗教教育、教师待遇、教育行政、科学教育等问题。"② 南原繁质疑文部大臣田中耕太郎："打算如何处理'教育敕语'的问题？"文部大臣回答："暂时还没有奏请新'教育敕语'的想法。"③ 于是，南原繁在会上设立了"第一特别委员会"，恳请他们就教育理念相关问题进行审议，并指定天野贞祐、关口鲤吉、务台理作、芦田均、森户辰男、羽溪了谛、河井道、岛田孝一 8 人加入"第一特别委员会"，由龙谷大学校长羽溪了谛负责此委员会的工作。"第一特别委员会"从 1946 年 9 月 3 日至 11 月 29 日共召开了 12 次特别会议，主要归纳总结了委员们的意见，构建了教育理念和教育基本法的基本框架。11 月 9 日，在第 13 次"第一特别委员会"总

---

① 山口周三：『南原繁の生涯　信仰・思想・業績』、東京教文館 2013 年版、第 246 頁。
② 山口周三：『南原繁の生涯　信仰・思想・業績』、東京教文館 2013 年版、第 247 頁。
③ 山口周三：『南原繁の生涯　信仰・思想・業績』、東京教文館 2013 年版、第 246 頁。

会上大家对以大纲的形式总结出来的"关于教育理念及教育基本法的事项"做了最后的讨论决议，并于当日以报告的形式提交给总理大臣。报告的全文大意如下：教育基本法最重要的课题是以达成以下各事项为目的。为了实现日本宪法的理想，从根本上来说要依靠教育的力量。希冀培养出尊重个人尊严，并追求真理和爱好和平的学子。与此同时，以创造富有个性的文化为教育的终极目标。直面近代日本的崩溃，为了从根本上彻底让国家重新站立起来，还必须培养真正的富有人文主义精神的自律的人。①山口周三认为："《教育基本法》取代了'教育敕语'，起到了战后具有教育法令般教育宪法的作用，可谓意义不凡。田中耕太郎、南原繁、森户辰南、务台理作成为制定日本教育基本法的骨干力量。"②

"教育刷新委员会"提议并实施了"六·三·三·四制"的新学制。实际上，南原繁于 1946 年 3 月 21 日私下秘密与美国教育使节团团长斯托达德面见时就阐述了"六·三·三制"的想法，从那时起，南原繁对实施"六·三·三制"充满了信心。之所以要实施"六·三·三制"是为了要解决留存下来的"青年学校"问题。"青年学校"是自 1935 年为止，将"青年训练所"和"实业补习学校"两者合而为一的非全日制高中或夜读高中，主要是面向勤劳的青少年们进行公民教育和军事训练，如同军事军队的预备校一样，同年龄中半数以上的年轻人普遍都上过"青年学校"。二战日本战败后，"青年学校"实际上早已处于停课的状态，如何处理"青年学校"已经成为日本亟待解决的大问题。9 月 13 日，在"教育刷新委员会"第二次全体大会上城户幡太郎阐述了自己的观点："美国报告书中有'六·三·三制'这种体系，此种教育体系如果不把普及中等教育考虑进去则无法进行教育改革。如果实现'六·三·三制'这种教育体系的话，旧制高等学校则会自然消失。"③

9 月 27 日，在"教育刷新委员会"第四次全体大会上，南原繁主持了会议，委员们以"青年学校"为中心议题对下级学校的教育体系等问题交换了意见并进行了认真讨论。大家认为必须取消原有的中等学校、"青年学校"、"实务学校"，建立新的教育体制。于是，南原繁设置了围绕"青年学校"这一问题的"第二特别委员会"，并指定专门研究下级学校体系的有关人员，他指名菊地龙道、关口泰、户田贞三、山际武利、有贺三

---

① 山口周三：『南原繁の生涯　信仰・思想・業績』、東京教文館 2013 年版、第 248 頁。
② 山口周三：『南原繁の生涯　信仰・思想・業績』、東京教文館 2013 年版、第 249 頁。
③ 山口周三：『南原繁の生涯　信仰・思想・業績』、東京教文館 2013 年版、第 250 頁。

二、城户幡太郎、佐野利器、仓桥惣三、牛山荣治加入此委员会，由东京大学文学部部长兼东京大学教育制度研究委员会委员长户田贞三负责，委员中的菊地龙道是中学校长、山际武利是小学校长、有贺三二和牛山荣治是"青年学校"的校长。他们全部来自教学的第一线，对这些问题有着熟练的工作经验和深刻的认知。"第二特别委员会"从 10 月 3 日开始至 12 月 11 日，几乎每周开两次会议。其间，此委员会还向总会多次提交了中期报告，与总会的联系十分密切。

11 月 8 日，在召开第 10 次总会时，为了探讨上级教育体系的问题又成立了"第五特别委员会"。由小宫丰隆负责，会员有星野爱、关口泰、菊地龙道、落合太郎、天野贞祐、务台理作、大谷武一、户田贞三、佐野利器、木下一雄、岛田孝一、及川规、圆谷光卫、关口鲤吉、仓桥惣三、柿沼昊作。"第五特别委员会"的大多数委员都是大学教授，至 1947 年 3 月末，"第五特别委员会"一共召开了 22 次会议，基本上决定了大学制度的基本内容。"第五特别委员会"与"教育刷新委员会"不同的是提议设立"大学基准协会"，大学设立的基准等事项由协议会做出决议。大学制度的内容大都是由其后设置的"大学基准协会"制定的。

12 月 20 日，第 16 次总会上决定设立了国民学校，其后细分为初等、中等科教育。12 月 27 日，在第 17 次"教育刷新委员会"总会上，设置了继中学之后的 3 年制（4 年、5 年均可）高中教育。继高中之后的教育机构原则上是 4 年制的大学，不过大学 3 年制或者 5 年制均可。取消了以往的大学、专门学校、"师范学校"、"青年学校"、"实业学校"等这些复线型的学校教育体制，"教育刷新委员会"建议只要有能力者都可以直接升至这种单线型的"六·三·三·四制"大学。

在讨论此问题的过程中，大家发现如果实施"六·三·三·四制"教育制度的话，则会出现两个问题。一个是前面提到的"青年学校"，另一个问题是旧制"高等学校"的问题。旧制"高等学校"不必学习专门的知识和进行职业教育，便可以自由地读书、独立地思考问题，并且，重视培养人的教养，直接为著名的大学输送人才是旧制"高等学校"的特点和独到之处。"第一高等学校"校长天野贞祐自始至终地想要保留旧制"高等学校"，但是，二战后日本新型的教育目标不是培养少数拥有优秀教养的人，而是要培养从事任何职业都要拥有一般教养的新国民。于是，"教育刷新委员会"的委员们就考虑把旧制"高等学校"中的"教养"学科作为全国各地创建的高中和大学的一个教育科目，并且把初中也纳入三年制义务教育，这样还可以大量增加升入中学的学生人数，旧制高中也就自然而然地随之消失了。

"教育刷新委员会"于 1946 年 12 月 27 日向文部省提出了实施"六·三·三·四制"教育制度的建议，然而，政府中特别是大藏省大臣石桥湛山出于财务原因坚决反对，因此，此案的实施日期迟迟未决。不久，日本全国各地向文部省的请辞如雪片般飞来，"教育刷新委员会"和 GHQ 也要求日本政府尽快实行"六·三·三·四制"教育制度。但日本由于通货膨胀严重、工会大罢工，吉田内阁面临全体辞职的尴尬局面。于是，1 月 31 日，吉田茂总理不得不把夹在日本政府和 GHQ 之间的文部大臣田中耕太郎换成了"教育刷新委员会"委员时任庆应义塾的校长高桥诚一。

1947 年 2 月 14 日，南原繁在贵族院主会场上进行质疑性演讲时指出："祖国能否再建完全取决于国民是否接受新的教育体制。'六·三·三·四'制方案一经发表就受到全国教育者、学生和家长们的极大欢迎，就连地方的城镇和山村也显示了对实施此方案的热情和诚意。此时，如果因财政困难等理由拖延实施此方案，我认为这是国家最大的不幸和损失，请问政府打算何时实施新的教育制度呢？"① 在内外交困的情况下，日本政府最终于 1947 年 3 月 17 日向国会提出了《学校教育法》，经国会同意后，3 月 31 日公布了《学校教育法》，4 月 1 日开始正式实施。

"教育刷新委员会"提议建立"教育委员会制度"，实行分权管理二战结束后的日本教育。二战结束前日本的地方教育行政事务从小学到大学都是由文部省统一管理，由都、道、府、县指定的人员通过巡查进行监督，实行的是中央集权、官僚统治的管理办法。"美国教育使节团"在报告中建议在都、道、府、县、市、町、村各级通过投票选出合适的人选后实行"教育委员会制度"。无独有偶，与"美国教育使节团"报告书相呼应，日本方面的"教育刷新委员会"也建议在府、县设置"教育委员会"，将府、县分成若干个区域，每一个区域设置一个委员会作为裁决机关。然而，文部大臣田中耕太郎发表了一个与此不同的构想，他提出了把全国分成 9 个学区，以各帝国大学为中心，由各帝国大学指定人选做各个学区的负责人，将教育行政从与一般的行政事务性工作中分离出来的方案。

1946 年 9 月 13 日，在"教育刷新委员会"第二次全体会议上，委员们在议论何为本次会议重要的议题时，南原繁提出，第一个重要议题应该是教育的基本理念问题；第二个应该是学校的体制问题；第三个应该是教

---

① 山口周三：『南原繁の生涯　信仰・思想・業績』、東京教文館 2013 年版、第 252 頁。

育行政，特别是地方分权问题。山口周三分析这大概与南原繁曾经做过内务省官员，熟知二战期间中央集权下地方教育行政管理的具体情况有关。所以，南原繁认为当下教育行政的管理手段、地方分权才是最重要的课题。10月4日在"教育刷新委员会"第五次全体会议上，围绕着教育的地方分权等问题进行了广泛自由的讨论。会上渡边鍒藏委员阐述了自己的意见："'美国教育使节团'报告书和日本方面'教育家委员会'的报告书中之所以强烈地主张地方分权的问题，我认为实施教育权从政治和行政中独立出来后，实施民主化教育和地方分权教育才是最有效的手段。因此，强化'教育家委员会'的权限是很有必要的。"① 同日，会议决定设置担当教育行政问题的"第三特别委员会"，指定负责人为大岛正德，委员会的委员有安藤正次、渡边会上渡边鍒藏、竹下丰治、田岛道治、名仓爱吉、失野贯城、鸟饲利三郎等人。10月21日，第二次会议时，文部省参事田中二郎就文部省的学区构想进行了说明，但遭到了多数委员们的反对。"第三特别委员会"在第十四次全体大会上做了关于教育行政的中期报告，设置了在市、町、村、都、道、府由投票选举出来的委员们组成的"教育委员会"，同时，还设置了由数个府、县组织构成的"地方教育委员会"和"地方教育研究所"。

12月27日，在"教育刷新委员会"第十七次全体大会上，通过了对"关于教育行政工作的建议"，其要点如下：

　　一、教育行政工作进行彻底改革应注意以下几个问题：
　　1. 长久以来官僚主义与形式主义的利弊问题；
　　2. 尊重教育公平的民意；
　　3. 确保教育的自主性和教育行政的地方分权管理制度；
　　4. 学校教育与社会教育密切联系的问题。
　　二、市、町、村以及府、县通过公民选举设置"教育委员会"作为教育的表决机构，选出教育总长（暂定此名）作为执行者的教育机构。以数个府、县为一个单位，设置"地方教育委员会"和"地方教育研究所"。②

南原繁在1947年2月14日贵族院大会上关于实施"六·三·三·四

---

① 山口周三：『南原繁の生涯　信仰·思想·業績』、東京教文館2013年版、第254頁。
② 山口周三：『南原繁の生涯　信仰·思想·業績』、東京教文館2013年版、第255頁。

制"教育制度的质疑性发言时阐述道:"在我国现行的教育行政制度中,中央集权主义和官僚统治是其特色。我们要从我国这种官僚主义和中央集权的制度里解放出来,要把这种制度改变成民主的或地方分权制的管理模式。"① 关于教育委员会的法律,由于委员会与 GHQ 之间进行沟通需要时间,所以,文部省就放弃了此法与《教育基本法》《学校教育法》同时进行立法的设想。其后,由于文部省财政困难,原来打算"教育委员会"的成立仅限于都、道、府、县和 5 个大城市,但 GHQ 主张市、町、村也必须一并实施,因此,调整花费了一些时日,"教育委员会"最终于 1948 年 7 月才在全国成立"教育委员会"并开始工作。"教育委员会"制度不仅仅是从上级主管部门进行监督日常的工作,委员们也是从普通国民中选举出来的,目的在于可以按照国民的意愿推进教育改革,从而制度化。由此不难看出,南原繁在打破教育的中央集权与地方分权化的教育改革过程中是最强有力的主张者与执行者。

"教育刷新委员会"除了做好上述工作以外,委员们还提出了培养教员、师范学校等问题。二战前日本小学教员的培养是在府、县立师范学校进行的,初中的教员培养是在高等师范学校进行的,基本是从师范学校的毕业生中选出中、小学教师。于是,关于培养教师的问题集中在1946 年 12 月 27 日全体大会上进行了讨论。关口鲤吉、大岛正德、务台理作、高桥诚一相继对师范学校制度和今后培养教员应该在大学进行等事项进行了讨论。大会继续对师范教育进行了反思与批判,担当上级(在此指大学)教育学校体制的"第五特别委员会"的委员们进行了议论。第五特别委员会委员中的天野贞祐、关口鲤吉、矢野贯城、务台理作等对旧师范学校持有强烈的批判态度。1946 年 12 月 27 日,"第五特别委员会"的中期报告"关于学制事项"的第四项建议指出,在综合大学以及单科大学设置教育学科担当培养教师的重任,此项只作为培养教师的基本原则。

自 1946 年 4 月开始,按照规定设置中学后,如何增加培养教师和旧制"师范学校"去留的问题同时暴露出来,解决此问题已是迫在眉睫,必须尽快给出答案。为此,3 月 7 日,为了解决旧制"师范学校"的遗留问题,在第二十六次全体大会上,大家专门探讨了如何培养教师的问题,其后又设置了"第八特别委员"专门研究讨论解决此问题。务台理作担任负责人,委员有星野爱、城户幡太郎、川本宇之介、菊地龙道、山际武利、天

---

① 山口周三:『南原繁の生涯　信仰・思想・業績』、東京教文館 2013 年版、第 256 頁。

野贞祐、关口鲤吉、牛山荣治、矢野贯城、木下一雄、大岛正德、仓桥惣三等人。委员中的务台理作是"东京文理科大学"校长兼"东京高等师范学校"校长，木下一雄是"东京第一师范学校"的校长，仓桥惣三兼"东京女子高等学校"的教授，他们都是师范学校的负责人。此外，山际武利和牛山荣治等人是小学或者"青年学校"的校长，他们也都是"师范学校"的毕业生，因此，他们对师范教育有着切身的体会，他们也力主改革旧制的师范教育制度。

4月4日，在第三十次全体大会上，第八次特别委员会做了题为"中小学教员由综合大学和单科大学的教育学科或者以国民一般教养为主的大学即学艺大学或者教育大学培养"的中期报告，南原繁提出了一个根本性的原则问题，他说："去年12月份全体大会决定不设置通过类似现在的师范学校系统培养教师，要在单科大学或者综合性大学里设置教育学科，这样的话，掌握普通的专门知识的人想通过教育的途径成为教师，这种想法在教育大学就行不通了，所以，我认为在教育学科也可以培养教师，文字上也可以避开教育大学。"[①]户田贞三委员发表了与南原繁相同的意见："教师也好，技术员也好，管理者也好，培养各种各样的人才就是要培养真正的有用之才。即使不成立培养教师的专门学校，其他大学同样也可以培养教师。"[②]南原繁和户田贞三都反对只有教育大学才能专门培养教师的方案。4月11日，在第三十一次总会上，第八次特别委员会提出了削减教育大学，改成以培养教育者为主的"学艺大学"方案时，南原繁反对道："没有成立以培养教育为主的学艺大学的必要，如果成立'学艺大学'的话，则与12月27日的总会决议相左。"[③]他坚决反对为了培养教员而专门设立"学艺大学"的想法。

在1947年5月9日第三十四次的总会上，"关于培养教师（其一）"做了如下建议：

一、中小学教员主要从以下教育机构录用。

1. 以培养教育者为主的学艺大学肄业者或者毕业者；

2. 综合大学或者单科大学的毕业者，且已修满教师必修课程者。

3. 音乐、美术、体育、职业等相关的高等专门教育机构的毕业

①　山口周三：『南原繁の生涯　信仰・思想・業績』、東京教文館2013年版、第256頁。
②　山口周三：『南原繁の生涯　信仰・思想・業績』、東京教文館2013年版、第257頁。
③　山口周三：『南原繁の生涯　信仰・思想・業績』、東京教文館2013年版、第258頁。

者，且已修满教师必修课程者。

二、高中教员主要从大学毕业生中录用。

三、在培养教员的各类学校中，被认可有资质的学校改名为"学艺大学"。

四、废止培养教师学校的交纳学费制，制定义务制的教育制度。

关于如何处理培养教师的问题，即如何处理旧体制下的师范教育问题成为一个热议的话题。旧制师范学校长久以来只不过是县立中学的一种形式，1943 年才升格为文部省所管辖下的专门学校。因而，将旧制师范学校编入大学这一提案引来了社会上众多的反对和异议。

"教育刷新委员会"认为到明治以来一直实行这种特殊形式的"师范教育"教授"一般教养"很有成效，所以，很有必要在其他大学设置此课程。各府、县均要成立大学，再统合各地已有的专门学校、师范学校等组建新的大学，自此，日本国立大学的数量便激增了。因此，南原繁强烈主张通过一般大学培养教师①，"教育刷新委员会"的很多委员也积极支持南原繁的意见，他的这一主张因此得以实现。

"教育刷新委员会"从 1946 年 9 月 7 日至 1947 年 3 月 31 日，加上第一次到第八次设置的特别委员会召开的会议，"教育刷新委员会"一共召开了 100 次以上的会议。无论是"教育刷新委员会"，还是日本文部省都倾注了全部的精力，全体人员竭尽全力努力的结果就是《教育基本法》和《学校教育法》的出台，"六·三·三·四制"开始实施。由于兼任做了宪法特别委员会委员长的安倍能成公务繁忙，经常缺席"教育刷新委员会"的各种会议，所有工作基本上是在南原繁主持下进行的，可以说南原繁在日本教育改革过程中起到了他人不可替代的重要的引导者作用。

"教育刷新委员会"以委员会的形式主导并推进着各项审议工作，每周的会议准备、决定建议后的跟进工作由文部省工作人员担当。此时正是文部省大臣田中耕太郎、高桥诚一郎，文部次官山崎匡辅、有光次郎，学校教育局张日高第四郎任职期间。据山口周三查证直至 1947 年 4 月 11 日为止，教育刷新审议会的干事，被指名工作的文部省职员有如下人员：文秘课课长辻田力、大学教育课课长剑木亨弘、科学教育课课长平野出见、教科书局庶务课课长冈田孝平、社会教育课课长寺中作雄、官房审议室室

---

① 山口周三：『南原繁の生涯　信仰・思想・業績』、東京教文館 2013 年版、第 258 頁。

长关口龙克、文秘课课长内藤誉三郎、学校教育局次长稻田清助、会计课课长近藤直人、大学教育课课长松井正夫、体育课课长太田周夫、中等教育课课长中村新一、青少年教育课课长坂元彦太郎、科学教育课课长松下宽一、调查课课长增田幸一、审议课课长西村严、专门教育课课长米村让、师范教育课课长玖村俊夫。① 可以说这些在幕后工作的人们承担着第一期"教育刷新委员会"的全部工作。山口周三认为："我们应该记住这些在幕后认真地记录了'教育刷新委员会'庞大工作议事录的所有工作人员。在那个纸张十分匮乏的年代，据说有很多的时候是在使用过的纸张的背后二次使用后才记录下'教育刷新委员会'的各项提案和建议的。这些宝贵的记录是人们饿着肚子，围绕新时代的教育体制改革，汇集了一流的学者、教育家，他们长时间地认真讨论、商榷的各种会议记录是最珍贵的历史文献。"② 曾担任《教育刷新委员会·教育刷新审议会会议录》（全十三卷）责任主编之一的东京大学名誉教授矢崎昌男在本书的序言中写道："南原繁在法治方面正确冷静的判断、预测未来的前瞻性、果断的工作作风、行事严厉的威严性，正是他的这种特殊的存在才提高了此委员会的权威性。委员会制定学术·教育的自由、教育机会的均等化以及实行教育行政权的地方分权化等诸项重要的教育改革，特别是他执着的工作热情一直在导引着'教育刷新委员会'的各项工作如期顺利地进行。"③

1947 年 11 月，南原繁接任安倍能成的"教育刷新委员会"委员长一职。从 1949 年 6 月开始，"教育刷新委员会"改称"教育刷新审议会"，直到 1952 年 6 月代替了"中央教育审议会"，6 年间一共召开了 142 次委员会以及审议会，还设置了 21 个"特别委员会"，委员们共提出了 35 个建议。根据"教育刷新审议会"的建议做出的相关法律有《教育基本法》《学校教育法》《教育委员会法》等。由此我们可以断定，日本二战后的教育制度基本是从"教育刷新委员会"的各项建议中出台的。

山口周三将与南原繁同甘共苦、并肩作战的特别委员会的主要负责人统计列表如下（见表 3 - 1、表 3 - 2)④。

---

① 山口周三：『南原繁の生涯　信仰·思想·業績』、東京教文館 2013 年版、第 259 頁。
② 山口周三：『南原繁の生涯　信仰·思想·業績』、東京教文館 2013 年版、第 259 頁。
③ 山口周三：『南原繁の生涯　信仰·思想·業績』、東京教文館 2013 年版、第 260 頁。
④ 山口周三：『南原繁の生涯　信仰·思想·業績』、東京教文館 2013 年版、第 261、262 頁。

表 3 – 1 "教育刷新委员会"第一次全体大会（1946 年 9 月 7 日）

至第九十七次全体大会（1949 年 5 月 27 日）

特别委员会	承担议题	主要负责人
第一特别委员会	教育基本理念	羽溪了谛
第二特别委员会	下级学校体系	户田贞三
第三特别委员会	教育行政事务	大岛正德
第四特别委员会	私立学校	上野直昭
第五特别委员会	上级学校体系	小宫丰隆
第六特别委员会	教师身份待遇	渡边铦藏
第七特别委员会	社会教育	关口泰、户田贞三
第八特别委员会	培养教员、教师资格	务台理作
第九特别委员会	文教设施的配备	佐野利器
第十特别委员会 A	中央教育行政机构	渡边铦藏、矢野贯城
第十特别委员会 B	大学的地方委托	务台理作
第十一特别委员会	文化问题	山崎匡辅
第十二特别委员会	培养科学家、研究员	佐野利器
第十三特别委员会	宗教教育	羽溪了谛
第十四特别委员会	大学的国土计划配置	山崎匡辅
第十五特别委员会	二、三年制大学	南原繁
第十六特别委员会	职业教育振兴方案	淡路元治郎

表 3 – 2 "教育刷新审议会"第一次全体大会（1949 年 6 月 10 日）

至第四十五次全体大会（1951 年 11 月 8 日）

特别委员会	承担议题	主要负责人
第十七特别委员会	学校工作日程	关口鲤吉
第十八特别委员会	教育财政	泽田节藏
第十九特别委员会	确保优秀教师	川本宇之介
第二十特别委员会	中央教育审议会	南原繁
第二十一特别委员会	联合国教育、科学与文化组织	泽田节藏

　　自 1946 年 9 月，南原繁先后就任"教育刷新委员会"副委员长、委员长，直至 1952 年 11 月 13 日该委员会解散，南原繁倾注了极大的心血和热情，他以强烈的责任感指导着委员会的各项工作。他一方面坚持"教育刷新委员会"工作的独立自主性，另一方面坚持"自主自律"地进行日本的教育改革。为了更好地贯彻落实《教育基本法》的基本理念，南原繁带

领 "教育刷新委员会" 的委员们经过数次探讨后，在《教育基本法》的 "前言" 中写道："我等此前制定的日本国宪法，表明了我们要建设民主文化的国家，并为世界和平和人类的福祉做出贡献的决心。此远大理想的实现要依靠教育的力量，我等希冀在尊重个人的尊严、培养追求真理、爱好和平的新国民的同时，全面普及富有个性的、以文化创造为目标的普通教育。为此，基于日本国宪法精神，明示教育目的，确立新日本的教育之本，特制定本法。"①

在南原繁和 "教育刷新委员会" 坚持不懈的努力下，"战后体制构想" 中教育改革的各项措施不仅集中体现在给 GHQ 和日本政府的提案中，也在二战后的日本各项教育改革中逐步得以实现。例如：《教育基本法》与《学校教育法》取代了旧教育体制中的 "教育敕语"；实施了面向全体国民的 "六·三·三·四" 学制的大众教育制度；在大学教育中加入了 "一般教养" 学科；废止了培养国家精英的旧制高中和师范学校；创建了以培养地域职业人员和 "发展地域文化" 为教育目标的新制高中；打破了 "中央集权主义和官僚统治" 的文部省掌控的教育管理体制，扩大了地方教育的自主权；设立了由地方投票选举的《教育委员会制度》；将培养教员的旧制师范学校并入新制大学的教养学科，等等，诸如此类的提案和建议均构成了日本《教育基本法》中极为重要的教育理念和教育改革的内容。

1946 年 2 月至 1952 年 6 月，南原繁率领由学界、舆论界、政界、经济界、宗教界组成的 "教育刷新委员会" 50 余名成员，经过 6 年 4 个月 142 次的会议审议、25 次的审议总会，向内阁提出了 35 条提案和建议，先后制定了以《教育基本法》（1949 年 3 月 31 日）和《学校教育法》（1949 年 3 月 31 日）为主的教育法，以及《教育委员会法》（1950 年 7 月 15 日）、《教育公务员特例法》（1951 年 1 月 12 日）、《教员资格法》（1951 年 5 月 31 日）、《社会教育法》（1951 年 6 月 10 日）、《私立学校法》（1951 年 12 月 15 日）、《图书馆法》（1952 年 4 月 30 日）② 等重要的教育法规。

综上所述，日本二战后教育制度的重要内容几乎全部出自 "教育刷新委员会" 的建议或提案，可以说 "教育刷新委员会" 是日本教育改革的中心。建设新型的民主文化国家，为世界和平做贡献，尊重个人意志，培养

---

① 山口周三：「教育改革者としての南原繁——真理・創造そして平和の探求者」、『資料で読み解く　南原繁と戦後教育改革』、東京東信堂 2016 年版、第 55 頁。

② 由日本岩波书店出版了 13 卷内容数量庞大的《议事录》。

希冀和平、探索真理的新国民，普及尊重传统与充满个性的文化教育等《教育基本法》基本教育理念与日本新宪法融为一体，使日本快速走上了恢复战前教育、迅速与世界教育同步的正轨。加藤节认为："这些工作构成了与新宪法精神相匹配的战后日本教育的原点，南原繁通过他卓越的领导才能，在《教育基本法》形成的过程中起到了决定性的作用。"① 山口周三认为："'教育刷新委员会'作为日本战后教育改革的重要机构，自律自主地进行各项审议和调查、讨论后向内阁总理大臣和内阁直接提议，然后由政府具体实施，具有极大的自主性和权威性，被认为是'日本战后教育改革的中心和原点'。"②

第五节　南原繁与日本《教育基本法》

上文提到在"美国教育使节团"来访之前，为了配合他们调查研究，日本方面设置了以文部大臣安倍能成为首，由南原繁任副委员长，由日本知名教育家天野贞祐、上野直昭、大岛正德、柿沼昊作、河井道、城户幡太郎、星野爱等专家、教育家组成的"教育家委员会"。"美国教育使节团"从3月8日至14日参加了关于日本教育现状的演讲会，与日本方面的"教育家委员会"委员们互相交换了意见和看法。3月8日，在东京华族会馆举办了日、美两国教育家委员会总会，日本文部大臣安倍能成用英语致欢迎词："我国是战败国是不争的事实，如何解决战后的各种问题，美国是我们的'好榜样'。希冀通过教育改革将日本推上真理与和平之路，日本的救国之路只有在美国的帮助才能完成。"他言辞恳切地表达了日本对"美国教育使节团"的殷切希望。从3月15日至19日，美国教育使节团的成员利用周末时间，对关西的教育现状进行了实地视察，之后去京都和奈良旅行。3月20日至24日，"美国教育使节团"全体成员分成四个委员会，分别承担了报告书的分章执笔工作。

日本"教育家委员会"在"美国教育使节团"来日之前以及在日期间，一边与"美国教育使节团"同时召开会议，一边也自行召开了很多次的自主会议。3月21日，南原繁与"美国教育使节团"团长斯托达德秘密会合，两人就很多问题进行了协商并互相交换了意见。关于学校的制度问

---

① 加藤節：『南原繁——近代日本と知識人』、岩波新書514、東京岩波書店1997年版、第160頁。

② 南原繁研究会：「南原繁と戦後教育改革」、『南原繁と現代　今問われているもの』、東京 to be 出版2005年版、第32頁。

题，南原繁做了如下提议："一是废止旧制高等学校和两年制专科学校。二是小学、中学、高中、专科学校和大学全部按照美国的模式为典范，各阶段的教育都要保证接受教育的机会均等。三是专门学校要男女共校学习；教育制度的分权化十分重要，要减弱文部省的管理权限。"① 3 月 24 日"美国教育使节团"一行人访问了东京大学，南原繁校长主持召开茶话会，3 月 25 日南原繁和高木八尺又提议小学实施 6 年制、中学和高中实施 6 年制、高等教育应包括专科学校和大学的建议。27 日，"美国教育使命团"一行人又拜访了日本天皇。30 日，"美国教育使节团"提交了报告后，团员们从日本东京的厚木机场飞回美国。

"美国教育使节团"提交的报告包含以下 7 项提议：

1. 教育的目的是认识个人价值与人的尊严；
2. 给予教师授课的自由和选择教材的自主性；
3. 各都、道、府、县均要设置"教育委员会"；
4. 实行"六·三·三·四制"的学校教育制度；
5. 培养教师的"师范学校"实施 4 年制大学制；
6. 充实 PTA② 活动，讲座公开，开放面向社会的图书馆和博物馆等公共设施；
7. 高等教育要面向大多数受教育者③。

从"美国教育使节团"报告书中我们不难看出，3 月 21 日南原繁与"美国教育使节团"团长斯托达德秘密会见时所谈到的各项问题基本都被采纳了，由此可见，南原繁的建议对"美国教育使节团"报告书的影响很大。其后，"美国教育使节团"报告书在"教育刷新委员会"的具体建议下，通过日本政府逐一地将各项工作制度化后也一项一项地得到了落实。

南原繁指导"教育家委员会"成员们起草的关于日本自律自主地进行教育改革的建议报告书经"美国教育使节团"讨论后，把日本的教育体制由战前的德法模式改为美式教育体系。如前所述，南原繁向"美国教育使节团"和日本政府提交的关于日本二战后教育改革的"秘

---

① 山口周三：『南原繁の生涯　信仰・思想・業績』、東京教文館 2013 年版、第 239 頁。
② 家长、教师联席会的英文字头缩写。
③ 山口周三：『南原繁の生涯　信仰・思想・業績』、東京教文館 2013 年版、第 240 頁。

密建议书"① 基本上被"美国教育使节团"所采用。对此，南原繁曾有过相关说明："我国战后的学校教育体系和《教育基本法》的实质精神，从某种意义上来说，可以说此时已基本确定了方向。之所以这么说是因为'美国教育使节团'在日本的一个月的时间内，从他们的立场和观察所做出的调查，他们给 GHQ 提交的《报告书》的内容和我们'教育家委员会'的意见在大纲上是基本一致的。"② 此举在日本教育史上意义非凡，也从侧面印证了日本的各项教育改革完全是自立自主进行的。

1945 年 10 月 22 日，GHQ 发布了"对日教育制度的管理政策"，要求日本政府在遵守《波茨坦宣言》的基础上，废除军国主义和极端国家主义的意识形态，全面废止一切军事教育，在此基础上确立"基本人权"的人文主义思想，积极推进并彻底施行二战后的民主主义教育。1946 年 1 月，GHQ 发布的《关于日本教育制度政策的备忘录》中进一步明确规定：禁止军国主义和极端国家主义分子参加教育以及行政事务性工作；停办各类军事教育学校和军事学校；开除有军国主义思想及过激言论和思想的所有教职员工，不准许复员军人在学校任职；可聘任曾受过军国主义迫害的教员返校任职；废除有关神道及军国主义的修身课，焚毁有关天皇和国家言论的教科书等。其后，南原繁在一次贵族院议会上做了题为"国民新教育"的质疑性演讲，演讲内容广涉义务教育的扩充、高等教育机关的增设、教育行政制度的地方分权等诸多问题。他还主张日本要放弃战争、走和平之旅，就必须在新民主主义基础上建设新的"文化国家"和"道义国家"，建立民主主义国家需要通过国民平等地接受基础教育，将自由的精神渗透到每一个人的心灵，只有社会每一位成员都具备社会责任感并通力合作、相互帮助方能达成此目标。为此，必须整合国民学校（小学）和各类中等学校，导入美国的"六·三·三·四制"进行义务教育；高等教育制度也必须进行改革，完成国民普通的义务教育，让学生们能进入上一级的学校学习。

南原繁认为："原有的旧教育体制，普通国民很少能享受到公平均等的教育机会，因此，对于那些生活上有困难交不起学费，但能持续进行研究的学生，要在财政方面给予支持；对于文科、自然等诸领域科学上的新

---

① 南原繁：「日本における教育改革」、『南原繁著作集』第八巻、東京岩波書店 1984 年特装版、第 214 頁。

② 南原繁：「日本における教育改革」、『南原繁著作集』第八巻、東京岩波書店 1984 年特装版、第 215 頁。

发现应给予各项奖励并提供相关的研究条件和实验设备。"① 此外，南原繁还坚决主张要彻底"清算"在"教育敕语"下培养的"皇民"意识以及中央集权统治制下的战前旧教育体制，必须以民主教育取而代之；针对日本二战前长期以来从小学至大学完全在"中央集权主义"和"官僚统治"管辖之下的现状，有必要将教育和学问从中解放出来，创造自由清新的氛围。南原繁极力主张教育的民主化和地方分权化，削弱政府对地方教育的干涉，给予地方教育一定的权限，使地方行使教育的自由权等提案日后成为日本政府制定《教育基本法》的基本框架和理念。

1947 年 3 月 31 日，日本政府公布实施了《教育基本法》，第一条明确规定："教育要以完善人格为目标，培养和平的国家和社会的完成者，培养热爱真理和正义，尊重个人价值，重视劳动与责任，充满自主的精神和身心健康的国民；第二条，作为'教育方针'，必须利用一切机会、在各级教育机构加以实现。为了达成此目的，应尊重学术自由，依存实际生活，培养自主的精神，通过相互的尊敬与协助，致力为创造文化和发展做贡献。"② 此外，《教育基本法》还规定教育机会要均等；实施九年义务教育；取消了对天皇肖像的顶礼膜拜和参拜神社等规定；将学制从二战前德、法式"六·五·三·三制"改为美式的"六·三·三·四制"；学校按法律规定要设置法人；实行男女同校制；对宗教要有宽容、尊重的态度；对建立家庭教育及社会教育者要进行奖励等。由此，我们不难得出《教育基本法》最重要的基本理念是培养真正具有人文主义精神、自主自律的新国民的结论。

日本著名研究教育学者山住正己认为："《教育基本法》是基于实现日本宪法的理想在教育上基本投入考量的基础上形成的，具有准宪法的性质。此教育法由'前言'和 11 条正文构成。在'前言'中首先强调了建设民主的、文化的国家，世界和平和对人类福祉的贡献的宪法精神。继而，昭示了培养追求真理与和平的国民的教育目的和方针。"③ "以下各条规定了诸如教育均等和义务教育、男女共校、公办学校的理想状态、作为全体奉献者教师身份的保障、社会教育的奖励、给予对有良知公民必要的

---

① 山口周三：「教育改革者としての南原繁──真理・創造そして平和の探求者」、『資料で読み解く南原繁と戦後教育改革』、東京東信堂 2009 年版、第 206 頁。

② 山口周三：「教育改革者としての南原繁──真理・創造そして平和の探求者」、『資料で読み解く南原繁と戦後教育改革』、東京東信堂 2016 年版、第 55 頁。

③ 山住正己：『日本教育小史──近・現代──』、岩波新書 363、東京岩波書店 1992 年版、第 160 頁。

教养以及对他们持有的宗教信仰的宽容和态度上的尊重。"① 因此，日本《教育基本法》具有等同"日本宪法"的地位，其他任何有关的教育法规都必须以此为基准。正是因为日本《教育基本法》的实施，才使二战后的日本教育迅速地步入了民主与法制的道路，从根本上消除了二战前的天皇"教育敕语"和极端的国家主义教育体制，使日本教育很快跨入了以民主、平等和地方分权为特点的世界教育领先行列。

1946 年 5 月，日本国会通过废除"教育敕语"标志着战前"忠君爱国"的军国主义教育的终结，日本教育迈进了民主法制的黄金时代。可以说《教育基本法》不仅为二战后的日本人提供了平等接受教育的机会，也为日本人爱好和平、实现战后经济的繁荣打下了良好的基础。"从 1947 年至 1949 年颁布的一系列与教育相关的法规统称为'日本战后教育法'，亦即所谓的战后教育精神通过法律的表现形式给予了定位。"②

曾有人提及日本战后教育改革是在 GHQ 和美国教育使节团的高压下进行的，不是独立自主的教育改革。对此，南原繁在《日本的教育改革》一文中指出："美国教育使节团最终提交的报告书是教育改革最重要指标是不争的事实，但据我所知，在教育改革期间，日本一次也没有按照 GHQ 和美国教育使节团的指示和命令去做任何事。GHQ 邀请的是'民间情报教育局'的专家学者和教育者们，他们也确实向文部省和各省委员会提交过建议和建言之类的内容，但至少我们'教育刷新委员会'的所有提案都是经过我们委员会的委员们自由讨论之后才形成的，在很多重要的事项上，我们没有采纳 GHQ 和美国教育使节团的建议或提案的也不占少数，诸如《大学管理法》案等。"③ 南原繁进一步指出："从一开始他们就尊重了我方委员会的委员们自由讨论的各项提案，出现问题时我们都是通过在彼此间的协商和谅解的基础上得到了很好的沟通和解决，这是个十分贤明之举，也是我日本之幸运。"④

在南原繁和"教育刷新委员会"的共同努力下，二战后的各项教育改革促使二战后日本各层次教育实现了迅速发展。《教育基本法》的实施、

① 山住正己：『日本教育小史——近・现代——』、岩波新書 363、東京岩波書店 1992 年版、第 161 頁。
② 尾崎ムゲン：『日本の教育改革』、中公新書 1488、東京中公新書 1999 年版、第 160 頁。
③ 南原繁：「日本的教育改革」、『南原繁著作集』第八卷、東京岩波書店 1984 年特装版、第 217 頁。
④ 南原繁：「日本的教育改革」、『南原繁著作集』第八卷、東京岩波書店 1984 年特装版、第 216 頁。

"大学的自治"与"学术的自由"的办学理念引领全社会的示范作用，促使日本教育迈上了"和平民主""为社会服务"之旅。不可否认，普通义务教育和大众化的高等教育体系的次第形成，为日本二战后培养了富于创新意识和批判精神的各个领域的专家，也为整体提高日本国民的素质打下了良好的基础。

82 岁的南原繁在回母校的一次演讲中回顾日本二战后教育改革的情形时说："《教育基本法》的基本教育理念，特别是'六·三·三·四'制的新学校体系是正确的。但此体系不是一个固定的模式，随着我国国力的增强，可以随之进行相应的改革调整，这也是当初我们制定此教育体系时一致达成的共识。我确信《教育基本法》是其他任何教育法都无法代替的建设新日本的基石。"[1] 耄耋之年的南原繁对日本《教育基本法》依然进行了高度的肯定和赞扬。

结　　语

晚年的南原繁多次指出："战后教育改革不只是单纯的教育制度的改变，实则是日本战后'文艺复兴'的保证。特别是《教育基本法》和《日本国宪法》代替了天皇的'教育敕语'和《明治宪法》的今日日本，教育已经不是独特阶层才能享有的特权，已充分显现'文艺复兴'之兆。教育改革是战后给日本社会带来的最大福利。"[2] 山口周三也高度评价道："战后改革是超越明治维新的大革命。"[3] 由此可见，日本二战后教育改革的重要性和必要性不言而喻。

1951 年 12 月，结束了东京大学两届校长要职的南原繁开始陆续访问故乡以及各地的小学和各种教育设施机构。同时，他也应邀为走访过的各所学校和机构签名、题字或书写励志铭。他为自己曾就读过的小校题了"创造"两个字；为他读过书的中学书写了"真理"两个字；他还为小学附属的町立幼儿园题了"和平保育园"的园名。南原繁为他深爱的家乡的孩子们题写的"创造——真理——和平"这三个珍贵的词语充分地表达了南原繁一生的理想和信念。

---

① 南原繁：『わが歩みし道南原繁：ふるさとに語る』、東京大学出版会 2004 年版、第 78 頁。

② 山口周三：「教育改革者としての南原繁——真理・創造そして平和の探求者」、『資料で読み解く 南原繁と戦後教育改革』、東京東信堂 2016 年版、第 302 頁。

③ 南原繁研究会：「南原繁と戦後教育改革」、『南原繁と現代 今問われているもの』、東京 to be 出版 2005 年版、第 29 頁。

众所周知，曾任东京帝国大学最具权威的法学部部长的南原繁被二战后东京大学的教授们再次推举为二战结束后的第一位校长，也反映出大家热切期盼这位在二战中不迎合主战派势力、不与法西斯分子同流合污，作为一名有良知的政治学者、政治哲学家及杰出的大学行政管理者有能力担当起对东京大学战后重建和各项改革的重任。事实证明，南原繁果然不负众望，大刀阔斧地对二战后的东京大学和日本教育进行了各种改革，并取得了辉煌的业绩。此外，更令人瞩目的是南原繁在东京大学任职期间，不仅传道授业解惑，还为日本培养出一大批优秀的青年学者作为学术和科研的后继者，譬如冈义武、中村哲、丸山真男、辻清明、尾形典男、齐藤真、福田欢一等人。现今，他们不仅成为二战后日本具有引领作用的学者和思想家，他们还承继了南原繁的政治思想理论，并在日本政治学、政治学史以及政治理论等诸多方面颇有建树，为日本的民主主义建设做出了巨大贡献。

南原繁在接受伊藤升的采访时曾说过："真正地考虑日本的未来，当然就要思考日本今后的百年，是否能成为出色的日本国，我认为其中之一最关键的就是教育问题。教育甚至比政治、经济更重要！日本国民作为地球上人类的一员，要想与世界为伍，教育的理念和自由与和平等问题都休戚相关。但是，我也注意到了有些人很功利，所以，我才致力于战后一定要把旧的教育理念改变成新的教育理念。一言以蔽之，教育是决定今后日本成败与否的关键所在！我坚信今后的教育成败决定着日本的未来。"①

日本二战后的教育改革之所以能够取得巨大的成功，本书认为南原繁有六大贡献：一是力主用新的《教育基本法》替代天皇的"教育敕语"，切断了培养"皇国忠民"的旧教育体制和教育理念，防止了日本法西斯军国主义的死灰复燃；二是南原繁力主学校的教育体制废弃原来德国和法国的旧教育体制，采用面向全体国民的"六·三·三·四制"的美国新型教育体系，使日本的普通国民拥有了平等接受教育的机会；三是南原繁指导并率领"教育刷新委员会"制定了《教育基本法》等一系列教育法令及法规，为日本快速地步入民主法制化的教育轨道，跻身世界先进教育国家行列打下了夯实的基础；四是南原繁力排众议，废止了培养少数精英的旧制"高等学校"，取消了原来只有极少部分人才能享受到的教育特权，使日本初等教育平民化，普通百姓也能接受教育，提高了日本全体国民的文化教

---

① 東京大学出版会：『南原繁対話　民族と教育』、東京大学出版会 1966 年版、第 589 頁。

养；五是南原繁睿智地抵制了来自外部的各种压力，坚持独立自主地进行了各项教育改革；六是力主废除取消了培养"皇国良民"教师的"师范学校"，改革了培养教员的旧制教育体系，将"一般教养"这门人生的必修课纳入新制高中和大学的课程中，重新定位了要培养具有与时俱进的时代精神和具有世界和平远见、追求真理和自由的新国民的教育理念和目标。这些骄人业绩的取得应源于南原繁政治哲学思想体系中民族"共同体"意识以及希冀日本二战后要真正走向和平民主的新国度，对教育平等、学术自由、大学自治的强烈关注和对社会的责任感。

第四章　南原繁的"和平构想"

　　一般人认为二战中日本的失败是美英武力联合打击的结果。然而，南原繁的认知却与众不同。在他看来，这场战争的"胜利未必就是美英"，而是"偶尔被他们所肩负起来的理性和真理"。这句话的反命题应该为倘若英美有一天背弃了"理性和真理"，日本国民应当服从和捍卫的则依然是"理性和真理本身"，其失败而不是英美武装本身所致。① 南原繁把《波茨坦公告》的有关条款称为今天的"大义名分"②，他"认为日本所应遵循的'理性和真理'就应该深刻地吸取军国主义的教训，向被侵略国家真诚地谢罪并求得谅解的同时建设起新民主主义的国家，并为维护地区和世界和平贡献智慧和力量。实现这一远大目标的大前提当然是永远放弃武力，做恒久和平的国家，并永远在国际事务中保持'中立'的立场。"③

第一节　"终战工作"

　　1945 年 3 月 10 日，日本东京都遭到了二战中美军最大规模的多次空袭。这一天，南原繁步行去上班的路上看到从本乡到小石川一带昔日繁华的都市被燃烧弹烧成了一片废墟，道路两旁堆满了尸体。面对这场空前绝后的大空袭，他立即预感到这场战争即将结束。"作为法学部部长，东京帝国大学的法学部应该采取什么样的行动呢？即使是非正式的也好，我们必须要做点什么。"④ 南原繁马上联想到日俄战争期间的

---

① 韩东育：《两个"八·一五"》，《读书》2006 年第 11 期。
② 南原繁：「新日本の建設」、『南原繁著作集』第七卷、東京岩波書店 1984 年特装版、第 355 頁。
③ 韩东育：《两个"八·一五"》，《读书》2006 年第 11 期。
④ 丸山真男、福田歓一：「法学部長就任と終戦工作」、『聞き書　南原繁回顧録』、東京大学出版会 1990 年版、第 267 頁。

"七博士建言书"① 之事。但这次不是向政府建言开战，而是敦促政府尽快停战。于是，南原繁与东京帝国大学法学部的高木八尺、田中耕太郎、末延三次、我妻荣、冈义武、铃木竹雄六位教授秘密地组成了"终战工作"小组。为了安全起见，七名教授相约所有的工作都要在暗地里秘密地进行，并且，不能留下书面或者其他任何形式的记录，此次的所有行动都要永久地埋葬在历史的过往中。

南原繁后来追忆，当时最得力也是最重要的商量对象是高木八尺教授。高木八尺教授是东京帝国大学研究美国方面的首席专家，当时的日本内大臣木户幸一是他在学习院上大学时的同年级同学，两人的私交甚好，大臣也堪忧战局的未来走向。"终战工作"小组最初是由南原繁与高木八尺教授构架"终战工作"基本构想，然后次第扩展到其他几位教授。为了保守秘密，不引起他人的注意，每次小组成员都是三四个人悄悄地在大学中央图书馆的二楼贵宾室里碰面，然后把收集到的情报进行分析、归纳和总结。从最初开始，大家就相互商量约好："一定从做学问的立场出发，明确我们与政治家和媒体的不同，要尽可能地从学术的立场和角度去收集、整理相关的情报，然后，通过准确地分析得出结论后再具体地商量如何动员政府要员们尽快结束战争，比如想办法接近近卫等内阁的重臣或者幕僚们，竭尽全力去做他们的工作，之后通过他们再去做高层的政府要员的工作，千方百计地设法尽快结束这场'超越常识'② 的战争。"③ 南原繁和高木八尺教授两人先后两次拜见了近卫文麿首相并进行了长时间的谈话，南原繁和田中耕太郎教授还拜访了四次若槻礼次郎，此外，还拜访过农林大臣石黑忠笃、东乡茂德外务大臣、内大臣木户幸一、宇垣一成大将等人，几位教授采用各种手段和方法积极地推进"终战工作"的各项具体工作都落实到位。

丸山真男采访南原繁时请教他当时拜见那些政府要员"谏言"的具体内容。由于当时没有留下任何书面的文字记录，南原繁只能凭借记忆回顾"终战工作"的整个过程。他记得"谏言"的具体内容大致如下：第一个"谏言"的内容是关于尽快结束战争的时间问题。东京帝国大学七教授是

---

① 户水宽人、小野塚喜平次郎（中途退出）、富井政章、金井延、寺尾亨、中村进午、高桥作卫七教授，从大学学人的角度和立场谏言日本政府内阁，提出开战的建议。他们以个人的身份，不断地收集情报，然后秘密地交换研究开战的可行性。

② 山口周三：『南原繁の生涯　信仰・思想・業績』、東京教文館 2013 年版、第 169 頁。

③ 丸山真男、福田歓一：「法学部長就任と終戦工作」、『聞き書　南原繁回顧録』、東京大学出版会 1990 年版、参照第 269、270 頁。

1945 年 3 月末至 5 月开始启动"终战工作"的。5 月，德国法西斯无条件投降。德国法西斯的投降对于日本而言是日本提出和平方案的最佳时机，七位教授一致认为日本最迟也要在美军登陆冲绳岛作战之前必须尽快地结束这场战争。第二个"谏言"的内容是关于如何与联合国取得联系，尽早结束战争的问题。大家认为最好是向美国直接提出结束战争的请求。如果这个方法实在行不通的话，也可以通过瑞士或第三方国家向美国提出终战的要求。但无论如何要避开苏联，因为东乡茂德外务大臣认为如果苏联此时介入的话，会导致问题的进一步复杂化。东乡茂德外相恳请南原繁等七位教授尽可能地策划出最佳的方式联系联合国。第三个"谏言"的内容是关于日本请求尽快结束战争的方法和手段问题。当时七位教授考虑的是日本陆军十分强势，海军通晓国际事务与陆军有本质上的差异，因此，他们认为，应把陆军和海军严格地区分开，先做好海军的工作，既然日本在战争中不可避免地失败，为了避免陆海空全军覆没，海军应先主动地收回主导权结束战争。于是，南原繁和高木八尺教授三次约见了海军米内光政大将手下的得力助手高木惣吉少将，想通过他做米内光政大将的工作。尽管高木惣吉少将做了很多努力，但是，海军方面十分慎重，最终也没有采取任何行动。南原繁评价高木惣吉少将是位有大局观念的人，他一直很理解我们，也自始至终为我们保守了这个秘密。第四个"谏言"的内容是关于终战的条件问题。南原繁认为终战最好是没有任何附加条件，即"无条件"结束战争，无论如何尽快结束战争乃为最上策。并且，形式上以"天皇的裁断"，即天皇通过颁布"诏敕"①结束战争是日本最希望的终战形式。南原繁对此解释说："此项建言是选择在战后适当的时候让天皇退位。我们的想法是通过维持天皇制以保全这个国家。因为日本宪法上规定天皇的权力是有限的，保护天皇制实际上是站在护持国家的立场上才提出的这个想法。但是，为了避免节外生枝，我们十分谨慎，没有使用'国体护持'之类的措辞。"②可以断定南原繁他们的初衷就是让天皇本人宣布承担战争责任，通过天皇本人退位的这种形式来保护日本的天皇制以延续日本国体。因为日本天皇在宪法上的权限是有限的，所以，即使天皇承担了战争的责任，他也不必承担太大的战争责任。这是"终战工作"的成员们为了延续日本国体的民族主义情结所致。第五个"谏言"的内容是在内阁中

---

① 日本天皇颁布的诏书。

② 丸山真男、福田歓一：「法学部長就任と終戦工作」、『聞き書　南原繁回顧録』、東京大学出版会 1990 年版、第 272 頁。

寻找能够收拾战后残局的最佳人选。"终战工作"的小组成员认为这是个很棘手的问题。陆军中能与海军同舟共济的,并且两方面都认可的人选也只有陆军的长老宇垣一成大将一个人,除此以外没有更合适的人选能组成强有力的新内阁并能得到国人的首肯,同时,还能比较顺利地完成战争结束后的各项建国工作。① 南原繁回忆道:"我去四谷的官厅办公楼约见了宇垣一成大将。他虽然没有提出特别积极的意见,但是,他很认真地倾听了我的建议,并且,他对当时陆军一部分人的做法也十分愤慨,他说一定要想办法制止他们这种疯狂的行为,如果能承担此重任的话,一定会全力以赴、尽力而为,宇垣一成大将在很多的观点和想法上与我们达成了一致的共识。"②

南原繁继续补充道:"实际上,当时不只宇垣一成大将一个人,就连近卫内阁也鼓励并赞扬我们这些学者是真正的忧国忧民,能高瞻远瞩地从世界的大视野下关注日本的未来。他们也意识到当下的日本已是穷途末路,除了终战这条路可走已别无他途,大家都是从心底里赞成我们的谏言的。"③ "我也特别感激若槻礼次郎,他说这件事我们必须要做,他还满腔热忱地约好和我们一起做终战工作。我拜访过的政府和军队的要员们都十分认真地约好一定要齐心协力地去做这件有意义的事。"④ 此外,"终战工作"小组还多次反复研究了战后的战争责任问题。为了确保二战后日本再出发的根基,天皇在终战诏书上要特别明确自己在道义上的责任,同时,在合适的时机天皇要主动退位,以维持日本的天皇制。但战后一定要采取措施限制天皇的各种权力,以便更好地进行日本战后的民主化。⑤

事实上,在南原繁拜访日本政府和军队的几位政要,向他们苦口婆心地提出谏言并敦促他们尽快付诸行动的同时,也有很多和南原繁他们有着同样想法的人或组织也采取了类似的终战工作,因为日本有识之士都想尽快结束这场反人类的战争。⑥ 但是,一直到5月德国投降,8月,美军在日

---

① 丸山真男、福田歓一:「法学部長就任と終戦工作」、『聞き書 南原繁回顧録』、東京大学出版会 1990 年版、参照第 270 頁。

② 丸山真男、福田歓一:「法学部長就任と終戦工作」、『聞き書 南原繁回顧録』、東京大学出版会 1990 年版、参照第 271 頁。

③ 丸山真男、福田歓一:「法学部長就任と終戦工作」、『聞き書 南原繁回顧録』、東京大学出版会 1990 年版、第 272 頁。

④ 丸山真男、福田歓一:「法学部長就任と終戦工作」、『聞き書 南原繁回顧録』、東京大学出版会 1990 年版、第 273 頁。

⑤ 卢丽:《南原繁对侵华战争的"谢罪"认识与影响》,《东北师大学报》(哲学社会科学版) 2018 年第 1 期。

⑥ 丸山真男、福田歓一:「法学部長就任と終戦工作」、『聞き書 南原繁回顧録』、東京大学出版会 1990 年版、第 273 頁。

本的长崎和广岛投下了原子弹以及苏联的参战，8 月 15 日，日本接受了《波茨坦宣言》后宣布无条件投降，日本政府也没有主动采取措施结束战争。虽然南原繁等七教授的"终战工作"最终未果，南原繁本人也认为"这只不过是满足了我个人的主观愿望，未能有效地改变日本当时的政局"①。然而，"终战工作"却充分地显示出他和其他几位日本知识精英为了尽快结束日本这场惨绝人寰的侵略战争，为世界和平所做出的各种不懈努力以及超乎常人的想象力和胆识。

据《南原繁回顾录》记载：最终完成"终战工作"的核心人物是高木八尺教授，他正是在南原繁的"天皇道德责任说"的基础上推衍出了"道德高于权力"这一命题，并将这一命题渗透给天皇本人的。② 此理论的逻辑延伸是既然天皇对战争负有"道德责任"，那么天皇就应该以一个崭新的道德面貌出现在世人的面前。从而，天皇为了获得自己新的道德面貌，则必须离开权力的塔尖——因为世人皆知"道德高于权力"。1949 年，在该舆论和占领军不断施加压力的共同作用下，日本天皇果然公开表明了自己打算退位的态度，虽然由于天皇周围人的强烈反对而未能实现，但此后的日本天皇却只能以"国民统合之象征"的身份存续下来，而这一条后来也被写进了《日本国宪法》里。

值得我们注意的是，南原繁在推进"终战工作"的过程中，虽然赞同日本天皇退位并承担战争责任，但是他极力主张要保存、维护日本天皇制，维持日本的国体，只追究"天皇在道德上、精神上的责任"，这也是他在二战结束后的一贯主张。这在某种程度上也反映出南原繁浓厚的民族主义色彩，这与他"建设新日本、创造新日本文化、建设新的民主主义国家"的"建国构想"相左，也与他本人信奉的基督教相悖。③

第二节 "和平构想"

关于南原繁政治哲学思想体系中的"和平构想"，南原繁研究会会员高木博义认为其特点可归纳如下："面向永久和平与人类世界共同体的伟

---

① 丸山真男、福田歓一：「法学部長就任と終戦工作」、『聞き書 南原繁回顧録』、東京大学出版会 1990 年版、第 274 頁。

② 丸山真男、福田歓一：「天皇退位論」、『聞き書 南原繁回顧録』、東京大学出版会 1990 年版、第 271 頁。

③ 卢丽：《南原繁对侵华战争的"谢罪"认识与影响》，《东北师大学报》（哲学社会科学版）2018 年第 1 期。

大理想，绝不能搞'片面讲和'，也不能搞军事备战，要保持'中立'立场，要与共产世界①和自由世界②'和平共存'。"③ 他还总结出南原繁的"和平构想"思想体系中保持中立与和平共存的政治思想的五个最基本特征：第一个特征是"和平构想"伴随着"精神革命"。南原繁认为战后的每一个人都要重新站立起来，并以此为出发点，每个人都要彻底地完成"精神革命"。在此所说的"精神革命"只有热爱真理、精神上自由才有可能实现。第二个特征是"国体论"和"放弃战争"论的对立和抗争。南原繁担任贵族院议员期间，在制定日本宪法的过程中，与政府之间的论战一度达到白炽化的程度。当时激烈争论的焦点有两个：一个是"国体论"，另一个是"放弃战争"论。关于"国体论"，日本政府的主张是即使政体改变了，国体也不能改变。而南原繁主张既然政体改变了，那国体也要相应地进行改变。关于"放弃战争"，日本政府方面的主张是战后的日本"即使是为了自卫也不设一兵一卒。但是，南原繁却坚决主张日本虽然是战败之国，但也要拥有自卫的权利和最低的武装保障"④。事实证明南原繁的这一民族情结立场和主张也为日本留下了后患。高木博义认为："南原繁超越了目光短浅的当局政府，这也是他一生中不多见的向政治权力的直接挑战。究其根本的原因是南原繁在心中已描绘出了建设拥有和平文化国家的理念和建设世界和平的日本应做出贡献的宏伟蓝图。"⑤ 第三个特征是南原繁对政府"步入再军备之旅"的抗争。日本新宪法颁布后，南原繁暂时搁置了宪法中关于拥有自卫权的设置和作用等问题，他全力以赴地投入研究宪法中提出的关于和平的根本精神等问题上。南原繁认为在讲和问题尚未提上日程之前，政府却已开始步入了再军备之旅，这实属不明之举。作为为政者，曾经主张放弃自卫权，然而，纸墨未干，政府就再次提出了再军备的问题，这不能不令人怀疑政府的用心何在？"南原繁洞察到政治现状的同时，也预测出有人欲要用小小的手指调节地球转向的大野心。"⑥ 因为此时的南

---

① "共产世界"指中国和苏联等国家。

② "自由世界"指美国等国家。

③ 高木博義：「南原繁の平和構造」、『南原繁と現代』、東京 To be 出版 2005 年版、第 68 頁。

④ 南原繁研究会：『南原繁と現代——今問われているもの』、東京 to be 出版 2005 年版、第 70 頁。

⑤ 南原繁研究会：『南原繁と現代——今問われているもの』、東京 to be 出版 2005 年版、第 70 頁。

⑥ 南原繁研究会：『南原繁と現代——今問われているもの』、東京 to be 出版 2005 年版、第 70 頁。

原繁不仅看出了日本政府中右翼分子欲控制世界的野心，也高瞻远瞩地预测到在国际政治动向中存在两个世界和平共存的可能性。因此，他极力说服政府要积极地采取中立立场，同时，他还规劝政府不要进行再武装，如果日本力争保持中立立场的话，这种非武装的原则马上便会扩展到全世界，从而引领世界性全面军缩的进程。因为日本宪法第九条已向世界展示了其实现的可能性。第四个特征是以史为鉴，坚定理想信念。南原繁坚守历史的信念毫不动摇，这也是支撑南原繁"和平构想"的最基本理念。二战结束后的日本在接受《波茨坦公告》的同时也迈开了战后再出发的坚实步伐。东西方各国首脑会聚一堂共商世界和平，实际上已显示出和平共存的端倪，也让人们萌发了不愿意归属于任何一方的阵营，保持中立的想法，这也构成了南原繁"和平构想"的原点，亦是南原繁基于历史决不动摇、坚定信念的理想主义精神的体现。第五个特征是南原繁的"和平构想"成为"战后和平论"的强大支柱。日本"战后和平论"是以"和平问题会谈会"为主导构建起来的，即放弃战争，与世界各国友好和平地相处，此主张是南原繁的"和平构想"和日本战后进行的一系列改革的重要精神支柱。①

　　高木博义指出，南原繁的"和平构想"是以"精神革命"为中心，即"日本国民的精神革命"，这也是他的"和平构想"最重要的一个特点。②南原繁所指的"精神革命"亦即"日本国民的精神革命"，"以此次世界大战为诚，现在必须要改变人们的人生观和世界观……各民族唯以不同的方式拥有人类的自由，作为永远的捍卫自由者贡献于全人类，才会拥有各民族有个性的价值和历史的意义"③。南原繁指出："精神革命"要实现以下三个目标才有实现的可能性。其一是发自内心地热爱真理；其二是必须以纯真的态度去对待真理，方可期待精神的自由，才会有创造新世界的愿望和勇气；其三是要想创建新世界，只有尊崇宗教才是其实现的必要条件。④南原繁的"和平构想"和"精神革命"既是对把战前的日本导向黑暗的时代，使众多的同胞和前途有为的年轻人在战争中失去宝贵生命的忏悔，也

---

　　① 南原繁研究会：『南原繁と現代——今問われているもの』、東京 to be 出版 2005 年版、参照第 68、69、70、71 頁。

　　② 高木博義：「南原繁の平和構造」、『南原繁と現代』、東京 To be 出版 2005 年版、参照第 68 頁。

　　③ 南原繁：「人間革命」、『南原繁著作集』第七巻、東京岩波書店 1984 年特装版、参照第 157、158 頁。

　　④ 南原繁：「人間革命」、『南原繁著作集』第七巻、東京岩波書店 1984 年特装版、第 140 頁。

是南原繁由原来国粹主义的国体思想转向解放人类睿智思考的结果——那就是尊重每一个人，创造具有普遍性的丰富的文化层面上的个体精神世界。①

　　南原繁提倡的以"精神革命"推动日本民族再生和重建新民主主义国家的主张，对于二战结束后陷入茫然不知所措的日本民众来说，犹如在黑夜中茫茫海面上一盏导航的灯塔。他极力劝诫日本国民："我们民族的历史虽然悠久，但在世界历史上还很年轻，只要我们改正所犯下的过错，相互抚慰创伤的心灵，我们就一定能重新站立起来"②，南原繁深刻地分析了日本战败的直接原因即日本国民缺欠这种内在的"精神革命"。作为日本的"建国之父"，南原繁给予了还沉寂在战后悲惨遭遇的日本国民以精神食粮，唤醒了他们"茫然自失"地创建新民主主义国家的极大热情。

第三节　"曲学阿世"大论战

　　二战结束以后，日本在谋求结束美军占领，尽快恢复国家独立主权的过程中，出现了观点截然相反的两个派别。一派是以时任日本首相吉田茂为首的政府官员和财界人士们为代表，他们极力主张尽快缔结和约，要与以美国为首的西方国家实现单独讲和，即"片面讲和"；另一派则是以南原繁为首的知识界和商界的有识之人士为代表，他们主张要与包括中国和苏联在内的所有交战国实现真正意义上的讲和，即"全面讲和"。南原繁等人主张以"和平四原则"代替旧金山体制，反对重整备战，坚决反对议和后美军依旧留住日本，绝不能"片面讲和"而是要"全面讲和"。并且，还要在东西方两大阵营的冷战中保持永久的中立。③ 当时，在首相吉田茂主持参与的一系列政府活动以及外交活动中，日本政府无视苏联和中国，只向美国和西方"一边倒"的倾向已暴露无遗。面对无异于抽掉"中立"和"和平"这一战后日本基本国策为前提的政治危险走向，南原繁义正词严地公开提出了一定要与包括中国和苏联在内的所有交战国缔结和平条约的"全面讲和论"，并在各种场合多次公开地重申了他的这一立场。

　　据南原繁的次子南原晃介绍，1949 年 12 月 9 日，南原繁赴美国华盛顿出席了"被占领国全美教育会议"。在旧金山机场降落时，他身着先师

---

　　① 高木博義：「南原繁の平和構造」、『南原繁と現代』、東京 To be 出版 2005 年版、参照第 68、69、70 頁。

　　② 南原繁：「新日本の建設」、『南原繁著作集』第六巻、東京岩波書店 1984 年版、第 61 頁。

　　③ 郑毅：《铁腕首相吉田茂》，世界知识出版社 2010 年版，第 219 页。

新渡户稻造曾经穿过的、稍显大一点的黑色长礼服走下飞机，这不仅表明南原要繁秉承"国际主义精神的"的师训，也表明了他代表日本国民诉求和平的强烈愿望。① 南原繁在大会上用娴熟的英语满怀激情地演讲道："民族自由和精神上的独立，如果没有政治上的独立是无法达成的。我们殷切地希望与美国以及其他所有的联合国成员携手并进、协同一致，尽快缔结全面讲和条约……尽管目前欧洲和亚洲已经演变成了冷战的大舞台，但是，如果有一天真的出现了最严峻的事态，日本应该选择的道路也只有一条，那就是严守中立，绝不参与任何一方的战争。"② 南原繁向世人明确地转达了日本国民渴望与世界各国和平友好的心声。但是，他的美好愿望和仗义执言与将日本推向亲美"一边倒"的日本首相吉田茂发生了激烈的冲突。南原繁的"全面讲和"和以吉田茂为首的"片面讲和"之间的对立，不仅引起了日本学者们和日本政党各派之间的大论争，甚至还引起了南原繁、麦克阿瑟与吉田茂、美国国务厅之间的对立，这场旷日持久的日本有史以来的知识分子和日本政府之间公开的大论战，史称"曲学阿世"大论战。

1950 年 3 月 28 日，在美国华盛顿会议上阐述了日本中立立场的南原繁在东京大学应届生的毕业会上高调地进行了"世界破局的危机与日本的使命"的演讲。他慷慨激昂地讲道："在世界性破局的危机中，我们日本应该选择什么样的道路呢？虽然共产主义国家阵营和以英美为首的民主自由的国家之间的'冷战'正在东南亚以星星之火之势燎原。但是，在我们的周围也不是没有和平的机遇。我们究竟能不能抓住全面讲和的契机呢？在此，我所说的契机并不是我们要'片面讲和'，而是我们要'全面讲和'。"③ 南原繁进一步犀利地指出："政府以及一部分政客自去年秋天以来一直口唱'片面讲和'的高调，未免有些速断偏颇。在日益渐变的国际形势下，这会蒙蔽住我们的双眼。如果真的是以'片面讲和'并以军事同盟以及设定军事基地为条件来考虑这个问题的话，那么，我们就得放弃我国保持中立的立场，日本自然就会被再次卷入世界战争的旋涡之中。"④ 南原繁对此开的良方即是日本保持中立的立场，要永久和平。他阐述了永久和平的第一个条件即是确立超越自我的国际性政治组织；第二个条件是国际上要有共同的经济政策；第三个条件是必须恢复人类真正的自由和尊严。

---

① 卢丽：《南原繁的"和平构想"》，《暨南学报》（哲学社会科学版）2012 年第 7 期。
② 韩东育：《两个"八·一五"》，《读书》2006 年第 11 期。
③ 山口周三：『南原繁の生涯　信仰・思想・業績』、東京教文館 2013 年版、第 310 頁。
④ 山口周三：『南原繁の生涯　信仰・思想・業績』、東京教文館 2013 年版、第 310 頁。

南原繁一再反复告诫日本国民："即使发生了战争，我们也绝不能参与任何一方有组织的战争。我们要遵守联合国宪章，绝不参战。"① 南原繁在演讲的最后寄希望于年轻的学子们："无论未来在你们的人生中发生什么样的严重事态，你们都要有精神上的独立，并拿出勇气，为人格的自由和尊严做世界和平的友好使者，为民族的伟大理想而努力奋斗！……这也是我们所有人应尽的义务。"②

1950年5月3日，在日本自由党本部紧急议员总会的秘密会上，当与会人员提及一般性外交的议题时，首相吉田茂做了大约30分钟的发言。5月4日，吉田茂在此会上的发言以"全面讲和是空论、永久中立无意义！"的大幅标题登载在日本家喻户晓的《每日新闻》上进行了大肆渲染和报道。吉田茂以"南原东大总长在美国叫嚣全面讲和，这不过是个不通国际事务的'曲学阿世'之辈所发出的学者空论而已！南原主张的'全面讲和论'，所谓永久和平、中立与'全面讲和'只是纸上谈兵，实际上是绝对办不到的。"③ 其他媒体也随之跟风而上，日本整个社会为之愕然，一时间上演了日本"二战后大型的电视连续剧"④。

"曲学阿世"一词源于中国《史记》中的"无曲学以阿世"⑤。吉田茂借用此成语暗讽南原繁"歪曲真理、迎合世人"，是对知识分子的最大侮辱。5月6日，南原繁在东京大学校长室举行了记者招待会。他对吉田茂的言辞进行了严厉的批驳："各报刊载的吉田首相的发言，我认为作为一国之首相的言谈真的是令人难以置信。吉田首相说主张'全面讲和'就是'曲学阿世鼠辈'的空谈，这种标签是自'满洲事变'以来，由军部及其党羽一直贴在美浓部博士和我们这些知识分子身上的，这是对学术的亵渎，也是对学者的压制！'全面讲和'是每一位国民所希望的，尤其对于我来说阐明'全面讲和'的诉求，表明国民的决心，乃是我作为政治学者的责任和义务。"⑥ "我认为在这种复杂多变的国际形势下，为了使理想接近于现实，并且与理性结合在一起，竭尽其良知并尽其所能，这正是政治和政治家的使命。如果现在就把'全面讲和'或'永久中立'的主张视为

---

① 山口周三：『南原繁の生涯　信仰・思想・業績』、東京教文館2013年版、第310頁。
② 山口周三：『南原繁の生涯　信仰・思想・業績』、東京教文館2013年版、第311頁。
③ 山口周三：『南原繁の生涯　信仰・思想・業績』、東京教文館2013年版、第312頁。
④ 粕谷一希：「南原繁と吉田茂」、『占領と講和——戦後日本の出発』、東京情報文化研究所1984年版、第183頁。
⑤ 曲学亦指学识简陋的人；阿，迎合之意。此成语意为歪曲自己的学术知识，以投世俗之好。
⑥ 山口周三：『南原繁の生涯　信仰・思想・業績』、東京教文館2013年版、第312頁。

'曲学阿世之辈'的空谈，并企图把它封闭起来，可以说这是日本民主政治的最大的危机。"①

如果全面了解"全面讲和论"提出的真实背景，就会发现南原繁的主张根本不是什么"曲学阿世"的"学者空论"。南原繁之所以提出这个问题，是因为他已经充分地注意到中国和苏联这两个国家，特别是中国在日本未来的发展中所具有的举足轻重的作用和意义。② 他认为1949年成立的新中国已不是昔日的旧中国，在中国几千年的历史巨变中，只有现今的中国政府才有能力带领中国人民走向世界民族之林。如果处理或者解决不好与新中国的关系，日本就不会有真正意义上的复兴与重生，东洋的和平也不可能实现，更不可能与亚洲被侵略的其他各国达成共识，形成东亚的"民族共同体"③。南原繁认为："我们现在以及将来所受的苦恼和痛楚，是'历史的复仇女神'要求我们国民必须付出的代价，即必然被陈诸于真理和理性祭坛上的'国民式赎罪'。"④ 因此，他寄希望于日本国民，特别是年青一代能与世界各国人民"全面讲和"，友好相处，并为构筑世界"共同体"这一伟大的事业全心全意地尽职尽责。

第四节 "和平问题谈话会"

作为著名的政治学者，南原繁对二战后全球形成的东西两大冷战格局有着十分清醒的理性认知，他极具国际视野地将日本定位于东西两大冷战格局的中立者，以缓和东西方两大阵营可能发生的一切冲突和争端，表现出他作为政治学者的睿智和远见。然而，朝鲜战争爆发后，美国将对日政策进行了调整，给日本国民的"理性和真理"带来了政治以及思维上的混乱。南原繁十分担忧美国的这一政策会给日本"纯真的年轻人"造成对和平的"怀疑和动摇"，甚至摧毁"他们好不容易才建立起来的人生观和世界观"⑤。因此，他敏锐地断言："这一动向将成为我国的根本理想——非武装——中立思想的转折点，并导致军备论战的再度发

① 南原繁：「平和か戦争か」、『南原繁著作集』第九卷、東京岩波書店1984年特装版、第149页。

② 韩东育：《两个"八·一五"》，《读书》2006年第11期。

③ 卢丽：《爱国的民族主义：南原繁的"共同体论"》，《西南大学学报》（社会科学版）2014年第3期。

④ 南原繁：「新日本の建設」、『南原繁著作集』第六卷、東京岩波書店1984年特装版、第66页。

⑤ 韩东育：《两个"八·一五"》，《读书》2006年第11期。

生。事实上，由于美国政策的改变，已开始使'大东亚战争'的肯定论在
日本死灰复燃。有极个别的人不但不把那场战争看成是日本的过错，反而
试图强调其所谓的历史意义。"① 南原繁不能容忍二战后昭然若揭、公诸天
下的日本和平的"誓约"因美国的无原则调整而化为虚妄，他的信念十分
坚定："我等日本国民即便将来有一天一无所有，也要做讲信义、忠诚和
执着的国民。"② 他呼吁："现在，尤其是现在，对我国来说最为重要的就
是坚守宪法所规定的自由与和平理想，不可有丝毫的动摇。"③ 由于他预见
到处于东西冷战格局中的日本"倘若把握不好，极易出现'一边倒'的可
怕情形，所以，他反复告诫日本国民只有'中立'才能'独立'。日本人
除了做好两个世界的融合工作以外，决不可以偏向任何一方，也绝不可以
设定任何的'假想敌'"④。南原繁坚信："历史绝不会总是让暴力和非合
理的势力统治世界。正如本次大战所显示的真谛那样，只有正义和真理的
一方才能取得最后的胜利，这才是历史的必然逻辑。"⑤

　　1950 年 1 月 15 日，东京的安倍能成、和辻哲郎、高木八尺、蜡山政
道、大内兵卫、矢内原忠雄、有泽广巳、脇村义太郎、清水几太郎、丸山
真男、中野好夫、都留重，关西的恒藤恭、桑原武夫、田畑忍等数十位学
者参加了"和平问题谈话会"。马克思主义者和非马克思主义者、学术界
新老学者代表一共 35 人联名发表了"关于讲和问题的声明"。再次阐述了
"关于讲和的问题，如果让我们日本人阐述希望的话，全面讲和是我们唯
一的愿望。日本经济上的自立，单独讲和是无法达成的。关于讲和后的安
全保障问题，我们希望能保持中立、领土不可侵犯，同时，我们也希望加
入联合国。无论是何种理由，任何国家想要在日本划归军事基地，我们都
是坚决反对的"⑥。参加"和平问题谈话会"的所有人员再次重申必须坚持
"战后和平论"，坚决反对"片面讲和"，强烈主张同包括中国和苏联在内
的所有交战国实现"全面讲和"。会后，"和平问题谈话会"成员们在四月
号的《世界》杂志上发表了联合声明，再一次阐述了文化界、知识界坚持
的"全面讲和"主张："日本与中国以及东南亚诸国的贸易对日本的经济
自立而言，具有生死攸关的重要的作用和意义。然而，'片面讲和'只会

① 南原繁：「平和か戦争か」、『南原繁著作集』第九巻、東京岩波書店 1984 年特装版、第 198 頁。
② 韩东育：《两个"八·一五"》，《读书》2006 年第 11 期。
③ 南原繁：「平和か戦争か」、『南原繁著作集』第九巻、東京岩波書店 1984 年特装版、第 198 頁。
④ 韩东育：《两个"八·一五"》，《读书》2006 年第 11 期。
⑤ 南原繁：「人間革命」、『南原繁著作集』第七巻、東京岩波書店 1984 年特装版、第 93 頁。
⑥ 山口周三：『南原繁の生涯　信仰・思想・業績』、東京教文館 2013 年版、第 310 頁。

使日本同这些国家和地域的贸易变得不可能或者变得更加困难起来，这将会从日本手中夺走经济自立的机会。因此，'全面讲和'即使是对日本的经济自立而言也是绝对必要的保证和条件。"① 由此我们不难解读出"和平问题谈话会"的主导思想是日本的"战后和平论"，而"战后和平论"的基调则来源于南原繁政治哲学思想体系中的"和平构想"。由此可见，"和平问题谈话会"成员们所主张的和平共处理念、中立立场与南原繁的"和平构想"不谋而合、殊途同归。"虽然南原繁不是'和平问题谈话会'的正式成员，但是，'和平问题谈话会'的成员们主张中立、和平共存与南原繁的'和平构想'相辅相成，因此，说南原繁的'和平构想'是日本'战后和平论'的精神支柱也并不是夸大其词。"②

结　语

1952 年 9 月，在美国的亲自操刀下，在旧金山召开了排除中国和苏联的对日媾和会议。会上日本和美国缔结了《旧金山和约》和《日美安全保障条约》，这两个合约与南原繁的"全面讲和""保持中立""永久和平"的愿望南辕北辙，也与《日本宪法》中关于日本二战后独立自主，回归国际社会，为世界和平做贡献的和平理念背道而驰，也让世人遗憾地看到了真理与现实、宪法和冷战意志的离反与向背。同时，也向世人表明二战结束后以南原繁为首的"全面讲和论"与日本首相吉田茂的"曲学阿世"大论争最终画上了休止符，世人渴望和平时代的最终谢幕。

正如著名学者韩东育所指出的那样："今日的日本正在步入大的转换期，无论日本今后如何变化，人们都应该重温战后日本再出发时作为'建国之父'的南原繁是怎样构建这个国家的，以及这些构想方案中有哪些在后来的岁月里结出了果实，又有哪些不该丢失的东西被人丢弃了。"③ 南原繁虽然已经离开我们 70 余年，但他一生致力于追求的政治哲学理论与现实社会相结合的知性学术思想精髓、对日本政治哲学理论的研究以及为建设新日本、创造新日本文化而努力奋斗的精神仍在激励着一大批有良知的日本学人为世界和平、自由和正义而努力奋斗着。

---

① 南原繁研究会编：『南原繁と現代——今問われているもの』、東京 to be 出版 2005 年版、第 70 頁。

② 南原繁研究会编：『南原繁と現代——今問われているもの』、東京 to be 出版 2005 年版、第 71 頁。

③ 韩东育：《两个"八·一五"》，《读书》2006 年第 11 期。

第五章　南原繁在政治哲学理论上对法西斯的批判

　　1931 年，九·一八事变爆发后，日本军部势力和右翼势力不断增长、法西斯体制也得到了进一步确立。日本法西斯军国主义对大学军管的控制和知识分子的迫害也开始变本加厉，并逐步地扩大到只要是反对国家的"天皇国体论"，无论是思想方面的，还是言论方面的，与此相关的学术方面的学者和研究内容均被冠以莫须有的罪名全部遭到了整肃和迫害。

　　亲身经历了这场从学术上和思想上使日本学界陷入了日本有史以来最黑暗的悲惨境地的南原繁，看到大学里的许多知名教授和学人们纷纷被停职、被起诉、被驱逐，学术著作被封杀后，他强烈地意识到这些事件绝非偶然，反映出日本天皇制下狂热的法西斯之徒们的倒行逆施何其猖狂。于是，返回东京帝国大学后一直只关心做学问，被学生们称为"洞窟哲人"的南原繁一反常态，挺身而出。他以笔为刀枪，开始从政治哲学理论上研究德国法西斯和日本法西斯的缘起、法西斯的特征以及法西斯将会给世界人们带来的危害等。他还从自己构建的政治哲学体系知性学术思想中进一步得出法西斯的日子不会长久，胜利必将属于世界人们的前瞻性结论。南原繁大胆地断言日本这场"超越常识的战争"① 必败，而且，战争结束后日本要为这场侵略战争付出惨重的代价。因此。日本只有向以中国为首的亚洲各交战国诚心诚意地"谢罪"道歉，与世界各国携起手来走和平之路才是今后日本的必由之路。

　　多年来一直研究南原繁的日本成蹊大学终身教授加藤节在《南原繁的战后体制构想》一文中写道："我认为南原繁的一生可以分为'战前'、'战中'、'战后'这三个时间段的关系来考察。在此所指的'战前'大致是

---

　　①　山口周三：『南原繁の生涯　信仰・思想・業績』、東京教文館 2013 年版、第 169 頁。

指 1931 年九·一八事变之前；'战中'主要指其后，即自九·一八事变开始至 1945 年日本战败；'战后'主要是指日本二战结束之后。从'战前'、'战中'、'战后'这三者的关系上来看"①，加藤节认为"战中"的南原繁运用"战前"就大致已经以体系化的、独自构成的政治哲学为原理，对疯狂的德国法西斯和日本法西斯进行了彻底的批判。本书认为，南原繁在"战中"对法西斯的批判是置于他在"战前"就已经完成的政治思想哲学体系之上的，是他知性学术思想精华的一部分。

第一节　南原繁对法西斯的批判

1930 年至 1940 年是法西斯分子猖狂、世界动荡的时代，日本天皇制在"国体信仰"的幌子下，与军国主义和超国家主义相结合，将法西斯全体化后，对日本国民意识形态也加快了统治步伐。在那个众人皆知的法西斯时代，"与很多思想家和知识分子同样，对于南原繁来说，这也是一个从根本上反思自己的学问、学术思想之间相互关联的意义和其可能性的时代"②。加藤节经过多年的研究发现，处于"战中"法西斯魔爪下的南原繁在与严酷的社会现实对峙的同时，坚毅地从政治哲学和思想史的角度展开了思想和学术方面的研究。南原繁"特别将以下几个问题作为研究的重点，集中精力进行了学术性的考察和研究，即共同体的问题、民主主义及社会主义的问题、国家与宗教等问题。这些问题引起南原繁特别注意的缘起是这些问题中的任何一个问题都是直面挑战时代与社会的，同时，也是最切合现实社会主题的"③。

南原繁从 1941 年 12 月开始，连续在东京帝国大学的《国家学会杂志》上发表了系列论文《法西斯世界观与宗教的问题》。在这些论文中，"南原繁将法西斯的性质从世界观特别是其与宗教之间的关系上做了详尽的分析与考察，并站在法西斯违背了'欧洲精神的传统'这一立场进行了批判。由此，南原繁拥有了批判法西斯的这种方向性的特有的思想和立场"④。南原繁认为："大抵国家的问题从根本上说都是文化与内在的统一的世界观的问题，究其根本则与宗教的神性问题密切相关。"⑤ 因为他"确

---

① 南原繁研究会编：『南原繁の戦後体制構想』、横浜大気堂 2017 年版、第 4 頁。
② 加藤節：『南原繁の思想世界　原理・時代・遺産』、東京岩波書店 2016 年版、第 37 頁。
③ 加藤節：『南原繁の思想世界　原理・時代・遺産』、東京岩波書店 2016 年版、第 59 頁。
④ 加藤節：『南原繁の思想世界　原理・時代・遺産』、東京岩波書店 2016 年版、第 60 頁。
⑤ 南原繁：『南原繁著作集』第五巻、東京岩波書店 1984 年特装版、第 12 頁。

信""国家的问题"即是"世界观的问题",而"世界观"又与"宗教的神性"息息相关,因此,南原繁的这种"确信"便与他的"任何时代抑或某个国家的国民如果把某种神作为神灵,并以其神性去思考问题的话,那么就决定了那个时代的文化和国民的命运"[①] 的历史观重叠交织在一起了。"站在'确信'此种神性的历史观上,南原繁首先将时代的危机归结为被形象化成个人主义和合理主义的'近代精神',而提倡克服这种时代危机的法西斯世界观的特质是强调由'统一人种'组成的《种》[②] 的自然共同体的意义。进而,南原繁认为,如此一来将自然的人种价值化的法西斯世界观便带来两个后果。"[③] 一个是最初由精神转向兽性,由理性转向非理性,继而,必然会导致粗野的自然主义引发的精神和理性文化被彻底征服的倾向。南原繁将此种倾向称为"一言以蔽之,法西斯精神是以'超自然'为特征的"[④]。由此,南原繁也"找出了法西斯精神与世界观的根本性问题,即法西斯世界观导致的另一个恶果则是不断地下滑到自然人种底线的法西斯主义否定基督教的'超越性'和'普遍性',其结果只能将日耳曼的'血'的神话和'血'的宗教作为其世界观的基础"[⑤]。"如此,'宗教和神学则可以被置换成更多的人类学抑或人种学',在这一点上,我们自然可以看出'以种族的生存为中心形成的法西斯世界观'所带来的根本性危险。因而,否定'理性文化',否定宗教的'超越性'和'普遍性',则昭示出法西斯从根本上离反了欧洲以希腊精神和基督教为支柱的精神文化传统。由此,我们不难得出法西斯不仅不能解决时代的危机,相反,'却能制作出一个新的危机'[⑥]"的结论。南原繁在论文的最后高度概括道:"法西斯世界观与宗教的问题并不仅仅是现代欧洲的诸多问题,我们更不能忽视这一产生危险的迫在眉睫的世界性问题,实际上也是与我国休戚相关的重大问题。"[⑦] 在此,南原繁剑指日本法西斯,警告世人法西斯将会给全世界人民带来的危害和灾难。

南原繁在日本法西斯疯狂迫害知识分子和大学学人的年代,以研究"国家与宗教"为主旨,试图从欧洲精神史的传统入手找寻到解决问题的

---

① 南原繁:『南原繁著作集』第五卷、東京岩波書店 1984 年特裝版、第 13 頁。

② 在此是指日本京都学派的政治哲学家田边元在其著作国家论中提及到的"作为《种》的民族"的《种》。

③ 加藤節:『南原繁の思想世界　原理・時代・遺產』、東京岩波書店 2016 年版、第 60 頁。

④ 丸山真男、福田歓一:『回想の南原繁』、東京岩波書店 1975 年特裝版、第 318 頁。

⑤ 丸山真男、福田歓一:『回想の南原繁』、東京岩波書店 1975 年特裝版、第 318 頁。

⑥ 南原繁:『国家と宗教』、東京岩波書店 1984 年版、第 426 頁。

⑦ 丸山真男、福田歓一:『回想の南原繁』、東京岩波書店 1975 年特裝版、第 318 頁。

方法，并结合现实社会进行了批判。他在《柏拉图复兴与现代国家哲学的问题》《基督教的"神之国"与柏拉图的国家理念》《纳粹世界观与宗教的问题》等文章中从宗教与哲学的角度指出纳粹的世界观违背了欧洲的精神传统，在批判德国法西斯的同时，也批判了选择与德国结盟的日本法西斯，在此，南原繁前瞻性地预言了纳粹法西斯的"没落"[1] 即法西斯必定走向灭亡的最终下场。

　　南原繁在《费希特的国民主义理论》[2] 和《费希特的社会主义理论》[3] 两篇论文中对法西斯主义进行了原创性的彻底批判。南原繁的《费希特的国民主义理论》完成于1933年的九·一八事变发生之后的两年。以九·一八事变为契机，日本在全国急剧高涨的国家主义风潮至上的同年1月退出了国际联盟。同月，德国纳粹夺取了政权。南原繁正是在这激荡不安的时代，完成了此篇独特性的论文。他在文章中特别强调"国家要从完成个人自由出发，而绝不能与此相反。对内要永远保证人格的'自由'，对外要将国际联盟和永久和平的理念作为自己永久的研究课题"[4]。"由于费希特主张只有民族才能达成自由的人格和实现人类进步的理念，国家是为国民进行文化服务全部的手段，于是，南原繁在此基础上导出了教育国家、文化国家、理性国家、世界主义等知性学术思想。"[5] 进而，他指出"所说的爱国，就是国民对显现出来的永恒的事物、普遍的事物的憧憬。综上，南原繁得出了费希特的民族主义与强调民族的血统论的纳粹民族的概念大径相庭的结论"[6]。接替南原繁任东京大学校校长一职的大内兵卫教授认为："这篇论文是南原繁对横行的日本国家主义思想在学术上的直面抗争。"[7]

　　南原繁的另一篇论文《费希特的社会主义理论（一）（二）》分别发表于1939年12月和1940年12月，此时恰好是在德国纳粹高唱民族社会主义，日本关于社会主义的词汇已基本销声匿迹的时期。南原繁在此篇论文中阐述道："社会主义是20世纪的课题，是现代社会需要解决的重大问

---

　　[1]　加藤節：『南原繁の思想世界　原理・時代・遺産』、東京岩波書店2016年版、第61頁。
　　[2]　《费希特的国民主义理论》收录于《费希特的政治哲学》一书中，1984年由东京岩波出版社出版。
　　[3]　《费希特的社会主义理论》收录于《费希特的政治哲学》一书中，1984年由东京岩波出版社出版。
　　[4]　南原繁：「解説」、『南原繁著作集』第二卷、東京岩波書店1984年特装版、第457頁。
　　[5]　大内兵衛：「南原繁総長の横顔」、『回想』、東京岩波書店1975年版、第364頁。
　　[6]　大内兵衛：「南原繁総長の横顔」、『回想』、東京岩波書店1975年版、第364頁。
　　[7]　大内兵衛：「南原繁総長の横顔」、『回想』、東京岩波書店1975年版、第364頁。

题。随即，南原繁根据费希特的社会主义理论展示了'社会主义国家的构造'①"②，即"自我的自由的理想与社会共同体的理想二者结合在一起的文化社会主义③"。南原繁以此为依据，对法西斯进行了详细的分析和严厉的批判。他总结道："构成纳粹主义（又称德国民族社会主义）基础的是民族，对他们来说，所谓的民族只有北方的雅利安人种中的日耳曼民族才能成为其共同体中正式的一员，他们强调的是日耳曼民族的优越感和荣誉。由此可见，纳粹强调的民族社会主义与费希特所指的社会主义是截然相反、南辕北辙的。"④

南原繁批判法西斯的集大成则是他 53 岁时出版的第一本处女作《国家与宗教》，此部专著出版于太平洋战争爆发后的 1942 年 11 月，由日本岩波书店出版。这部专著凝聚了南原繁的大量心血，是他最初的学术成果之大成。在出版之前，南原繁又做了部分的添加和修改才完成了此书稿。他重点阐述了柏拉图、原始基督教、康德、黑格尔、马克思、纳粹等思想和个人的观点，主要论述了自希腊时代至今的国家与宗教的欧洲精神史，书中所涉及的内容除了政治哲学原理领域的研究成果以外，更多的内容是直击现实社会的问题，批判了战时的日本法西斯，因此，南原繁本人称该著作为自己的"精神之子"⑤，由此可见，南原繁对此专著的重视程度，可谓视如初子。

《国家与宗教》全书由南原繁的四篇论文和序以及终章（补论）⑥ 构成。第一章"柏拉图的复兴"。在此章节中，南原繁介绍了柏拉图以善的理念为依据，把正义作为论题描述国家理念的过程，完整地展示了理想主义国家哲学最初的范式。同时，南原繁还阐述了柏拉图的精髓是其"合

---

① 费希特的"社会主义国家的构造"即他的"国家论"，亦是他的"政治国家论"的学术性的方法问题。特别是基于一个社会主义的主张，同时，又是费希特作为原理的知性的社会主义如何能实现的问题。简言之，费希特的"社会主义国家的构造"即他的"社会主义国家论"的理论构造问题。

② 南原繁：「フィヒテの政治理論の発展」、『南原繁著作集』第二巻、東京岩波書店 1984年特装版、第 262 頁。

③ 南原繁：「フィヒテの政治理論の発展」、『南原繁著作集』第二巻、東京岩波書店 1984年特装版、第 238 頁。

④ 南原繁：「フィヒテの政治理論の発展」、『南原繁著作集』第二巻、東京岩波書店 1984年特装版、第 238 頁。

⑤ 加藤節：『南原繁の思想世界　原理・時代・遺産』、東京岩波書 2016 年版、第 37 頁。

⑥ 1943 年 8 月、9 月，南原繁发表于日本《国家学会杂志》上的论文《天主教与耶稣教》，1946 年 9 月，出版第三版（增补版时，作为《补论》，南原繁在书中的序里写道："这既是全书的'绪论'，同时，也可以看做是'结论'。"

理"的精神和"自由"的精神。他批判了纳粹斯邦（音译）新黑格尔派学者对柏拉图的解释。① 第二章主要论述了"基督教的'神之国'与柏拉图的理想之国"。南原繁在此章中从柏拉图的哲学和基督教的立场出发，明确了柏拉图的"神之国"和"地之国"这两个主题相互之间的关系，并进行了详细的论述。他指出："新黑格尔派所主张的政治与宗教统一是独断与独裁，侵犯了个人的人格与自由。"② 第三章阐述了"康德世界秩序的理念"。南原繁在此章中主要阐述了康德哲学的基础是自由的人格。他从康德的道德哲学的逻辑中推出了"永久和平"是综合了正义和人类福祉的政治最高善的最终结论③。南原繁在第四章"纳粹世界观与宗教"中重点分析、论述了纳粹的性质。他指出："纳粹真正的性质在于将精神、理想主义的要素与野生的、自然的要素混为一谈，因而，纳粹便拥有了魔鬼般的超越自然的性格特征。由于纳粹十分重视强化种族意识，所以，培养民众为了民族而努力奋斗的精神意志自然就变成了国家的使命。"④ 南原繁在此一针见血地道破了纳粹法西斯的精神实质。因此，该书与南原繁其他的学术专著和论文集截然不同，它的意义和价值不仅在于南原繁对日本"战中"严峻时代进行的密切关注，同时，还直击日本现实社会，对法西斯进行了彻底的批判，堪称一项十分有特色、有目的、有针对性的学术研究硕果。

　　该书一气呵成，各章节相互呼应，环环相扣，逻辑缜密，形成一个有机的整体。正如南原繁在该书"序"里所写的那样，"本书收录的诸篇文章是近年来我在各篇章相互关联的前提下撰写的，贯穿全书所研究的根本性问题是国家与宗教之间的关系问题。原来关注的西洋政治理论史研究的兴趣也是研究目的和内容之一，与此问题相关联的正是这个贯穿全书的主题，并且，对于我来说这个主题具有相当的现实意义"⑤。正如福田欢一在本书附录的"解说"中所指出的那样："《国家与宗教》的主题既不是'教会与国家'，也不是'政治与宗教'。正如副标题'欧洲精神研究'所

---

① 1936 年 9 月，南原繁发表于日本《国家学会杂志》上的论文《柏拉图的复兴与现代国家哲学之问题》。

② 1930 年 4 月南原繁发表在《圣书之研究》终刊号上论文的题目是《基督教的"神之国"与柏拉图的理想之国》。1937 年 10 月、11 月，南原繁再次发表于日本《国家学会杂志》上的论文，内容有所添加，题目为《基督教的"神之国"与柏拉图的国家理念——神政政治思想的批判—（1）（2）》。

③ 1940 年 9 月，南原繁发表于日本《国家学会杂志》上的论文《康德世界秩序的理念》。

④ 1941 年 12 月和 1942 年 2 月、4 月，南原繁连载在日本《国家学会杂志》上的三篇论文《法西斯世界观与宗教问题（1）（2）（3）》。

⑤ 南原繁：『国家と宗教』、東京岩波書店 1984 年版、第 11 頁。

展示的那样，既不是柏拉图与神学的思想与理念的纯理论的问题，也不是经验科学与事实史的问题。"① 对此，借助南原繁在此书的"补论"中的"补充说明"读者便可一目了然。

该书虽然"采用了欧美一般性的教会史的方法，但是，本质上都是文化哲学的关注与意识形态以及理念相关联的原理性问题，归根到底也是政治哲学理论的问题"②。在《国家与宗教》第四章中，南原繁以"法西斯世界观与宗教的问题"为中心，全面、直接地对法西斯的原理进行了彻底的批判。第四章原本是在 1941 年 12 月太平洋开战的时代背景下，连载在《国家学会杂志》上的文章。但最初的原稿实际上是 1940 年 12 月南原繁在小野塚喜平次教授的第一次政治学研究会上所发表的研究内容。此报告亦是作者在同名杂志上连载的系列论文《费希特社会主义理论》的完成篇。南原繁在该篇论文中"彻底地解明了纳粹看似与费希特相近，但实质上性质完全不同。他将这一结论归结到'这是社会给予的历史构造容忍停滞不前资本主义发展的一个意识形态'。虽然对作者南原繁来说，宗教才是本篇论文的核心问题。但由于参加当天讨论会的都是同师门的人，所以，南原繁在本次的研究报告会上，用了近一个半小时的时间对法西斯进行了酣畅淋漓的彻底批判"③。此时距日本、德国和意大利三国结成法西斯轴心国仅仅相隔不到三个月的时间。本次会议记录记载："在这种危机情形下产生的纳粹，否认希腊的真理至上主义，否认基督教的普遍性，简言之，就是全面否认欧洲精神的文化传统。为此，站在此立场上的纳粹，只要他们追求这种政治思想理念就只有失败的下场。如若他们不放弃此立场继续顽固地坚持下去的话，最后他们也只能是不得不放弃自己的这种政治思想理念。"④ 报告会结束以后，南原繁的好友三谷隆正提醒南原繁可能会有人打小报告，政府也可能会禁止此论文的出版，所以，建议他一定要谨言慎行。于是，南原繁接受了好友的建议，在《国家学会杂志》发表此篇论文的时候，他虽然十分慎重，但是，我们在文章中依旧可以看到多处"有危险""有这种可能性""我毫不畏惧"等字样。由此可见，南原繁批判法西斯的宗旨始终没有改变，他在追寻近代欧洲精神的展开历程的同时也质疑了与此背道而驰的纳粹思想体系。他犀利地指出："纳粹思想是浪漫主义的能动化，他们歪曲了尼采的自然主义，'由精神转向了野兽''由

---

① 南原繁：『国家と宗教』、東京岩波書店 1984 年版、第 389 頁。
② 南原繁：『国家と宗教』、東京岩波書店 1984 年版、第 279 頁。
③ 南原繁：「解説」、『南原繁著作集』第二巻、東京岩波書店 1984 年特装版、第 401 頁。
④ 丸山真男、福田歓一：『回想の南原繁』、東京岩波書店 1975 年特装版、第 318 頁。

理性转向了非理性''完全歪曲了自然主义精神和理性文化'。"① 在此基础上，南原繁断言："在纳粹与欧洲文化危机相关的这个问题上，人类最终会丧失自我存在的确定性，一旦确立了这种可能性则会直面自身的不安，由此，会继续探究自我存在这一问题，此问题也最终会导致全体国民都去寻求这个根本性的大问题。"② "人们会反复不断地追究人类存在的这一原则性问题，一直追寻探究到弄明白的那一天为止。"③ 由此，我们丝毫解读不出南原繁有任何的妥协和畏惧。

虽然此前蓑田胸一曾攻击南原繁连一部像样的学术专著也没有，是"空寂的政治学者"④，但事实上，南原繁每年都会有一篇质量较高的长篇论文在日本公认的学术性较强的《国家学会杂志》上发表。在日本法西斯军国主义一统天下的黑暗现实下，南原繁连续发表的论文除了批判了纳粹法西斯、反对战争、批判时局，他还提倡康德"最高善"的"永久和平论"。因此，他本人也做好了思想准备，冒着一旦被日本文部省检阅后有可能被处罚的危险，勇敢地发表了此篇文章。幸运的是，由于南原繁的这篇论文是关于西洋哲学史方面的政治哲学理论的研究成果，此前他也一直没有被媒体关注过，加之他在文章中也没有直言敏感的"国体论"等问题，所以，南原繁虽然在文章中批判了法西斯，但很难与日本社会现实对号入座，普通读者也很难领会这种学术上的奥妙，于是，此篇论文幸运地免遭蓑田胸一等人的毒手。因此，该论文被收纳在《国家与宗教》里后顺利地出版了。而且，令人意想不到的是岩波书店最初出版的 5000 册很快便销售一空。在"战中"日本纸张十分匮乏的情形下，这也足以说明在当时的日本知识界还是有一大批有识之士密切地关注着法西斯主义和世界动向的，人们不仅渴望追求真理，也期待着在理论上搞明白法西斯到底是怎么一回事。丸山真男对此评价道："南原繁对法西斯的彻底批判在当时的日本学术界和思想界产生了巨大的影响。"⑤

我们在研读上述南原繁这几篇论文和政治哲学思想的代表作《国家与宗教》时便会发现，通过对康德、新康德、费希特等人思想与理论的研究，对于现实情形的基本捕捉方法和感觉构成了南原繁对现实社会的具体认知和自身的处世哲学。正如南原繁在另一部代表作《政治哲学序说》中

---

① 南原繁：『国家と宗教』、東京岩波書店 1984 年版、第 220 頁。
② 南原繁：『国家と宗教』、東京岩波書店 1984 年版、第 256 頁。
③ 南原繁：「解説」、『南原繁著作集』第二巻、東京岩波書店 1984 年特装版、第 402 頁。
④ 山口周三：『南原繁の生涯　信仰・思想・業績』、東京教文館 2013 年版、第 158 頁。
⑤ 山口周三：『南原繁の生涯　信仰・思想・業績』、東京教文館 2013 年版、第 159 頁。

所言明的那样，他的哲学之路——政治的知性是由"常识的见解"转向"客观的科学知识"，进而迈向"质疑人类的历史应如何发展"的"世界观的哲学"，并且，最终自然走向"辩证法的发展"。南原繁坦率地向我们展示了他遵从知性的要求，将自己的学术研究定位于回归政治社会，并明确决定由此构筑其独特的政治哲学体系的这一知性学术思想轨迹。

如前所述，以九·一八事变为分水岭，日本进入了一个社会与政治激荡不安的时代，南原繁的学术生涯轨迹也随之发生了很大变化。在此之前一直生活在学术象牙塔里，一心只做学问的南原繁从来没有做过一场演讲，甚至也没有写过一篇涉及现实社会的文章。但此后，南原繁却由原来只关注学术研究开始转向关注这场超国家主义的法西斯主义狂潮。关于此时期南原繁的学术成就，他的弟子福田欢一曾有过高度的评价："在政治现实与严峻的社会形势下产生的'非情之情'所支撑下来的那个时代，这些经典的学术论作鲜明地佐证了作者与严酷的现实社会对决的烙印和痕迹。"[1] 福田欢一的师兄丸山真男也认为："此篇论著[2]与《国家与宗教》中第四章的'纳粹世界观与宗教'一文是南原繁在二战中对法西斯意识形态正面对决在学术上的批判，这两篇文章在日本的学术史上、思想史上，毫无疑问将会永放光芒。"[3] 南原繁这两部有良知的专著反映出二战中日本知识分子对时局的密切关注和对法西斯倒行逆施的担忧，也折射出"洞窟哲人"南原繁勇于面对法西斯体制下日本残酷现实社会的果敢。与此同时，也让我们领略到南原繁作为一名日本精英知识分子的胆识和睿智。

第二节　南原繁对法西斯军国主义
大学政策的抗争与批判

南原繁一贯主张："大学是真理之府，亦是理性之府。在确保大学所具有的教育、研究和传道授业三项职能的同时，最重要的是要确保'大学的自治'与'学术的自由'这两项最基本的保证。一旦不具备这两项条件抑或丧失了大学应有的教育理念和职能，这个国家便会自行消亡。"[4] 南原繁认为："能否坚持大学的办学理念？此理念能否对整个国家和社会起到

---

① 南原繁:「解説」、『南原繁著作集』第二卷、東京岩波書店 1984 年特裝版、第 398 頁。
② 指南原繁《费希特的政治哲学》，1984 年由东京岩波书店出版。
③ 丸山真男:「南原繁『フィヒテの政治哲学』を読んで」、『丸山真男集』第八卷、東京岩波書店 1996 年版、第 108 頁。
④ 立花隆:『南原繁の言葉』、東京大学出版会 2007 年版、第 108 頁。

引领作用，将会导致大学改革的必要性。'大学的自治'和'学术的自由'，不仅是大学和大学人所关注的，实际上还是日本建设新民主主义文化的必要条件。"①

　　亲身经历了 1920 年到 1941 年东京大学历史上最不幸的"被整肃、迫害""受难期"，并目睹了"八·一五"前东京帝国大学很多知识分子所遭受的各种悲惨境遇，自从担任东京帝国大学校长之后，南原繁挺身而出、终身为之奋斗的便是实现"大学的自治"和"学术的自由"。1938 年 7 月，新任日本文部大臣的陆军大将荒木贞夫②一上任便言明大学改革的必要性，即刻着手进行了相关的一系列改革，诸如：规定任免大学总长或校长、院系主任、教授、副教授时，各所大学必须向文部省有关部门奏请。而且，此规定很快又扩大到大学的行政机构人员，更有甚者还提出了改变大学使命和培养目标等要求。

　　1938 年 9 月 5 日，南原繁在《大学的自治》一文中指出："荒木大将被任命为文部大臣，此事件本身可以说是我国要发生未曾有的事变的一个表征，这是我国从来没有过的不正常的状态，也使世人能联想到文化和教育等方面将要出现诸多的变化。"③ 南原繁进一步指出："大学具有选拔教授、副教授的权力，采用通过推荐选举总长（校长）、系主任的方式在'文教'方面是'立宪主义'的表现。荒木文部大臣提倡的'改革'不仅与法西斯的大学政策相近，而且，还包含了超越此政策的强制性的压制手段，这种改革不适合日本大学，这也是我们大学的不幸！此种改革难以得到我们大学学人的首肯，这将会对我国的文教事业产生重大的不良后果。"④ 不久，荒木贞夫采取的一系列不得人心的高压政策更是遭到了大学进步人士和广大知识分子的强烈反对和抵制。对此，南原繁再次一针见血地指出："我国现在需要改革或革新的事宜诸多，我们并不反对改革或革新，只是改革的原则必须尊重日本国民的意愿，即塑造日本国民的个性和人格，要以全体人员的参与作为前提，这在政治、产业等其他方面也同样如此。所以，作为文化之府的大学就更应该践行此条件。大学与其他的组织、机关不同，大学要独立地进行传道授业和学术研究就必须发挥各成员

---

　　① 韩东育：《两个"八·一五"》，《读书》2006 年第 11 期。
　　② 荒木贞夫（1877—1966），1897 年日本陆军士官学校毕业，参加过日俄战争。1907 年陆军大学毕业。1931 年 12 月至 1934 年 1 月任陆军大臣。1938 年 5 月近卫内阁组阁时被任命为文部大臣。曾任日本陆军大将、男爵。战后，被远东国际军事法庭判为甲级战犯，1954 年获假释。
　　③ 南原繁：「大学の自治」、『南原繁著作集』第六卷、東京岩波書店 1984 年特裝版、第 10 頁。
　　④ 南原繁：「大学の自治」、『南原繁著作集』第六卷、東京岩波書店 1984 年特裝版、第 10 頁。

的创造性意志。为此，学者们的'自由共同体'才是根本性的保证。因为他们不是行政事务官厅的上下级服从或所属的关系，全体成员相互平等携作才构成了大学的本体。但这并不是说大学一定要超越国家制度之外，而是大学作为国家的一个有机整体，作为学问之府的特殊缘故使然。"① 南原繁在此所说的"大学的自治"并不是与权力相对立的概念，而是与大学全体教职员工对国家所尽的义务或责任紧密相连的。为此，大学就要自觉地履行国家赋予的固有使命，通过自由地运行学术研究，真正地为国家、为真理的开发而努力工作，与此同时，确立并完成与使命相符的合理组织机构也是大学最根本的任务之一。

1941 年南原繁在《大学的本质》一文中再次强调指出："近年来，对'知识''知性'，特别是科学的'合理'精神有人不相信甚至反对。然而，大学毕竟是'真理的殿堂''理性之府'，我们必须铭记国家给予大学的固有使命之一就是学术研究。无论国家处于什么样的危险境地，这些都不能改变，并且，越是恶劣的境遇，我们就更应该专注于自己的这一使命，要在所有的科学领域克服困难，创造一切必要的条件，坚持不懈地进行基础性理论研究。"② 南原繁语还补充阐述道："我们一方面要保持、发扬东洋特有的研究成果，另一方面还要更加努力地学习以逻辑、合理性为特征的西洋文化的真谛。自然科学如此，社会诸学科亦如此。正如自然世界有其法则那样，社会和历史也有其固有的法理和法规。不过，学术是理性的世界，是一个有逻辑的世界。然而，现在的社会却是一个在政治社会方面不尊重科学和真理的社会。"③ 针对有人提出异议，他进一步犀利地指出："政治绝不是权利的目的、手段和谋略，它是比人类共同生活更加美好的秩序建设。追根到底，政治是真、善、美、神圣的有内在联系的世界秩序问题。因而，也是其自身理性的客观秩序的问题。我们绝不可以糟蹋、蹂躏这种高度的政治秩序和其客观的真理性，否则，将会遭到真理的报复。"④ 南原繁之所以这样说是因为他已经意识到："在客观的秩序世界里，只有放弃各自的主观臆断、异见，专注于自己的学术研究，才有可能发现真理并创造文化。在此真理指导下，唯有投入到这种普遍的客观文化的劳动中，全身心地、专心致志地不断努力，才有可能形成健全的人格。但是，大学并不是只专研探求逻辑和真理，人类更不是只有通过知性劳动

---

① 南原繁：「大学の自治」、『南原繁著作集』第六卷、東京岩波書店 1984 年特装版、第 11 頁。
② 南原繁：「大学の本質」、『南原繁著作集』第六卷、東京岩波書店 1984 年特装版、第 15 頁。
③ 南原繁：「大学の本質」、『南原繁著作集』第六卷、東京岩波書店 1984 年特装版、第 16 頁。
④ 南原繁：「大学の本質」、『南原繁著作集』第六卷、東京岩波書店 1984 年特装版、第 20 頁。

才是形成人格向上的唯一途径。我们在关注理论的合理性时，另一方面还要不断地关注其'非合理性'。"①

对战时有着强烈的判断和信念的南原繁进而指出："在此意义上，'学术的自由'并不与国家原理相对立。相反，是国家存立必备的条件，这与'大学的自治'也不相互矛盾。如若不然，单凭政府当局的意志或是大学内部一部分人的意志来决定的话，甚至用'权利意识'取代压制'真理的意志'，那么，就会发生灾难性的大事件，真正意义上的大学将不复存在。"② 毋庸置疑，南原繁主张的"大学的自治"并不是强调与政府对立，而是要求大学全体成员对国家尽义务和责任。大学必须自觉地履行国家赋予的固有使命，为建设新民主主义国家、探求真理而尽职尽责。"学术的自由"最重要的也是思想及学术研究上的自由。南原繁主张除"军国主义"分子和"极端的国家主义"分子之外，要尊重不同知识分子的世界观和学术观，唯有相互理解提携，共同探求真理，切断旧历史，开拓新文化，方可谓真正意义上的"学术的自由"，进而才能达到"思想意识上至真的自由"③。

南原繁认为"大学的自由"最重要的是思想及研究的自由，唯此，才不会与民主的政治体制相矛盾，才能称为真正意义上的"学问的自由"乃至"思想的自由"。而且，所谓的"大学的自由"并不仅仅指教授这一方在思想上的自由与研究上的自由。大学生们学习生活中除了上述的自由外，还要自主自律地计划好如何自学和生活，而学生们的这种自由却伴随着重大的责任和规律。每一位学生都要独立地进行思考和研究，并将研究思考过的内容汇报、发表，遵从理性的导引进行自由讨论。通过此办法，在各自不同的主观的意见中超越个人的独特观点的出现才能称为真正具有"学问的自由"④ 之意义。

我们不难看出坚持"大学的自治"与"学术的自由"并引领日本全社会脱离二战后的泥潭，是南原繁主持东京大学工作的重中之重。在任六年间，南原繁除了每日的事务性工作，还经常奔走呼号在文部省和 GHQ 之间，不辞劳苦地汇集各种信息和情报，坚持"自主自律"地进行教育改革，睿智地指导东京大学进行了多项重大改革。如：1947 年 10 月把"东京帝国大学"改为新制"东京大学"；将原来的法、医、工、文、理、农、

---

① 南原繁：「大学の本質」、『南原繁著作集』第六巻、東京岩波書店 1984 年特装版、第 18 页。
② 南原繁：「大学の本質」、『南原繁著作集』第六巻、東京岩波書店 1984 年特装版、第 12 页。
③ 南原繁：「大学の本質」、『南原繁著作集』第六巻、東京岩波書店 1984 年特装版、第 12 页。
④ 南原繁：「新日本の建設」、『南原繁著作集』第六巻、東京岩波書店 1984 年特装版、第 64 页。

经七个学部改为新制大学的学部；将二战前旧制"高等学校"教养科目改制成面向战后的一般市民教育，并入大学、大专的通识课程；合并了旧制"第一高等学校"和"东京高等学校"，创设了日本唯一的相当于一般教养以及专门教育的教养学部；动用各方面的力量大力资助教育学部；开设了新制大学院积极开展科学研究。此外，南原繁还创建了日本第一个大学附属的出版社"东京大学出版会"，并亲自担任首届出版会会长。

在确保"大学的自治"与"学术的自由"的过程中，南原繁充分显示了卓越的领导才能，他在 1948 年 3 月 19 日召开的第 61 次"教育刷新委员会"总会上提出："日本大学的自治可以通过教授会、评议会、大学职能部门等实现，并且要立法。"① 此提案经 3 月 26 日第 10 次特别委员会讨论后于 4 月 9 日第 64 次总会上以"关于大学的自治与学术的自由"的建议被大会采纳。南原繁以其睿智和坚持不懈的努力使以东京大学为首的日本教育摆脱了战中和战后的各种危机。

1949 年 1 月 1 日，南原繁在"振兴祖国"的演讲中再次向日本国民阐明："振兴祖国是一场自律自主的'人间革命'，唯有培养确立人格、追求真理、崇尚自由的新国民，此乃教育之真谛。"② 同年 12 月，南原繁赴美国华盛顿出席了"被占领国全美教育会议"。在会上他用流畅的英语进行了"日本教育改革之设想"的演讲，指出："承认每个人的个性，以真理探求自由构成了日本教育改革之核心。"③ 他在演讲中最后呼吁道："教育最重要的问题即是指导战后日本教育的理念问题，其实质亦即探求人格的完全确立和追求真理的自由。这既是西洋'文艺复兴'的理想，也是日本和我本人的一贯主张——我们一定要有日本自身的'文艺复兴'。"④ 南原繁认为："1868 年的明治维新本应是进行各项改革的最佳机会，然而，整个维新时期，日本只专注于国家权力的确立和国民的富裕，人们的价值观也只停留于此。亡羊补牢为时不晚，对于现在的我们来说，正是这个重大的历史缺憾让我们可以通过复兴文化和基于普遍的人文主义精神使人性复

---

① 山口周三：「教育改革者としての南原繁——真理・創造そして平和の探求者」、『資料で読み解く　南原繁と戦後教育改革』、東京東信堂 2016 年版、第 139 頁。

② 山口周三：「教育改革者としての南原繁——真理・創造そして平和の探求者」、『資料で読み解く　南原繁と戦後教育改革』、東京東信堂 2016 年版、第 140 頁。

③ 南原繁：「思い出の人々」、『南原繁著作集』第十巻、東京岩波書店 1984 年特装版、第 299 頁。

④ 南原繁：「内村鑑三先生」、『南原繁著作集』第十巻、東京岩波書店 1984 年特装版、第 301 頁。

归,这正是我们进行'文艺复兴'的绝好时机。"①

1949年7月7日,南原繁在"新制大学开学式上演讲"时再次强调:"本次我国大学高等教育改革有两个亮点。一是取缔了长久以来与大学有直接关联的少数旧制高中,在全国开设了众多的新制高中和大学,为有意升学者提供了平等接受大学教育的机会;二是改正了以往的大学教育内容偏于专业知识,加入了'一般教养'等内容。这其中特别是第二条内容包含着一般大学的功能乃至与大学使命息息相关的重要问题,也可以说教育改革能否成功将关乎日本新制大学未来的命运。"② 南原繁认为:"在日常生活中指导我们思想和行动的时代教养,与其说是各种科学知识和学术研究成果,莫不如说是上述的'一般教养'更加合适。这种教养不仅是作为一名绅士、一个社会人必须掌握的知识,更是站在时代的前沿,高质量地生存下去的最基本的条件。"③ 他进一步补充说明道:"一般来说我们现代人共同的欠缺就是虽然拥有专门的知识和职业技能,但却缺乏这种'一般教养'。尽管我们已经拥有了缜密的科学逻辑和进步的科学技术,但是,如果人们缺乏'一般教养'的人生观和世界观却是很可怕的,也可以说是无知的。正如现代欧洲有位思想批评家所言是'新时代的野蛮人'。因此,与文明和科学进步所带来的史无前例的社会发展进步相反,史上从未有的战争中人类的野蛮行径——惨绝人寰的战争就会再次卷土重来。"④ 在此,南原繁明确警告日本的年轻人,如果不具备这种"一般教养"便会随意地盲从他人,就有可能再次引发新的世界大战。

1950年4月12日,南原繁在新生入学的大会上对大学的职能和本质进行了再度确认:"大学自身作为探求真理的场所,不可自陷于诸多变化的漩涡之中。大学的非党派性,使它必须成为能够梳理时代诸事物并对其进行科学讨论和尖锐批评的场所。但这绝不是说,大学便可以无视社会现状并从中退却或者远离,相反,大学的作用应该是对严峻的现实社会和危机进行冷静、客观和清晰的了解,并在此基础上有效地把握和掌控。"⑤ 从

---

① 山口周三:「教育改革者としての南原繁——真理・創造そして平和の探求者」、『資料で読み解く 南原繁と戦後教育改革』、東京東信堂2016年版、第302頁。

② 日本現代教育基本文献叢書:「大学の再建」、『南原繁 教育改革・大学改革論集』、東京日本図書センター2007年版、第285頁。

③ 日本現代教育基本文献叢書:「大学の再建」、『南原繁 教育改革・大学改革論集』、東京日本図書センター2007年版、第287頁。

④ 日本現代教育基本文献叢書:「大学の再建」、『南原繁 教育改革・大学改革論集』、東京日本図書センター2007年版、第288頁。

⑤ 韩东育:《两个"八·一五"》,《读书》2006年第11期。

此意义上讲，"任何思想和意识形态都可以被研究、被了解和被讨论……当超越了左和右与任何偏执的党派性，进而，唯余可把对决的问题当作对象时，大学参与时代工作的意义方能得到凸显"①。能否坚持大学固有的办学理念以及这种理念是否拥有对整个社会的引领或垂范作用是南原繁校长主持东京大学各项行政事务工作中的核心问题。在任6年间，东京大学安田讲堂的讲坛经常迎接他的到来，6年中他反复强调的办学理念只有两条，那就是"学术的自由"和"大学的自治"②。

1951年12月12日，在东京大学第二十五教室，全校3000余名学生为南原繁的离任自发地举行了史无前例的盛大送别会。在这场东京大学历史上绝无仅有的送别会上，南原繁给学生们的离别赠言是"真理是最后的胜利者！"他不无感慨地说："这六年间，我虽然做得不够好却丝毫不敢懈怠，尚未达成目标的则是'学术的自由'和'大学的自治'。应该说，正是这两个问题得不到确立，换言之，正是这两个问题在贯彻执行的过程中遭到阻挠和破坏，日本才酿成了今日的悲剧。因此，学术与大学的自由的确立，便不单是我等大学和大学人最大的关心所在，实际上还是建设新日本的必备条件。"③ 南原繁之所以这么讲，"是因为日本的教训刚好缘起于政治强暴了学术与大学教育所必须遵循的铁律，它与发生在东大的沉重历史教训相连带，以至于今天，人们还经常为那段不堪回首的往事而抱恨"④。

南原繁断言："为了日本真正的复兴，人类的理想不渗透到国民的心里不行，这种人文主义的理想最终还要成为人类普遍的世界宗教的理念。在此立场上，日本的文教从大学到学校教育进行一次大改革是很有必要的。要想学问真正地为国家的研究服务，学问只有与高度的精神价值或理念相结合才能提高国民的学识和生活水平。"⑤ 因此，"学问自由的研究和批判是绝对必要的，大学的生命也在于此。唯有在不断地进步的世界文化中，新日本文化的创造与发展才有可能实现。但是，这绝不能仰仗外来的力量，而是大学自身的内在的力量使然。为了实现'学问的自由'和'大

---

① 韩东育：《两个"八·一五"》，《读书》2006年第11期。
② 韩东育：《两个"八·一五"》，《读书》2006年第11期。
③ 南原繁：「真理は最後の勝利者——送別会における演述」、『南原繁著作集』第七巻、東京岩波書店1984年特装版、第451頁。
④ 韩东育：《两个"八·一五"》，《读书》2006年第11期。
⑤ 山口周三：「教育改革者としての南原繁——真理・創造そして平和の探求者」、『資料で読み解く南原繁と戦後教育改革』、東京東信堂2016年版、第139頁。

学的自治'，唯有不抹杀自由和自治精神，充分发挥其作用且竭尽其所能，才会有日本文化持续地发展和光辉的未来"①。

东京大学法学部大内兵卫教授在南原繁追悼会上的"追悼词"中写道："何为学问？何为做学问？一直是南原繁总长（校长）独特的政治哲学。这并不是他作为政治学教授在唱高调，而是他多年以来反复思考推敲的最终结果，也是他的人生理想，是他的政治哲学观点和实现其政治哲学观点的方法和手段，更是他的科学观和世界观。高举科学的旗帜，面向世界，站在东京大学讲坛上的南原繁断言日本只有'和平和社会主义'，此外，没有其他的道路可行。"② 南原繁的一生"一直广泛、深刻地探讨着世界追求的和平到底是什么，人类在这个世界上所追求的永久的价值观到底是什么。即使当上了东京大学的校长，他的地位改变了，但是，关于'日本政治的理想'的研究却始终没有改变。他在讲台上，甚至他的后半生，一直都在致力于追求世界欲求的和平是什么？人类的理想、人类最终追求的是什么？不仅仅是学术上的思考，南原繁也身体力行地把此问题结合日本现实社会作为他终生的研究课题进行了坚持不懈的持续研究"③。

第三节　南原繁对日本侵华战争的"谢罪"认识

1943 年 12 月 12 日，在安田讲堂，东京帝国大学以"全学会"的名义为即将上战场的学子们举行了"壮行会"。南原繁后来回忆道："当时正在法学部就职的我，实在不忍心看那些列队站在大讲堂里的即将要出征的学生们，于是，我就站在从大礼堂到正门银杏树下掩映的法学部研究室的道路旁边，想等待壮行会结束后目送一下从大礼堂出来的那些可爱的学生们。不一会儿，学生们穿着他们人生中最后的学生服、戴着学生帽、腿上扎着绑腿、胸襟上别着日之丸④的小国旗，从搭建到讲堂正门的台阶上一个一个地面带着'壮行会'上宣誓时的那份豪情与悲壮鱼贯而出。"⑤ 当南原繁看到自己心爱的学子们来不及眺望一下他们平日里在树下追逐欢闹的

---

① 南原繁：「人間革命」、『南原繁著作集』第七卷、東京岩波書店 1984 年特装版、第 20 頁。

② 丸山真男、福田歓一：「大学の門」、『回想の南原繁』、東京岩波書店 1984 年特装版、第 25 頁。

③ 丸山真男、福田歓一：「大学の門」、『回想の南原繁』、東京岩波書店 1984 年特装版、第 26 頁。

④ 日本国旗，因日本国旗象征着太阳从海面上升起，所以，又被日本人称为"太阳旗"。

⑤ 南原繁：「戦没学徒の遺産を嗣ぐもの」、『南原繁著作集』第九卷、東京岩波書店 1984 年特装版、第 227 頁。

那一排一排银杏树，无暇再回头看一眼自己熟悉的教室，便在晚秋即将飘落的银杏树下，排列着整齐的队伍，表情肃穆地离开了大学校门。"我想他们中的很多人的心情并不是冷静、通透的，相反，他们中的大多数人是带着很多的不安和疑问奔赴战场的，特别是那些法学、文学和经济学部的学生们，就连这些文科专业的学生都必须奔赴战场①，国家处于多么重大的危急时刻便可想而知了。"②

　　二十年后，南原繁在"纪念'学徒出阵'20周年的集会"③上用沉重的语调讲道："今日在此，关于此题目我要讲的是20年前我那些年轻的'学生'被送上战场，并且，许多的优秀学生战死在战场上。作为一名教师，我想讲一讲我至今无法忘却的那些记忆，还有我对这场战争的告白和反省。昭和十八年④十二月一日，文科大学以及高中都被政府勒令停学了，以前对文科学生的'延期征兵'⑤的制度也被取消了，很多的文科生在这一天也被迫应征入伍，并很快被送往前线。"⑥回忆当时大势所趋的必败残局，南原繁语气沉重地讲道："我想，在那种国家迫在眉睫的紧急关头，也有一部分学生带着必胜的信念，毫不怀疑日本军队和政府会扭转这场战局的宣传，甚至就连同事中的一些教授在战争开始时对这场战争还歌功颂德，颂扬这场战争是尽我国的'大义名分'⑦，不断地强调所谓的'道德'的意义。然而，我们知道，很多学生对这场战争是抱有疑惑甚至是有些疑虑的。早在太平洋战争开始之前，日、德、意三国缔结同盟的时候，他们就已经认真地思考过这个问题了。"⑧事实上，南原繁和很多有正义感的教师们对这些弃笔从戎、一同奔赴前线的学子们对待战争的种种疑惑和忧虑，实在是不知道该做何解答，更不知道如何向他们建言。对此，南原繁继续讲道："对于我们这些教师来说，战时中最痛苦的莫过于此。我对他

---

①　日本政府认为学文科的学生是国家的重要人才，所以，在战争的初期，日本征兵令中强制理科和工科的学生必须先上战场，文科和教员可以暂缓上战场。

②　南原繁：「戦没学徒の遺産を嗣ぐもの」、『南原繁著作集』第九卷、東京岩波書店 1984 年特版、第 227 頁。

③　南原繁：「戦没学徒の遺産を嗣ぐもの」、『南原繁著作集』第九卷、東京岩波書店 1984 年特版、第 227 頁。

④　1943 年。

⑤　指日本二战期间，特许大学文科学生和教员可以延缓上战场的日本政府征兵令。

⑥　南原繁：「戦没学徒の遺産を嗣ぐもの」、『南原繁著作集』第九卷、東京岩波書店 1984 年特装版、第 226 頁。

⑦　在此指一部分被日本法西斯军国主义者蒙蔽的人认为"日本民族是优等民族，进行战争是拯救亚洲其他各国的正义战争"的错误认知。

⑧　立花隆：『南原繁の言葉』、東京大学出版会 2007 年版、第 249 頁。

们难以说出'即使难于抗拒国家的命令，也要遵从于自己的良心采取行动！'之类的话，当时我也不敢说出这样的话。因为如果我说出了类似的话，就会导致对国家战争政策的怀疑和批判。时至今日，我在反省自己的懦弱、勇气不足的同时，我对我当时的态度是否正确依旧很迷惘。我那个时候没能考虑到政治的善恶是离不开民族性的，更没有深切地感受到民族是命运的共同体这一政治思想理念。"①

作为一名政治学者，曾经有过在政府工作经验的南原繁实际上也曾很婉转地和学子们说过："国家正处于存亡的关头，无论个人的意志如何，我们都要根据全体国民的意志采取行动。我们要爱这个国家、要与祖国同呼吸共命运！然而，民族也与我们个人同样，也会有很多的误判、失败，也会犯很多的错误。为此，我们民族可能要付出很大的牺牲，付出很多的代价。但是，这些很快都会成为我们日本民族和国家真正觉醒和发展的必由之路。"② 对于南原繁这番语重心长的委婉奉劝，能听出弦外之音的学生是能捕捉到这背后的潜台词的，他的这番话也反映出在日本法西斯魔爪的蹂躏下，作为大学知识分子的睿智和对国家前途的担忧，也折射出作为一名有良知的日本精英对日本法西斯的倒行逆施身不由己的无奈。

南原繁继续回忆道："学生们带着这种内心的烦恼和痛苦步入了军营的生活，很快地被送往前线，但是，他们并没有被军队严酷的生活压垮，更没有在意志上消沉。他们不仅仅是一名普通的士兵，他们毕竟是我们的大学生兵！对于这些学生兵来说，军队的生活是多么的非人性、暴力和不合理、相互欺骗和专营，这场战争是多么的轻率、毫无意义！这场战争本身的无知与残酷性让这些学生兵们自身有了更加深刻的切身体会。"③ 南原繁描绘的这些学生兵痛苦的战争经历和体验，在他们和家人的书信和日记中有很多的相关记载，后来被人们整理成《十五年战争》的纪实回忆录而广为人知。

二战结束后的 1945 年 12 月，战前就被推举为东京帝国大学校长的南原繁再次被大家一致推举为东京大学的新校长，"我被选为东大总长之后大约一年里，我利用各种各样的机会，在全校学生，还有教职员工的面前，先后做了 7 次演讲。对于我来说，做这些演讲并不仅仅是为了本校的

① 南原繁：「日本の理想」、『南原繁著作集』第九卷、東京岩波書店 1984 年特装版、第229 頁。

② 南原繁：「日本の理想」、『南原繁著作集』第九卷、東京岩波書店 1984 年特装版、第238 頁。

③ 立花隆：『南原繁の言葉』、東京大学出版会 2007 年版、第 249 頁。

学生和教职员工，而是想通过这些演讲向全国的学生和教育工作者们进行
呼吁和鼓励"①。

　　1946 年 2 月 11 日，即日本纪元节之际，按照日本的惯例，东京大学要
进行一系列的庆祝活动，但很多人认为这次不应该举办庆典仪式的活动。但
是，南原繁坚持认为："这是日本战败后的第一个纪元节，正值国家重大节
日期间，我们更要举行一个与以往不同的庆典活动。"② 于是，在东京帝国大
学校园彩旗飘扬的盛大节日气氛中，在人满为患的安田讲堂里，南原繁做了
题为"新日本文化之创造"的公开性演讲。这即是南原繁 1945 年 12 月被推
举为东京帝国大学校长以后的首次公开演说，也是他在二战后日本国家级别
的庆典仪式上首次"代表日本二战后知识分子和学术界公开地表明自己的立
场和态度的极为重要一场的演讲，此次演讲对二战后的日本思想界、学术界
和日本社会等各界都产生了很大的影响"③。日本媒体即刻披露了南原繁这
次的演讲内容，由于日本媒体首次开创了报道大学校长演讲的先河，特
别是南原繁校长的演讲为日本战后"漠然不安"的人们指明了前行的方
向。所以，在当时的日本社会上引起了强烈的反响。南原繁本人也接到
了如雪片一样寻求激励人生、引发共鸣的各种信件。更加引人瞩目的是
南原繁此番演讲也引起了美国占领军方面的注意。当时担任占领军文化
和教育的 CIE 中有一位名叫达吉④的博士特意到东京大学采访了南原繁。
达吉博士请求东京大学把南原繁本次的讲稿翻译成英文，于是，东京大学的
岸本英夫教授先写了英文的翻译草稿，最后由高木八尺教授润色加工完成。
其后，达吉博士以《有气节的日本人的思考》为题制作成了小册子，分别寄
送到占领军总部和美国国内。南原繁猜测："这大概是由于我勇敢地强调当
时人们比较忌讳提及的日本民族个性、恢复日本人自信等问题，所以，才博
得了他们的喝彩吧。"⑤ 美国人高度评价了南原繁站在二战后日本民族的立
场和角度提出的建设民主主义的新日本、恢复民族自信等主张。

　　南原繁进入晚年后，在接受弟子丸山真男、福田欢一访谈时回忆本次
演讲的主题是"希冀民族自重、恢复民族自信心"⑥。他首先阐述了本次演

---

　　① 南原繁：「祖国を興すもの」、『南原繁著作集』第七巻、東京岩波書店 1984 年特装版、第 19 頁。

　　② 丸山真男、福田歓一：『聞き書　南原繁回顧録』、東京大学出版会 1990 年版、第 309 頁。

　　③ 卢丽：《南原繁对侵华战争的"谢罪"认识与影响》，《东北师大学报》（哲学社会科学版）2018 年第 1 期。

　　④ 音译，此人在战前曾到日本指导过 YMCA 教育机构的工作。

　　⑤ 丸山真男、福田歓一：『聞き書　南原繁回顧録』、東京大学出版会 1990 年版、第 312 頁。

　　⑥ 丸山真男、福田歓一：『聞き書　南原繁回顧録』、東京大学出版会 1990 年版、第 310 頁。

讲的目的："在这个讲堂里，我们举行过无数次的庆典活动，但是，今天却是令我们感慨万千的日子。为什么这么说呢？在我们迎接战败后第一个建国纪念日之际，我和大家同样感慨万分！我们不禁要反思陷入战后如此悲惨境地的日本战前曾经是个怎样的国度？我想阐述一下日本民族原来是一个怎样的民族？日本国民原来是一个怎样有特质的民族？将来日本民族会成为一个怎样的民族等问题。"① 南原繁认为日本人的祖先是以敬仰皇室的历史史观延续生存下来的，一直到近代此种观点也一直未曾改变。"或许我们直到今天为止并不是只有 2600 年的历史。究竟从什么年代开始才是我们真实的历史？这些历史中又哪些是神话②和故事呢……我们期待科学地、实证性地解明日本 2600 年的历史，虽然我们不能否认日本民族的神话和传统。然而，日本的神话和故事中究竟有多少是史实？有哪些是神话和故事的成分？这需要从实证的历史学以及比较史学的角度去研究探讨，在这些方面我国今后要彻底完善批判性的史实研究。"③ 南原繁的言外之意就是要尊重历史真实的客观性，而不能武断地随意改编或者篡改历史。"日本民族不能失去天赋使命的意义和民族的永久性的信念，也就是说不能失去民族的个性，因为丧失了民族个性的民族必将灭亡。"④ 作为政治学者的南原繁经过分析后得出了一个独特的结论，即"日本民族具有一种严重的心理缺欠，那就是每一个个体的人都缺少作为一个独立的人的这种人性意识乃至人性所具有的理想。人性的缺乏则会形成一种特有的国体观，从而，人们就会盲目地跟从少数人行动，这也是导致日本走向战争并最终战败的根本原因。因此，我们必须进行深刻的反省⑤"。这也是"引发中日战争并导致二战后国家彻底失败的深层的社会原因⑥"。

南原繁在庆典大会上进一步阐述道："回顾'满洲事变'⑦ 以后军国主义者和国家至上主义者的政治统治，他们滥用、曲解民族神话的传统，妄称自己民族的优越性，宣称拥有支配东亚乃至世界之重任。这纯粹是对内欺瞒，对外恫吓，是一种选民思想的独断专行和夸大妄为。正是在他们的蒙蔽和误导下才爆发了中日战争，迫使太平洋战争爆发，最终导致日本现

① 立花隆：『南原繁の言葉』、東京大学出版会 2007 年版、第 117 頁。
② 日本传统的故事形式之一。
③ 南原繁：「新日本文化の創造」、『南原繁著作集』第七卷、東京岩波書店 1984 年特装版、第 21 頁。
④ 丸山真男、福田歓一：『聞き書 南原繁回顧録』、東京大学出版会 1990 年版、第 310 頁。
⑤ 韩东育：《两个"八·一五"》，《读书》2006 年第 11 期。
⑥ 立花隆：『南原繁の言葉』、東京大学出版会 2007 年版、第 117 頁。
⑦ 在此指"九·一八事变"。

在的败局和全面崩溃。虽然事已至此，我们也不能全部归咎于这只是军国主义和一部分官僚以及政治家们的无知和野心所致，实际上更深层次的是来自国民自身的内在缺欠引发了（这场战争）。"① 面对台下有些迷惑不解的听众，南原繁进一步解释道："为什么这么说呢？一般来说，我国的国民都具有炽热的民族意识，但每一个人作为一个独立的个体却缺乏人间意识的确立和人性的发展。由此，人类思维的自由和所有的政治性社会活动的自由都是由这种人间意识产生出来的。然而，在我国，每个人都被国家普遍固有的国体观框架所束缚，特别是个人良心和自我判断的自由也都明显地受到了束缚。也就是说，鲜活的人性完全没有得到良好的发展。正因为如此，国民才被少数人的险恶宣传所蒙蔽，并盲目地追随才导致日本陷入了战争的泥潭。"② 南原繁一语道破了日本侵略战争是一场全体国民盲从于少数军国主义分子的全民战争的实质，并从更深的政治思想层次上分析了日本走向战争的深刻原因，即国民自身的内在缺欠、个人良心和自我判断的完全丧失，才最终导致全体国民追随少数军国主义者并助纣为虐，从而，使日本踏上了侵略战争的不归途。

南原繁还从人类文明和人类文化史的角度进一步分析指出日本发动侵略战争的主要原因是由于日本没有像欧洲一些国家那样经历过文艺复兴运动③，所以，日本民族依然被禁锢在日本神学思想的框架内，一直被其思想绑架束缚着。因而，日本也就没能达成布鲁克④所说的"人间的发现"，从而，日本也无法实现人道主义。他认为："我国国民缺乏内在的教养大概由此所致。我国本应在明治维新时就进行文艺复兴这项伟业，但日本忙于尽快建成近代国家，把全部的精力都用于国家权力的确立和民族膨胀上面，文化仅仅是为了建设国家的一种手段。此时，刚刚萌芽的人性和人们的自我意识在国家大势所趋的影响下逐渐地萎缩，并阻断了其自然成长的进程。我认为我国现存的封建社会的思想和制度上的缺欠与非合理性是其深刻的原因。"⑤ 南原繁进一步从政治哲学的角度分析道："我国社会存在的封建社会残留下来的精神意识和制度众所周知。因而，当下的日本也到

---

① 南原繁：「新日本文化の創造」、『南原繁著作集』第七巻、東京岩波書店 1984 年特装版、第 22 頁。

② 南原繁：「新日本文化の創造」、『南原繁著作集』第七巻、東京岩波書店 1984 年特装版、第 23 頁。

③ 南原繁：「新日本文化の創造」、『南原繁著作集』第七巻、東京岩波書店 1984 年特装版、第 23 頁。

④ 布鲁克（1887—1915），英国诗人，他的诗集《1914 年》被誉为战争诗的先驱。

⑤ 立花隆：『南原繁の言葉』、東京大学出版会 2007 年版、第 120 頁。

了有必要进行文艺复兴，进而进行宗教改革的十字路口。这并不是狭义上的民族主义，而是站在世界普遍性的人类文明的基础上建设新日本，国民自身也能成为世界公民的必由之路。"①

然而，二战结束后，有一小撮顽固的日本法西斯分子，甚至一些学者也荒谬地认为日本发动战争并不是日本的过错，日本也没有违背世界和平的相关宪章。他们认为日本虽然战败了，却具有一定的历史性的意义，他们甚至胡言妄语："日本战败虽然不幸，但是，日本通过自己的战败却将亚洲和非洲各民族从美帝国主义的殖民下解救出来，具有世界史的意义。"② 对此，南原繁从社会发展和世界史的角度针锋相对地指出："从世界史的角度来看，的确，二战后世界由此跨入了一个新的时代，新兴的诸民族的独立结束了长期以来被殖民的历史。但是，这场战争并不是日本有所作为，自行策划的，自然也就谈不上有上述的功绩。众所周知，黑格尔称上述的历史事件为世界史上的'理性策略'，即世界理性或者在历史的某个发展阶段，历史会选择某个强大的民族通过灭亡某个民族来促使历史的自由发展和理性的进步，这也只不过是世界理性的精神意图，其民族也只不过是作为历史进程中一种道具被利用而已。"③ 南原繁进一步从日本发起战争到日本战败的客观事实结合世界史的发展规律严正地指出："就我国自身而言，主张称（这场战争）为'圣战'，树起我国肇国精神的'八纮一宇'④ 的大旗，称英美为畜生，自以为把他们从亚洲驱赶出去就是掌控了东亚新秩序的霸权，是日本民族的神圣使命，这简直就是无稽之谈。"⑤ 南原繁一针见血地警示日本："我们日本人在这场战争中的暴行是对人类犯下了滔天大罪。"⑥ "这场对中国大陆、对东南亚诸岛犯下的暴虐，导致几百万人（实际数字应为一千余万⑦）丧失生命的那场战争，不正是我们民族的暴行和对我们自己的同胞和人类所犯下的大罪还是什么？最可

---

① 卢丽：《南原繁对侵华战争的"谢罪"认识与影响》，《东北师大学报》（哲学社会科学版）2011 年第 1 期。

② 南原繁：「日本の理想」、『南原繁著作集』第九卷、東京岩波書店 1984 年特装版、第239 頁。

③ 立花隆：『南原繁の言葉』、東京大学出版会 2007 年版、第 249 頁。

④ 出自日本《古亭记神武纪》，二战时期的日本政府企图称霸世界，不断地对外发动侵略战争。1939 年第二届近卫内阁以此为"建国大业之精神"，据此制定出侵略和奴役亚洲人民的殖民计划，是日本对外扩张的反动口号。

⑤ 南原繁：「日本の理想」、『南原繁著作集』第九卷、東京岩波書店 1984 年特装版、第240 頁。

⑥ 韩东育：《两个"八·一五"》，《读书》2006 年第 11 期。

⑦ 作者韩东育加注，韩东育：《两个"八·一五"》，《读书》2006 年第 11 期。

怕的事情就是现在有人再次评价'大东亚战争'是圣战，还强调这场战争的积极意义！无论其动机和意图如何，这将会再次引起东亚新秩序亡灵的复活，极有可能再次导致新建立的共产主义中国陷入战争。"①

南原繁之所以对侵华战争有强烈的"谢罪"意识，是因为他清醒地意识到："问题的核心在于中国！如同过去那样，决定日本未来的命运完全取决于我们对中国的态度如何。中国已经不是过去的中国了！中国现如今正发生着翻天覆地的变化，在中国三千年的历史长河中，唯有现在首次诞生了一个以为人民服务为宗旨的新的政权。在过去的中国历史中，包括蒋介石政权在内，没有哪一个王朝、哪个政府能真正地为人民大众服务，至少我们看到过中国近代史对内是军阀之间的对立和争斗，对外是各国列强将中国半殖民化的历史。"② 南原繁还以旧上海为例，对中国共产党建立的新政府成立后所取得的各项成就做了详细的对比："可以说象征旧中国的是旧上海吧？以前在黄浦江畔停泊的都是外国的军舰，陆地上还有各国的租界以及保卫这些租借地的外国警察和军队、生活在肮脏黑暗的街道上的中国人，这些都是'黑暗与女人街'③ 旧上海的缩影。但是，今日的上海却看不到一艘外国船只，外国人的租借地也荡然无存。当年外国人留下的宏伟建筑和设备现今都成为青少年和劳动者们的活动场地和体育设施。匪帮、强盗灭绝，那时所谓的'贫民窟'也变得整洁起来，妓女也销声匿迹了。"④ 南原繁继续分析道："拥有这么广袤的国土和众多人口的中国，这么多年一直以来都是洪水泛滥、饿殍遍野，只要一有灾荒就会失去几万，甚至是几十万条生命。然而，现在就连从前浑浊的黄河水也变得日渐清澈，这完全是个伟大的'自然改造'的宏大工程。"⑤ 面对新中国发生的如此巨大的变化，南原繁高瞻远瞩地预言到："中国已经完全彻底地恢复了独立自主的地位。自中国革命以来逐步地打下了新的社会主义体制的基础，青年男女站在建设国家的最前列。这从某种意义上而言，与我国明治维新有异曲同工之处。我们应该拍手祝贺新中国的诞生和光辉的未来。"⑥ 他呼吁道："我们为什么不与新中国一道携起手来共创东洋的和平与繁荣，

---

① 南原繁：「日本の理想」、『南原繁著作集』第九卷、東京岩波書店 1984 年特装版、第 260 頁。

② 立花隆：『南原繁の言葉』、東京大学出版会 2007 年版、第 261 頁。

③ 在此指日本人在电影和小说中经常将"黑暗与女人街"作为旧上海的代名词。

④ 南原繁：「日本の理想」、『南原繁著作集』第九卷、東京岩波書店 1984 年特装版、第 261 頁。

⑤ 立花隆：『南原繁の言葉』、東京大学出版会 2007 年版、第 261 頁。

⑥ 立花隆：『南原繁の言葉』、東京大学出版会 2007 年版、第 261 頁。

完成日本在世界史上的光荣任务呢？难道我们还要以意识形态或是政治、社会体制不同为理由，与中国不共戴天，彼此之间画一条清晰的敌我界线，再次重演战争的悲剧吗？重蹈覆辙这大概是我国走向灭亡的不归之路吧。"①

面对二战后"茫然不知所措"的日本国民，南原繁在《新日本的建设》一文中再次强调指出："现在，我们应该抛弃两千年来自以为傲的历史，勇敢地站在世界历史的审判台上。"②"日本只有'对世界和自己所犯下的过错'进行'赎罪'，方能谋求'民族之复活和国家的新生'。"③

结　　语

南原繁在二战后的演讲中多次提及日本对中国和亚洲各国人民所犯下的滔天罪行。他认为战后的每个日本人都应遵循的"理性和真理"就是深刻地吸取二战法西斯军国主义的教训，向中国以及亚洲其他被侵略的国家真诚地"谢罪"以求得它们的谅解。为了建设新民主主义的日本、尽快成为世界公民的一员，日本必须永久放弃武力和战争，永远做维持和平的国家，并始终在国际事务中保持"中立"的态度和立场。

南原繁认为："日本以固有的传统和精神赌输的这场战争，民族精神本身已被彻底毁灭，日本如何振兴国家呢？如果无法求助于过去的历史，那只能在未来中去创造。在此意义下，我国的历史不在过去，而在于未来，在于我们自己重新创造……全体国民如果没有这种自觉性和努力振兴祖国的意志和精神的话，祖国再建的事业则难以达成。"④他特别强调指出："日本自满洲以来侵略中国大陆，并挑起东亚和太平洋战争，最终自取灭亡。因而，决定日本民族命运和未来的，只能是重新建立在真正和平基础上的日中两国关系的正常化。它的实现需要一个根本性的条件，那就是日本国民要对'七七事变'以来的战争责任做出深刻的反省和认识。日本军队对中国人民犯下的罪孽无法言表。但是，此问题却得到了中国领导人宽宏大量的谅解。"⑤"现今，中国已经从沉睡中苏醒，从外国的支配下

---

①　立花隆：『南原繁の言葉』、東京大学出版会 2007 年版、第 261 頁。

②　立花隆：『南原繁の言葉』、東京大学出版会 2007 年版、第 249 頁。

③　南原繁：「新日本文化の創造」、『南原繁著作集』第七巻、東京岩波書店 1984 年特装版、第 21 頁。

④　南原繁：「祖国を興すもの」、『南原繁著作集』第七巻、東京岩波書店 1984 年特装版、第 27 頁。

⑤　韩东育：《两个"八·一五"》，《读书》2006 年第 11 期。

彻底地独立出来，并且完成了自由革命，作为新的强大的国家重新获得了新生。生存在现代的日本国民需要承担的比什么都重要的道义责任即是我们不要再侮辱、侵略周边邻国。要相互尊重、树立民族共存的合作意识，跨越两国意识形态以及体制间的差异，这也是中日两国两千多年来历史和文化传统及近代经济社会的法则之必然，也是日本国民作为和平世界的一员，生存于此世界的新的光辉起点。同时，也可以说这是我们日本民族再生的重要的契机。"① 南原繁将日本二战后的这场国家再建革命称为"昭和维新"②，因为"真正的昭和维新的根本性课题是日本精神本身带来的一场革命，是新的国民精神之创造——由此带来的我国国民性格之转换，超越政治社会制度的变革，即是这种内在的知性、宗教性的精神革命。唯此，才能给国民注入新的精神性的革命力量，才能谈及我们国家生存的永久性，进而为人类文化和世界和平完成自己神圣的使命"③。南原繁强调："为了成就此光荣大业，为世界人类作出贡献，我们现在正在遭受的悲惨遭遇是我们为此必须付出的牺牲，只不过我们为此付出的代价实在是太大了。但是，这是日本国民对世界和我们自己所犯下的过错必须付出的赔偿——更加确切地说是赎罪。因此，此项大业如果没有国民的一时痛苦则无法完成。但是，与此同时，我们也要意识到这对于我们来说是一种救赎，是一种向上，是我们民族的复活与新生。"④

南原繁对侵华战争的"谢罪"认识来源于他的政治思想哲学体系和知性学术思想"价值并行论"⑤ 和"共同体论"⑥，也是南原繁想延续日本国体的"民族"的"爱国主义情结"使然。

---

① 南原繁：「平和か戦争か」、『南原繁著作集』第九巻、東京岩波書店 1984 年特装版、第 198 頁。

② 立花隆：『南原繁の言葉』、東京大学出版会 2007 年版、第 123 頁。

③ 南原繁：「祖国を興すもの」、『南原繁著作集』第七巻、東京岩波書店 1984 年特装版、第 28 頁。

④ 南原繁：「祖国を興すもの」、『南原繁著作集』第七巻、東京岩波書店 1984 年特装版、第 30 頁。

⑤ 卢丽：《南原繁的知性学术思想》，《东北师大学报》（哲学社会科学版）2011 年第 4 期。

⑥ 卢丽：《爱国的"民族主义"：南原繁的"共同体论"》，《西南大学学报》（社会科学版）2014 年第 3 期。

第六章 南原繁政治哲学思想的研究方法、理论建构及特征

南原繁在代表作《政治哲学序说》①中阐述道：他的哲学之路——是由"政治史应如何发展"的"世界观的哲学"，并最终自然走向"辩证法发展"的②。这一思想的发展变化轨迹向我们展示了南原繁遵从知性的理性哲学，将自己的课题定位于"政治回归于现实社会"，由此构筑了自己独特的政治哲学思想体系和知性学术思想的学术历程。

南原繁通过多部学术著作向人们展示了他的政治哲学思想的研究视野和视角。他"恰恰是通过'政治思想史'这样一种远离现实社会的问题研究，却表明了实际上只要顺着'理论史复杂的关系'回溯的话，便会发现'在时代的前沿意识形态'与'远古时代的思想在体系、范畴或者在结构上的连续性'"③。即南原繁政治思想史的研究视野是希冀通过研究证明过去的各种思想与现代思潮之间的关系，揭示过去的政治哲学思想对现代社会的意义。可以说通过对康德、新康德、费希特等人的哲学思想理论的研究，对现实社会的基本捕捉方法和感觉构成了南原繁对现实社会的具体认知和自身独特的政治哲学思想体系。

第一节　南原繁政治哲学思想的研究方法

南原繁在回顾总结自己的知性学术思想生涯时曾说过："我所关心的

---

① 1984 年 2 月由岩波书店出版。

② 南原繁：「政治哲学序说」、『南原繁著作集』第五卷、東京岩波書店 1984 年特装版、第236 頁。

③ 南原繁：「政治哲学序说」、『南原繁著作集』第五卷、東京岩波書店 1984 年特装版、第441 頁。

是政治思想史这门学问在现代社会还能发挥什么样的作用的问题。因为这个问题与现代社会的联系始终没有中断过。"① 通读南原繁的学术著作，我们便会发现南原繁的这种关注始终贯穿在他的全部学术研究成果中。正如丸山真男对他的《费希特的批判》一书的书评所言："这一著作从表面上最为抽象的、远离现实生活的认识开始直到宗教为止……其中的每一段文字都激荡着时代与历史的波澜。"② "我本人每次读到这本代表作的时候，都无法不对其发出由衷的赞叹。这部著作不仅仅是超越学术动机与严密的学术研究的成果，还是一部对现代社会的敏锐问题意识和纯粹的历史研究在最深处的高度契合的杰作。"③ 加藤节也认为"对于政治思想学家来说，'对现代的敏锐的问题意识'与'纯粹的历史研究'之间的结合就在于把政治思想史作为政治学的一个部分加以认识，对过去的政治意识的历史性理解也应该从如何解决当代政治中存在的社会问题这一出发点而由此展开。"④

南原繁曾多次说过："我学习哲学、对哲学感兴趣完全是受了笕克彦教授的影响。"⑤ 本书在第一章曾提到南原繁通过笕克彦教授的讲义课与自己精神上的邂逅对柏拉图产生了兴趣，不久转向了康德，由此构筑了南原繁区别存在与价值并试图使两者结合的独特的政治哲学思想体系和世界观。可以说笕克彦教授给予了南原繁研究哲学的方向意识，恩师小野塚喜平次教授则影响了南原繁政治哲学的研究方法。小野塚喜平次教授极力主张"把政治学从其他的国家学诸学科中剥离出来，在此基础上，他还试图把这种政治学通过实证即被印证的严密的理论构成形成一个客观的经验科学"⑥。这也使小野塚喜平次教授成为日本现代政治学的创始人，从而也导致了南原繁在其后的学术研究方法上对小野塚喜平次教授的认同与分歧。然而，小野塚喜平次教授的政治学、政治学史的讲义课对南原繁的影响至深。对此，加藤节总结其影响有三：第一个是南原繁从小野塚喜平次教授

---

① 丸山真男：「南原繁『フィヒテの政治哲学』を読んで」、『丸山真男集』第八卷、東京岩波書店 1996 年版、参照第 107、108 頁。

② 丸山真男：「南原繁『フィヒテの政治哲学』を読んで」、『丸山真男集』第八卷、東京岩波書店 1996 年版、参照第 107、109 頁。

③ 丸山真男：「南原繁『フィヒテの政治哲学』を読んで」、『丸山真男集』第八卷、東京岩波書店 1996 年版、第 109 頁。

④ 加藤节：《政治与人》，唐士其译，北京大学出版社 2006 年版，第 95 页。

⑤ 加藤節：『南原繁——近代日本と知識人』、岩波新書 514、東京岩波書店 1997 年版、第 50 頁。

⑥ 加藤節：『南原繁——近代日本と知識人』、岩波新書 514、東京岩波書店 1997 年版、第 50 頁。

那里学到了要把政治作为具有固有理论的科学认识对象，彻底摆脱了对原有的把政治理论与实践区别得很模糊的"天下国家之学问，即所谓的经国济民"儒家范畴的理解，使南原繁彻底抛弃了原有的朴素政治观并开始关注新的政治思想方面的问题。第二个是南原繁从导师小野塚喜平次教授那里学会了将严密的逻辑与政治理论所构成的学问进一步与政治哲学理念相结合的研究方法。南原繁从小野塚喜平次教授的政治学中感受到了既有"英国式的自由精神"，又有对民主政治的期待，还有对日本"固有的立宪主义正常发展"的希冀。南原繁认为这些观点都应归结于"正义"与"爱国"，这是小野塚喜平次教授"经验主义政治学"在"背后所隐藏的政治理念"。南原繁极力主张"正义"，并把"爱国"通过独自的民族主义论贯彻终生，这不能不说是受到了小野塚喜平次教授的极大影响。小野塚喜平次教授对南原繁的第三个影响也是至关重要的，那就是在学术上要有"逆向思维"研究方法①的影响。

南原繁在小野塚喜平次教授的讲义课上学习"最为科学的政治学"时曾不由自主地意识到在政治学里"是不是还有能吸收哲学的思考问题方法的研究领域?"这意味着南原繁通过接触小野塚喜平次教授经验主义的政治学，直接地引起并加深了对笕克彦教授所给予他的超越经验的哲学的关心，也就是说，南原繁越接触小野塚喜平次教授的政治学，就越感到自己与这位恩师在研究方法上的分歧，越发加深并坚定了今后由从事与政治学相关的经验科学向超验的政治哲学进发的决心。与强调实证主义、把政治哲学理念隐藏在逻辑背后的小野塚喜平次教授不同，他最终立志要终生从事研究政治学中超越价值及理念的政治哲学。南原繁经过一段时间的彷徨与苦闷后最终找到了"毕生的事业"，即理论联系实际的"与政治学相关联的哲学研究"②方法。

第二节　南原繁政治哲学思想体系的理论构建与哲学命题

辞去政府官员后回到大学从事学术研究的南原繁自认为是"晚学、自学"③成才。对于三十岁才开始做学问的他来说的确是比那些大学一毕业

---

① 加藤節:『南原繁——近代日本と知識人』、岩波新書514、東京岩波書店1997年版、第50頁。
② 加藤節:『南原繁——近代日本と知識人』、岩波新書514、東京岩波書店1997年版、第45頁。
③ 加藤節:『南原繁——近代日本と知識人』、岩波新書514、東京岩波書店1997年版、第82頁。

就开始做学问的人起步较晚。然而，他一直以康德的"谨慎戒速"告诫自己，不断地发奋努力进取，很快便在四十岁前后就建立起自己独特的政治哲学思想体系。同时，"自学"意识极强的南原繁并不是简单地人云亦云地学习研究，而是对所研究的内容以自己的个人体验为素材，导入独自的价值体系并按照自己的思维方式和研究方法将自己的学术研究密切地联系严峻的现实社会，构筑起自己独特的政治哲学思想体系。本论认为在南原繁的政治哲学思想体系中最具价值的是他的"价值并行论"和"共同体论"，本章将从学理的角度梳理南原繁庞大的政治哲学思想体系构图。

　　加藤节认为在南原繁的"政治哲学构想中有一个依存的哲学框架，那就是来自新康德派①，特别是将'人的文化生活'与先于经验的'先验的价值'相联系，并考察西南学派②的'价值哲学'的内容和观点而构筑的。南原繁通过借鉴康德的价值哲学，将政治置于'价值理论的客观体系'之中，其后找到了独自的政治哲学思想体系的基本方向"③。他还"找出了西南学派的价值哲学中的不足之处，即西南学派没有把'政治价值'与学问、道德、艺术相对应的真、善、美同等重要的'文化价值'相提并论"④。南原繁主张，首先应寻求"政治价值"，政治是"文化事象"，从而可以规定其政治的先验的"文化价值"。并且，其"政治的价值"在形式上是"正义"，而内容上则是"基于正义的永久和平"。在此框架下，他力求把"政治哲学的根本性课题"置于全体价值体系中思考，即把政治价值占有什么样的位置与其他价值具有什么样的关系理顺并解释清楚。对

---

　　①　19 世纪末和 20 世纪初盛行于德国的复兴康德哲学的思潮。其中最主要的是"马堡学派"（又称西南学派）和"弗赖堡学派"（又称巴登学派）。新康德主义的共同特征是否定"物自体"的存在，使康德哲学彻底唯心主义化。新康德主义在德国以外的欧洲国家广为流行，并且一度影响了国际共产主义运动，成为第二国际右翼的"官方哲学"，是以建立"科学的哲学"为宗旨并以经验证实原则为核心的哲学流派。

　　②　又称"马堡学派"或"先验逻辑学派"，是新康德主义的主要学派之一。由柯亨创立，主要成员有那托尔普、卡西勒、施坦·丁格。他们大多是数学家、逻辑学家和物理学家，并且都在马堡大学任教，因之，又称为"马堡学派"。此学派侧重于解决逻辑认识论问题，力图用"先验的逻辑"重新解读康德哲学。柯亨强调先验的逻辑是康德哲学的核心，但康德本人没有将先验的逻辑贯穿始终，而是提出了"物自体"这一概念。事实上，"物自体"并不在经验之外，而是经验本身。"马堡学派"提出了以"先验的方法"为内容的方法论，即从已有的被创造的科学文化事实中去发现支配人类文化创造的纯粹的先验的逻辑。

　　③　加藤節：「南原繁政治学からの問い」、『南原繁と現代』、東京 to be 出版 2005 年版、第 20 頁。

　　④　加藤節：「南原繁政治学からの問い」、『南原繁と現代』、東京 to be 出版 2005 年版、第 21 頁。

此，南原繁给予"政治哲学的根本性课题"的回答是作为绝对的"文化价值"构成的"全体价值体系中的真、善、美、正义"位于"并列"关系并相互关联、相互依存。他在此理论基础上构筑并完善了"价值并行论"[1]。其中，价值的"并行关系"这种观点承认作为"文化事象"的学问、道德、艺术、政治的"固有性和自律性"，容许其在不同领域中的自由。另外，价值"相互关联"的观点是南原繁基于正义的政治保障学问、艺术、道德等其他文化的发展，真理与人格价值等作用于实现正义的"社会共同关系创设的"。此观点也与南原繁提倡的"人间革命"相一致，这便是南原繁提倡的由真、善、美、正义构成的"绝对的本原的诸价值"的"类别"和其"相互关系"共同组成的"价值并行论"[2]。

南原繁政治哲学思想体系中的"价值并行论"用图表示如下（见图 6-1）：

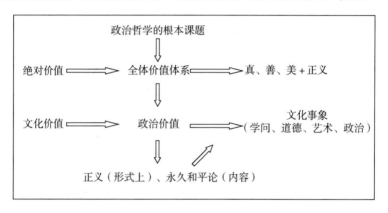

图 6-1

与"价值并行论"相关联，南原繁对费希特后期从"宗教的形而上学"导入对道德和政治绝对优势的这一观点进行了批判，而后又重新回归到康德的文化价值不同的自律性立场上。南原繁主张除了分别对应学问、道德、艺术的绝对价值的真、善、美以外，对于给予政治基础的绝对价值还应增添"正义"一项，而且，这些内容处于并列关系，没有主次和先后之分，由此构成了南原繁政治哲学思想体系中核心的"价值并行论"，它是通过个体活用文化价值进行自由人格形成后和政治共同体相关联的。这

---

① 加藤節：「南原繁政治学からの問い」、『南原繁と現代』、東京 to be 出版 2005 年版、第 21 頁。

② 加藤節：「南原繁政治学からの問い」、『南原繁と現代』、東京 to be 出版 2005 年版、参照第 21、22 頁。

不仅是学问、道德、艺术的新生，还开创了包括这些共同体之中的服务于正义价值的政治上的新生。①

个体所具有的固有的个性实际上代表了南原繁是"通过共同体"还是"对于共同体"这一视点，去关注共同体的存立与生命力的这一观点和主张。如此，南原繁把从个人主义中的自由个体观念与位于正义价值基础上的政治共同体结合在一起了。接下来他所面对的则是由个人人格形成的政治共同体和宗教之间的关系问题，这也是南原繁"共同体论"中的最后一个课题。此时的南原繁终于脱离了试图主张"政治的宗教性综合"后期的费希特研究，重新回归到康德"批判性"精神研究上。南原繁认为宗教的本质最终在于探索"超越价值"的"神与人类之间的非合理的融合关系"，因而，就必须把宗教从合理的文化价值中"剥离"出来。据此，南原繁再度探求了两者之间的关系是超越文化的宗教的"固有价值"。与此相反，他主张要给予个人的文化价值生活以鲜活的生命力。② 这一结论是南原繁超越康德，把从内村鉴三那里学到的日本"无教会主义"的超越国界爱的宗教思想进一步发展了。这样一来，他的政治共同体与宗教相关联的"共同体论"就自然地导出了"人类的政治理想，即人们努力的终极目标是期待神之国的出现，为此，政治共同体本身与宗教的神之国相关联是可以理解的"③ 结论。

然而，"价值并行论"并不能支撑起南原繁政治哲学思想体系中"学术的知性思想和世界观"的全部，作为深受基督教影响并从研究哲学开始起步的基督教徒南原繁来说，还面临着"价值并行论"与宗教以及经济之间的相互关系的问题。④ 对于这两个问题，南原繁首先求助于"非合理性"，并将其与理性的"文化价值"暂时切割开。但是，南原繁并没有将斩断的宗教与经济的"文化价值"放置不管，而是设法重新找到了它们之间的结合点。⑤ 于是，他得出的结论是宗教具有的"超越的神性"从上部

① 加藤節：『南原繁——近代日本と知識人』、岩波新書 514、東京岩波書店 1997 年版、第 115 頁。

② 加藤節：『南原繁——近代日本と知識人』、岩波新書 514、東京岩波書店 1997 年版、第 115 頁。

③ 加藤節：『南原繁——近代日本と知識人』、岩波新書 514、東京岩波書店 1997 年版、第 116 頁。

④ 加藤節：「南原繁政治学からの問い」、『南原繁と現代』、東京 to be 出版 2005 年版、第 23 頁。

⑤ 加藤節：「南原繁政治学からの問い」、『南原繁と現代』、東京 to be 出版 2005 年版、第 22 頁。

作用于"文化价值",通过把人类营造的"文化价值生活"向"与神共存的生活"神圣化,使经济与"文化价值"相结合,"从下部为其所有的文化价值的实现提供了基础"。于是,阐明了"文化价值"的并列关系与相关关系,梳理出宗教与经济以及"文化价值"之间相互关系的南原繁则形成了他自己独特的"学术世界观"范式。① 即构成了将"国家的政治价值和个人的人格价值与其他的文化价值置于并列、相关联的角度去思考,将经济的非合理性置于其底部,而上部则以宗教的非合理性加以涵盖"② 的"学术世界观"范式。

南原繁的"学术世界观"范式用图表示如下(见图6-2):

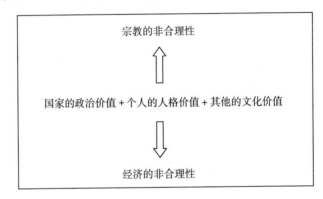

图 6-2

南原繁站在这种知性"学术世界观"的立场上,对国家主义、自由主义、无政府主义等"政治理念的类型"进行了思想意识上的批判。同时,他站在神政政治的立场上还积极展开了在政治社会神圣化的法西斯统治下与德国和日本现实社会相对决的政治哲学方面的研究。③ 在天皇法西斯制和军国主义的高压攻击大学和学人之际,为了保证学问的自由以及在此制度保障下大学的自治,彻底批判并对其持坚决否定的态度亦成为南原繁从哲学立场上确立此"价值并行论"的时代背景。对于南原繁来说,只要站在说服文化价值不同的自律性的理论上,应服从于"真理的意

---

① 加藤節:「南原繁政治学からの問い」、『南原繁と現代』、東京 to be 出版 2005 年版、第21 頁。

② 加藤節:「南原繁政治学からの問い」、『南原繁と現代』、東京 to be 出版 2005 年版、第23 頁。

③ 加藤節:「南原繁政治学からの問い」、『南原繁と現代』、東京 to be 出版 2005 年版、第24 頁。

志"的大学无论基于"国家的意志"的角度也好，还是"权利的意志"的角度也好，都是无法采取自由的"学者共同体"以外的其他任何形式的①，并且，南原繁认为"价值并行论"的基础原理不仅适用于国家权力，同样也适用于大学学人。

此后，南原繁还进一步研究了康德"三大批判"中的《实践理性批判》，并从康德的哲学思想中找到了与自己的"共同体论"密切相关的切入点，即康德提倡的"永久和平"结合"正义"和"福祉"，并将其作为最高善界定了所有政治性的共同体。继而，他论证并认可了康德哲学思想中的政治价值。于是，有了政治价值的规范，经济作为一种"文化现象"演变成政治性实质时，作为"文明之国"的"政治共同体"也就顺理成章地成为"文化至上的社会主义"国家了。南原繁在此强调了"共同体论"中的社会主义特性。在他看来，"政治共同体"并非抽象的存在，而是带有"民族共同体"之意味。南原繁强调"民族共同体"既是充满独特的"国民个性"的"文化共同体"，亦是"国民共同的政治社会"，而实现"民族共同体"的必要条件之一即是自律地产生个性化的国民文化，从而保障其国民的广泛自由。南原繁在《政治哲学序说》一文中提出"理想主义的社会主义"，明确地表现出了他的"共同体论"这一观点。

简言之，"文化的社会主义"中文化价值与经济之间的关系是南原繁以价值哲学为基础构成的"共同体论"中最重要的要素之一。他的"经济为构成文化价值的真、善、美、正义提供了其实现的前提"②观点也佐证了此结论。如此，经济必须与文化价值体系相关联，"社会主义国家"的"人格价值"和"政治价值"则构成其基本要素。于是，南原繁所期望的"文化的社会主义"把"个人人格的目的"与"社会全体的目的"在政治的、民族的、经济的共同体中合而为一的"理想主义的社会主义"便顺理成章地应运而生了。南原繁一方面将与宗教相关联的价值哲学作为构建其"共同体论"的理论基础，另一方面，还把个人主义、民族主义、社会主义与时代以及现实社会紧密相连，不断地探求其理论并通过实践加以验证，最终构建了自己独特的知性学术思想体系"共同体论"。

作为思想家、教育家、社会活动家，南原繁在多次演讲中经常提及一

①　加藤節：「南原繁政治学からの問い」、『南原繁と現代』、東京 to be 出版 2005 年版、第23 頁。

②　加藤節：『南原繁——近代日本と知識人』、岩波新書 514、東京岩波書店 1997 年版、第122 頁。

个概念——"民族共同体"。对于这一提法，在当时有许多人并不认同。实际上"民族共同体"这一政治哲学理论充分地显示出从日本帝国时代向新宪法时代的过渡时期，一贯执着地追求民族连续性的南原繁的民族情结。立花隆认为："无论是对日本人来说，还是对日本社会来说，还是对东京大学来说，以生产性、意义深远的形式来持续地品味'民族共同体'这一概念，不正是人们要继承和发扬的切实可行的有效方法吗？"① 建设新文化，人们就要进行精神上的革命。这是战后很多知识分子都主张、提倡并身体力行的。战后的日本没有了军事力量，经济能力也濒临绝境。从某种意义上来说，是南原繁阻止并化解了这种危机。

本书认为南原繁所指的"共同体"即成员间关系亲密、互相依存的社会集体。南原繁的"共同体"包含了"大共同体"，如世界、国家、民族；"小共同体"则包括学校、宗教团体、同事、朋友、弟子和家人等。无论是他在射水郡任郡长时排涝造良田、建立"公民学校"和"妇女会"，还是他在二战前二战后连任东京大学校长时呼吁学子与国民建立新日本、创造新日本文化、建设新民主主义国家；抑或是与东京大学六位教授秘密策划的"终战工作"；乃至战后任日本贵族院议员和"教育革新委员会"委员长，他都积极地投身于新宪法和基本教育法的修改与制定等各项工作中。南原繁在这些大小叠加的"共同体"中全力以赴、身体力行地践行了其"共同体论"政治哲学的理念。特别是关于二战结束后关于天皇的责任问题，他极力主张天皇只负有道德上和精神上的责任，充分表明了他想延续日本这一共同体的强烈愿望。②

实际上最早的"共同体"概念是由 18 世纪时法国启蒙运动的代表人物卢梭提出来的，其后"共同体"这一概念又被英国的洛克在《政府论》中再次提出，他极大地发展了卢梭的"社会契约论"。西方哲学中的"共同体"在强调自由和权利这两个概念的重要性的同时，更强调作为支撑其共同体的伦理、道德、责任、美德等观念。通读南原繁的著作，我们不难发现他的所有著作的内容都是对于现实问题与纯粹的学术理论之间的精妙结合。南原繁一直行走在古典与现代之间，对现实问题的关注及往返于古典和现实之间已然成为南原繁做学问的一种信手拈来的方法。这种独特的做学问方法使得他的研究对于从根本上制约同一时代的精神与意识形态的

① 立花隆：「政治学者·南原繁」、『南原繁の言葉』、東京大学出版会 2007 年版、第 189 頁。
② 卢丽：《爱国的"民族主义"：南原繁的"共同体论"》，《西南大学学报》（社会科学版）2014 年第 3 期。

切实关心在面对古典哲学，并从诠释古典哲学的严密逻辑返回到现实社会，进而批判性地追究现实社会的时代意义时便具有了非凡的现实意义和历史意义。

年轻时的南原繁在欧洲留学期间专门研究了康德和费希特的政治哲学思想，回国后也一直致力于将自己研究的政治哲学思想体系化，同时也尝试着展开对与时代相关联的自由主义的批判。1927 年，他的《对政治原理的自由主义的考察》①和《个人主义与超个人主义》②两篇论文可以说是此方面的代表作。在这些论著中南原繁以近代启蒙思想为源头，通过洛克③、边沁④、穆勒⑤、格林⑥等关于自由主义的理解、定义和概念，找寻到根植于人们生活中的自由主义发展史以及人类自我完结、自我满足的个人主义精神的世界观。他还发现，只要站在此立场上，人类就会显现出本身拥有的独立性和自我决定性，而他者是不背负自我存在本质的这种自律性的主体。南原繁还高度评价了个人人格自由的自由主义的文化意⑦，不久，他便将这种文化意义在自己的哲学体系中以独特的形式进行了活学活用，即南原繁发现了自由主义与"共同体"之间具有一定的关联性。

加藤节认为从价值哲学的立场来看，构成南原繁政治哲学框架中"共同体论"内容的便是《费希特政治理论的哲学基础》。南原繁在此文中研究与"他者"⑧相关联的概念时也谈到了费希特关于共同体的相关论述。他从康德，进而从无教会主义的立场对费希特的共同体主义进行了批判⑨，

---

① 此论文被收录在 1984 年 2 月由日本岩波书店出版的《南原繁著作集》第三卷《自由与国家的理念》中，题目改为《自由主义的批判考察》。

② 此论文被收录在 1984 年 2 月由日本岩波书店出版的《南原繁著作集》第三卷《自由与国家的理念》中。

③ John Locke（1632—1704），英国哲学家、政治思想家。英国经验论的代表人物，首开认识论的先河，提倡社会契约论，在思想上对英国市民革命和法国革命有较大影响。著有《人类理解论》和《政府论》等。

④ Jeremy Bentham（杰里米·边沁）（1748—1832），英国法学家、哲学家。功利主义的主要倡导者。把行为善恶的判断标准归纳为快乐和痛苦，主张所谓社会的善是个人善的总和，是"最大多数人的最大幸福"，著有《道德和立法原则概论》等。

⑤ James Mill（1773—1836），英国古典经济学家、哲学家。约翰·斯图亚特·穆勒之父。与杰里米·边沁共同创立了功利主义，继承了李嘉图的经济理论并使之普及，著有《经济学纲要》等。

⑥ Thomas HillGreen（1836—1882），英国哲学家、新黑格尔学派的代表。在伦理学上主张通过接近于绝对理性来实现自我，著有《伦理学导言》等。

⑦ 南原繁：「自由と国家の理念」、『南原繁著作集』第三卷、東京岩波書店 1984 年特装版、第 22 頁。

⑧ 加藤節：『南原繁の思想世界』、東京岩波書店 2016 年版、第 42 頁。

⑨ 加藤節：『南原繁の思想世界』、東京岩波書店 2016 年版、第 42 頁。

同时也展示了他自己独特的"共同体论"。首先，南原繁把从"自我"①出发的费希特"共同体"中的"自我"不作为自我完成的存在，而是通过与"他者"之间的"相互关系"作为实现"理性的性格"与"精神的创造"相互依存自成体系，于是，他便探究到了费希特的"社会共同体这一概念成立的可能性"②。其后，南原繁还发现了自由的"自我"的"自我存立的依据"与"他者"间的相互"协调"关系，他主张"对他者依存"的费希特的观点是把人类"自我存立的依据"最终归结为"绝对的他者"的神的身上。③ 即南原繁在关注费希特"他者"概念的同时，还把费希特关于个人的"自我"表现立场一方面归结为社会共同体，另一方面归结为与神的相互关系上。进而，南原繁把对费希特的此种关心自然就转移到了费希特政治共同体与宗教有何关联的问题上了。④ 与此同时，南原繁还高度评价了费希特终生致力于研究"宗教与政治结合"的不懈努力。他认为费希特所持有的"宗教与政治结合"这种观点实际上表达了他设法引导与原本具有"社会共同体要素"⑤ 的宗教理念相关联的政治价值的意图。但是，南原繁对于费希特后期陷入独断的形而上学的"知识学"所规定的把国家上升为"宗教的绝对价值领域"，并将"神之国的非合理的本质"归结为"政治社会的形成"的观点进行了批判。他批判的焦点在于"超人类的哲学"统合"哲学理性之国与宗教的神之国与政治"这种费希特后期划时代的哲学立场上⑥，抛弃了"政治"要想实现其固有的自律性价值的"人类的意志和行动之间的问题"⑦。通过这种批判，南原繁把自己的"共同体论"定位于"将宗教的非合理性特质尽可能地回归于其纯粹的本质上，同时，他还重新发现并阐明了政治共同体本身的价值基础"⑧。

　　加藤节认为："对于南原繁来说，构成自由主义的'个人主义的世界观'在以下两点上并没有使他得到满足。其一是这种世界观夺去了以神与

---

① 南原繁：「自由と国家の理念」、『南原繁著作集』第三卷、東京岩波書店 1984 年特装版、参照第 16—37 頁。

② 加藤節：『南原繁の思想世界』、東京岩波書店 2016 年版、第 42 頁。

③ 加藤節：『南原繁の思想世界』、東京岩波書店 2016 年版、第 43 頁。

④ 加藤節：『南原繁の思想世界』、東京岩波書店 2016 年版、第 42 頁。

⑤ 加藤節：『南原繁の思想世界』、東京岩波書店 2016 年版、第 43 頁。

⑥ 南原繁：「自由と国家の理念」、『南原繁著作集』第三卷、東京岩波書店 1984 年特装版、参照第 19 頁。

⑦ 南原繁：「自由と国家の理念」、『南原繁著作集』第三卷、東京岩波書店 1984 年特装版、参照第 18 頁。

⑧ 加藤節：『南原繁の思想世界』、東京岩波書店 2016 年版、第 44 頁。

人类的非合理相互结合为核心对宗教的回旋余地。这是由于所谓的'他者不背负自己存在的本质'的个人主义，仅仅是把自己提高到神的高度。这是作为一个基督教徒当仁不让的批判；其二是自由主义的个人主义通过主张人类自我完成否定了人类相互依存的意义，从而确立了无法构建政治性共同体本身的客观意义和秩序的理论。"① 由此，明确了作为政治原理的自由主义界限的南原繁通过自己的思考，确立了独特的"共同体"政治哲学理论。事实上，南原繁通过批判自由主义转向关于"共同体"的研究是有着深刻的时代背景的。其一是以家族、故乡、大学、民族、国家作为一个同心圆如滚雪球式地不断滚动并扩大；其二就是在当时特定的历史条件下，南原繁一直追求的无论是有意识还是无意识的，他研究的重心似乎均置于以超越个人的"社会共同体"这种强烈的时代意识和宗教上面了。

有着强烈的"共同体意识"的南原繁终生高扬着战后教育改革的理想大旗。作为一直主张战后教育改革的巅峰之举，1965年东京教育大学教授家永三郎因教科书问题被定为违反宪法罪名而被起诉时，南原繁为了声援曾是"宪法问题研究会"的成员家永三郎，在对他提出诉讼的"教科书裁判"审判会上做了义正词严的证言。在证词中，南原繁批判了日本二战后自主自律完成的教育改革因现有的教育管理体制的粗暴干涉正在逐步地化为乌有这一事实。他呼吁为了"日本的未来"，二战后的教育改革必须返回原点的重要性与迫切性。

南原繁的一生始终把同事、学子、亲人作为共同体的一员。即使是在繁忙的晚年，他在74岁高龄之时还与蜡山政道、矢部贞治共同编写并出版了《小野塚喜平次——人与业绩》②。1964年又开始着手编辑由岩波书店出版的《三谷隆正全集》。1965年12月，为了纪念去世的妻子南原博子，他还自费出版了追忆妻子的《琉璃柳——南原博子遗文·追悼集》。这些书籍的出版均表达了对构成他的"共同体"中最下端的基座——他人生中的恩师、友人、家人的怀念与感激之情。

南原繁的"共同体论"不仅表明了当时日本社会运动以及劳动运动高扬的现状，还表明了对于"个人"而言，确立"社会共同体"的社会主义运动的国际性扩展与进一步的深化。由此，南原繁从自己的价值观，进而从思想史认知的角度上展开了自己独特的"共同体论"。同时，"共同体论"也充分地反映出南原繁的人生观和世界观，继而他也肩负起了历史赋

① 加藤節：『南原繁の思想世界』、東京岩波書店2016年版、第109、110頁。
② 1963年10月，由日本东京岩波书店出版。

予的重任和使命。

南原繁在他的论著和演讲中经常会提及"共同体"这一概念。虽然在当时有些人并不认同他的这一观点，但实际上，南原繁的"共同体论"这一知性学术思想与理念却充分显示出跨越两个世纪的他在经历了两种不同政治体制与社会的环境下，执着地追求日本民族连续性的睿智与远见卓识。

第三节　南原繁政治哲学的思想渊源

南原繁从一个无知的乡下少年成长为日本战后的"建国之父"，特别是他建构起来的独特的政治哲学思想体系和知性学术思想，令人欲追本溯源地想挖掘、寻觅他的思想渊源。

一　儒家思想之启迪

1899 年，不满十岁的南原繁在给身在他乡的亲生父亲的信里写下了表达自己人生理想与抱负的《我望》（见图 6 – 3）。大意为："我要升入高小，完成学业、强壮体魄、漂洋海外①、留学求知、改进教育、益国利民。"寥寥数语便为我们描绘出日本明治中期，把祖国的未来与自己的人生理想紧密相连，想要通过教育振兴国家，立身扬名的有为少年的远大志向。幼小的南原繁有如此远大的志向与他母亲期待他振兴家族，对未来充

9 岁时的南原繁书写的《我望》

图 6 – 3

---

① 日本人把出国称为去"海外"。

满希望的愿望不谋而合。不过，加藤节认为，实际上更重要的原因是儿时的南原繁承蒙中国儒家汉籍教育的结果使然。[①]

南原繁的母亲十分重视孩子的教育，为了进一步加强南原繁个人修养，刚上高小二年级的南原繁便在邻村的汉学家三谷栢之介的指导下，学习了儒教的许多经典。据南原繁自己回忆："当时是囫囵吞枣地只读文章的字句，不考虑汉文典籍的意思，先后学习了《论语》《孟子》《中庸》《国史略》《十八史略》[②] 等，并且，我至今还能背诵其中的很多段落，这些经典古籍的内容无意中构筑了我的汉学基础与个人素养。"[③] 于是，南原繁中学毕业后"便选择了'第一高等学校'，为以后考大学进入法科学习做好了准备"[④]。本书认为对中国儒教经典的学习，中国儒家思想的"修身、齐家、治国、平天下"的熏陶与影响，为南原繁立下"修天下国家之学问，经国济民"的人生志向以及转向相关的学术研究起到了至关重要的启蒙作用。对孔子"政者正也"的认同也成为南原繁在其后构筑的政治哲学思想体系中政治价值中植入"正义"这一理念埋下了伏笔。[⑤] 然而，加藤节认为，中国儒教对年轻的南原繁影响最大的莫过于儒教的"处事哲学"，南原繁则称为"一种功利主义"。实际上中国儒家思想不仅对当时立志振兴没落家族的南原繁而言是一种奋发向上的最好启迪，同时也催生了南原繁"建设新日本、创造新日本文化、建立新民主主义国家"之思想萌芽。

二　新渡户稻造国际主义精神的"感化"

本书以为除了中国儒家文化给予了南原繁以东方式的文化教养及人格的熏陶，使他从少年时期就立下了修身治国的大志，对南原繁的思想影响

---

①　加藤節：『南原繁——近代日本と知識人』、岩波新書 514、東京岩波書店 1997 年版、第 19 頁。

②　《十八史略》在足利时代（1338—1573）传入日本，与《史记》《汉书》《贞观政要》《资治通鉴》等典籍在宫廷、幕府内被正式讲读。到了汉学兴盛的德川幕府时期，《十八史略》被各藩官学采用为教科书，影响渐大。至清嘉庆、道光时期，在国内几被遗忘的《十八史略》却在日本掀起了一个声势浩大的"史略"文化热潮。一方面与明治维新特殊的历史条件相关；另一方面也与此书简明生动，十分符合日本一般读者想快速了解中国历史的需要有关。

③　丸山真男、福田歓一：「一高時代」、『聞き書　南原繁回顧録』、東京大学出版会 1990 年版、第 4 頁。

④　丸山真男、福田歓一：「一高時代」、『聞き書　南原繁回顧録』、東京大学出版会 1990 年版、第 4 頁。

⑤　加藤節：『南原繁——近代日本と知識人』、岩波新書 514、東京岩波書店 1997 年版、第 20 頁。

至深的还有他青年时代的两位恩师：一位是国际政治活动家、教育家新渡户稻造；另一位是日本预言家、基督教徒、诗人，主张"日本式基督教""无教会主义""新教"的内村鉴三。

我国读者了解新渡户稻造大多是通过他的名作《武士道》①一书。新渡户稻造于1862年9月1日出生于日本岩手县盛冈市。9岁时便到了东京，13岁进入东京英语学校，之后听说北海道成立了札幌农业学校②，遂与内村鉴三一道作为该校的二期生入学。当时，该农校的创立者③校长克拉克博士向学生们提出了"青年人，你们要立大志啊！"的号召。这一顺应时代、与时俱进的主张，立刻感召了新渡户稻造、内村鉴三等一大批在校生。升入二年级后，新渡户稻造便成了虔诚的基督徒。从农校毕业后在报考东京帝国大学面试时，新渡户稻造对主考官说："老师，我要做'太平洋之桥'，我要将西洋思想传到东洋，将东洋思想传到西洋。"④曾经留美、留德的新渡户稻造终生也没有失去对日本传统文化的热爱。他在美国期间，用英文撰写的《武士道》的初衷就是想把日本文化传播到西方。他通过与西方异文化的接触与思想上的碰撞，冷静客观地重新审视日本，发现了日本传统文化的独到之美。后来的事实也证明新渡户稻造的一生的确为东西方文化的传播和跨文化交流起到了"太平洋之桥"的连接和沟通的作用。

南原繁进入"第一高等学校"期间正值新渡户稻造担任校长。他毅然接受了新渡户稻造校长思想的"感化"。据南原繁本人回忆："对于从乡下来到东京的我来说，在'一高'如同发现了一个全新的世界，一个新时代。多亏了新渡户稻造校长的教育与启蒙，是他打开了我这个乡下无知少年的眼界。对于当时我们这些学生给予那么深的感化与影响的教育者大概不会再有了。"⑤那种以人为本、尊重每个人的个性和自由，认为人是在无

① ［日］新渡户稻造：《武士道》，张俊彦译，商务印书馆2002年版。

② 札幌农业学校是日本明治政府为了开发北海道，培养人才的农业学校。1872年初设在东京，1875年迁往北海道的札幌。1876年改为"札幌农学校"，现为北海道大学农学部的前身。

③ 札幌农业学校的首位校长调所广丈聘请了美国人威廉·史密斯·克拉克为校长，克拉克在札幌农业学校工作了8个月，他以其科学精神和基督教精神培养了一大批学者，诸如新渡户稻造、内村鉴三、佐藤冒介等人，他们以新渡户稻造为中心，其后为北海道的开发和建设，以至于整个日本的发展产生了很大的影响。

④ 南原繁：「思い出の人々」、『新渡戸稲造先生』、『南原繁著作集』第十卷、東京岩波書店1984年特装版、第276頁。

⑤ 南原繁：「思い出の人々」、『新渡戸稲造先生』、『南原繁著作集』第十卷、東京岩波書店1984年特装版、第277頁。

意义的宇宙中生活，人的存在本身虽然没有意义，但人可以在存在的基础上造就自我，活出精彩的存在主义的理念与内涵，"对于我们这些从田园里走出来的年轻人来说，仅就这一点就足以抓住了当时众多年轻人的心"①。因为那是一个社会问题以及社会主义尚未出现在政治层面，学生们最关心的事情是追究自身的存在价值、反思人生的意义以及世界存在本源等问题的"烦闷的时代"，是一个在国家主义与资本主义兴起的过程中，个人自由思想抬头，提倡个人自觉与个人人格修养的时代。"此时也可以看作是人道主义思想和日本文艺复兴的准备期。"② 可以断言，新渡户稻造校长这种追求人类内在世界的西洋式的教养与熏陶为南原繁日后研究西方政治哲学，进而为研究日本政治思想打开了一扇天窗。

新渡户稻造给予这些年轻人另一个影响是他的"国际精神"，这种精神不外乎人道主义体系中的思想范畴，但在那个国家高于一切的绝对主义时代，却给予了当时的年轻人以极大的新鲜感和刺激。第一次世界大战后国际联盟创立，1920 年新渡户稻造被推荐为国际联盟事务局次长，任太平洋问题调查会理事长。在七年的任期里，新渡户稻造被誉为"国际联盟明星"，在各国使节之间集信赖与尊重于一身，在众多人的记忆中留下了深刻的印象。他有多部用英文书写的著作，并出版了《新渡户稻造著作集》。然而，新渡户稻造在某些场合进行的演讲与发言便成为日本军部攻击与诬陷他的口实，这是因为新渡户稻造活跃的时代正是日本军国主义分子积极扩军备战的时代，当时的军部并不喜欢活跃于国际舞台上的政治家。在新渡户稻造的晚年，世界的发展方向与他所希望的世界和平却背道而驰的同时，日本也在积极扩军备战的道路上越走越远。为了让美国明白日本的立场与真实意图，防止日美之间战争的爆发，新渡户稻造再次远渡美国，在各地进行巡回演讲，还出席了太平洋问题的调查会议。

1933 年 10 月，新渡户稻造在去加拿大参加太平洋会议的归途中病倒在温哥华附近的维多利亚医院，在美国妻子玛丽的日夜守护下不幸病逝，终年 71 岁。1941 年 12 月，日本偷袭了珍珠港，拉开了日美开战的序幕，新渡户稻造苦心营造的"太平洋之桥"的理想被彻底地击碎了。"当时已预见到日本军部的政治目的，并预感到日美之间问题的严重性。能敏感地

---

① 南原繁：「思い出の人々」、『新渡戸稲造先生』、『南原繁著作集』第十卷、東京岩波書店 1984 年特装版、第 276 頁。

② 南原繁：「思い出の人々」、『新渡戸稲造先生』、『南原繁著作集』第十卷、東京岩波書店 1984 年特装版、第 278 頁。

意识到这种危机，让人最心痛的大概是新渡户稻造博士吧。"① 他最后的美国之行的目的，仍旧是搭建从青年时代就成为他人生理想的"太平洋之桥"，他也为此做了不懈的努力，并终生在都为这个崇高的理想而奋斗着。虽然新渡户稻造毕生的理想与心血付诸东流，但战后日美建交的恢复以及和平宪法的实现，却是他倡导的"国际精神"付诸实践和众望所归的结果。不仅如此，新渡户稻造极力主张的"人类的自由精神和普遍性的教养已作为我国新的教育理念被采纳。如果没有新渡户稻造博士及无数前人的这种超前意识与毕生的努力，可以说战后的改革可能就无法被接受，甚至无法进行"②。不宁唯是，新渡户稻造热爱和平、热衷教育的思想以及终其一生为实现远大理想而身体力行的这种"国际精神""感化"，为南原繁日后"建设新的、民主的、和平的新日本"的"和平构想"埋下了种子，一旦遇到合适的温度与土壤，便会生根发芽。

三　内村鉴三"无教会主义""新精神"之"教化"

谈到新渡户稻造对南原繁思想的影响，我们还要提及与新渡户稻造同出身于札幌农校的同期生内村鉴三。内村鉴三于 1861 年出生于上州③高崎藩一个微禄世袭的武士家庭。由于从小深受儒教、武士道的耳濡目染，内村鉴三自称是一名真正、纯粹的"日本之子"。其后，他在札幌农校学习时同样也受到了美国人克拉克校长的影响，便与新渡户稻造同样成为忠实的基督徒。此事件也成为决定他毕生追求并导致以后遭受诸多政治迫害，甚至终生都一直过着拮据生活的根本原因。

1891 年 1 月 9 日，已成为基督徒的内村鉴三在旧制"一高"的前身"第一高等中学"举行新年伊始的"教育敕语俸读仪式"时，按照规定所有的教员和学生都得对新颁布的《教育敕语》④ 上的天皇署名行鞠躬礼，时任"托付讲师"⑤ 的内村鉴三，因行鞠躬礼的角度不够标准，被认为是

---

① 南原繁：「思い出の人々」、『新渡戸稲造先生』、『南原繁著作集』第十巻、東京岩波書店 1984 年特装版、第 275 頁。

② 南原繁：「思い出の人々」、『新渡戸稲造先生』、『南原繁著作集』第十巻、東京岩波書店 1984 年特装版、第 276 頁。

③ 今日本群马县。

④ 1890 年日本明治时期以日本天皇的名义颁布的《关于教育的敕语》的通称。根据明治宪法，规定臣民道德、臣民教育的基本方针的敕语。对二战结束前日本人的人格形成有很大的影响。1948 年被废止。

⑤ 正式编教师。

"不诚心"，遂发生了所谓的"大不敬事件"，此行为被视为是对"国家及元首的不敬"，他被世人攻击为"卖国贼""非国民"，成为当时藩阀政府批判与攻击的对象，并且，由此还展开了对整个日本基督教的批判和迫害。他的夫人也因此事郁闷病逝。实际上，内村鉴三并不反对《教育敕语》的内容，他只是不能违背自己的"良心"对《教育敕语》上的天皇署名"睦仁"两个字鞠躬，这里的所谓"良心"当然包括内村鉴三本人作为一名虔诚的基督教徒，即只崇拜自己所信仰的"唯一神"基督而反对将天皇神化，更不用说是对天皇的署名鞠躬了。① 经历了此事件后的内村鉴三不得不放弃了优越的工作环境和地位，忍受着生活上的贫穷与政治上的迫害，于 1900 年创刊了《圣经之研究》杂志，并在东京郊外一个叫柏木的地方开设了《圣经》讲座。此后，内村鉴三把自己的一生都献给了与《圣经》相关的研究。此时正值第一次世界大战，他提倡的基督教"再临运动"，吸引了众多的信众，他还尝试着进行了"周日演讲会"，并且终其一生，直至 69 岁离开人世从未间断过。内村鉴三把《圣经》的教义传授给众多的日本年轻人，并持续终身地致力于热爱日本、主张真理与正义，立足于日本本国的基督教宣讲。

内村鉴三曾多次书写并提及"我热爱两个'J'，一个是 Jesus（耶稣·基督教），另一个是 Japan（日本）"②。纵观内村鉴三的言行举止，他的一生的确是挚爱日本与基督教的。南原繁对他的评价是："他历经日本明治、大正，特别是给年轻学生以很深的教化，给予近代日本精神界以巨大的影响。"③ 他一生著作颇丰，出版了包括单行本在内的 60 余册著作，此外，还有大量的论文、随想等。他的文章充满灵感、雄劲、清纯，有一种吸引读者灵魂的感召力和征服感。作为从小受到"开国"冲击最早的东京成长起来的少年，他有着得天独厚的学习外语、接受西方文明的条件。留学美国后，他的英语更是炉火纯青。内村鉴三用娴熟的英文写下了《日本人》等 3 部介绍日本的专著，受到了欧美人的高度赞赏。作为传教者、预言家、诗人的内村鉴三，其著作不仅在基督教、文学方面首屈一指，其发表于《圣经之研究》前后的《基督信徒的慰藉》《求安录》等，亦被日本人认为是日本明治时期此方面的佳作。

---

① 刘岳兵：《日本近现代思想史》，世界知识出版社 2010 年版，第 113 页。

② 南原繁：「内村鑑三先生誕生百年に思う」、『南原繁著作集』第九卷、東京岩波書店 1984 年特装版、第 350 页。

③ 南原繁：「内村鑑三先生誕生百年に思う」、『南原繁著作集』第九卷、東京岩波書店 1984 年特装版、第 349 页。

如果说作为宗教学者的内村鉴三是超出世俗、主张"无教会主义"的纯福音的传播者，与他形成鲜明对照的是新渡户稻造先生，他历经明治、大正、昭和三个时代，始终作为最优秀的人物活跃在教育界和政界。"不过这两位先生都可以说是立足于西洋、东洋文化以及日本文化与传统之上的爱国者"①，"可以说两位先生对于我们年轻时的影响使我们终生蒙受其恩泽与教诲也并不是夸大其词"②。南原繁在悼念新渡户稻造先生时高度评价道："无论政治社会是多么的复杂，只要是生存在现实的社会中，其内在的教养与宗教信仰，即使与现实社会发生冲突，也会产生与之相对应的智慧与勇气。"③ 可见内村鉴三的思想与主张对南原繁影响至深。

内村鉴三创始的"无教会精神"主张信徒要相信耶稣自身传播的纯福音。他是最早提倡"日本式基督教"的倡导者，主张要把在日本本土生长的善的、美的、有代表性的祖先的理想以及在生活实践中形成的高尚美德与基督教的新精神及灵魂相嫁接，形成"日本式的宗教"，即具有日本性格又具有与日本优良传统相结合的"日本式基督教"的"新精神"。他极力反对外国传教士把外国的基督教直接移植到日本。内村鉴三基督教信仰的特色之一是不依靠教会和寺院制度，不通过外国牧师宣讲、布道，强调个人的灵魂与神直接交流的"自由"的宗教，即"无教会主义"。内村鉴三基督教信仰的另一个特色就是他认为所有的仪式、典礼都不是基督教最本质的东西，洗礼与祈祷也不是唯一的救赎，他极力主张对个人灵魂信仰的"福音主义"④。

南原繁认为内村鉴三作为明治、大正之间的宗教家、思想家和评论家，"'开国'所带来的深刻危机和对日本以及亚洲独立的生存渴望是其思想的主要动机。他与明治时期的先人同样，从年轻时期就立志于如何振兴近代日本，在基督教本土化方面，竭尽全力地创造祖国的未来"⑤。南原繁在其代表作《国家与宗教》中也披露了内村鉴三的基督教精神对他的学术研究以及经国济民思想所带来的重大影响。"时值明治百年，我们民族经

---

① 南原繁：「内村鑑三先生誕生百年に思う」、『南原繁著作集』第十卷、東京岩波書店 1984 年特装版、第 269 頁。

② 南原繁：「内村鑑三先生誕生百年に思う」、『南原繁著作集』第十卷、東京岩波書店 1984 年特装版、第 269 頁。

③ 南原繁：「新渡戸稲造先生」、『文芸春秋』、文芸春秋出版 1996 年版、第 1 号、第 123 頁。

④ 南原繁：「内村鑑三先生誕生百年に思う」、『南原繁著作集』第九卷、東京岩波書店 1984 年特装版、第 347 頁。

⑤ 南原繁：「内村鑑三先生誕生百年に思う」、『南原繁著作集』第十卷、東京岩波書店 1984 年特装版、第 349 頁。

历了日本帝国的隆盛以及因战败而带来的崩溃，这种精神恰恰是不可动摇的建设新祖国的基础。"①

原九州大学教授田中浩评价道："思想家南原繁通过做学问，不断地凝视着正确的打开世界的存在方式。先生一接触到内村鉴三等人的优秀先哲的思想就变成了理想主义的哲学家，终身致力于传承并发展完善其精神。南原繁完美高洁的人格，凡是接触到他的人，都会受到他很大的影响。"② 战争期间，从表面上看，南原繁在法西斯统治下过着单调而平静的学究式生活，但是这种生活对南原繁而言却是与时代精神和批判现实社会的一种心灵上的无言交锋，是在内心中暗自燃烧着对生的渴望的一种特殊的生存形式，是用"悲情的热情"展开的一场政治哲学的学术研究的过程中生存与形式的统一，因为对于南原繁而言，做学问和生存是一个统一的不同分割的整体。

20 世纪前半叶，在日本思想处于与全体主义体制关系的歧路时，南原繁以与内村鉴三精神层面的内在结合形成的坚定信念作为其思考的框架和思想理论基础，在二战后严酷的现实下，作为战败国的日本应该如何接受这一现实的质疑就使得哲学与政治产生某种关联时这种意识变得明朗化了。内村鉴三不拘泥于某个国家与民族的振兴，追求的最根本目标是全人类的自由，进而祈求万民的生命与和平的福音。作为文明批评家他还"排除专业之狭隘意识，把宗教放在更加广泛的文化关系中去把握，特别是提到国民精神结构的深层去考察"③。内村鉴三立志于振兴现代日本、追求人类自由的"日本式基督教""无教会主义"的"新精神"以及改造"国民精神结构"的忧患意识，对南原繁的天皇制意识、与国体思想的对决以及民族使命的实现等政治哲学思想体系的形成影响深远，意义重大。

综上所述，南原繁政治哲学思想体系和知性学术思想之形成，既有中国儒家"修身、齐家、治国、平天下"思想的熏陶，也有国际政治活动家、教育家新渡户稻造的国际主义精神与内村鉴三"无教会主义"日本式基督教精神给予的思想和信仰之启迪。

---

① 南原繁：「新渡戸稲造先生」、『文芸春秋』、文芸春秋出版 1996 年版、第 213 頁。
② 丸山真男、福田歓一：「二十代の南原繁の思い出」、『回想の南原繁』、東京岩波書店 1984 年特装版、第 67 頁。
③ 南原繁：『内村鑑三先生誕生百年に思う』、東京岩波書店 1984 年版、第 346 頁。

第四节　南原繁政治哲学思想体系的特征

加藤节认为南原繁的政治哲学思想有三个特征[1]，即区别价值与存在的二元思考模式、极富实践性与"国民性共同体"[2] 的理念。南原繁政治哲学的第一个特征是区别价值与存在的二元思考模式，它是以绝对的"文化价值"和"先验的适合性"为前提的"学术世界观"，是通过康德的"区别价值本身与现实"的二元论初步形成的。南原繁的区别价值与存在的二元论思考模式伴随着结合个性的政治哲学的独自立场和视点，在区别价值与存在的基础上再次找寻到两者结合的可能性。南原繁认为"价值的本质是离不开存在的"[3]。由此，"原本不存在的价值则存在着"两个"中间世界"，即"意味之国"和"文化之国"。他认为在这两个"中间世界"中，所谓的"意味之国"则是在结合"价值"与"主观"的"价值判断"的过程中形成的。并且，南原繁从"意味之国"这个概念中又参照政治价值，即"基于正义的永久和平"，将询问现实的"政治行动以及政治事象""意味"的政治性中的"意义批判"作为"政治哲学的当然要务"抽取出来，由此便产生了南原繁政治哲学思想体系的第二个特征——带有强烈的实践性。也就是说，通过把政治的"意义批判"作为课题，从"正义"能实现到什么程度这一视点和立场来评价南原繁的政治哲学体系是否具有评价政治现实社会的实践性。进而，构成了南原繁政治哲学拥有的这种实践性的性质，同时，在南原繁的"中间世界"[4] 中"文化之国"的概念也得到了强化。首先，南原繁认为在"价值"与"客观"相结合的这种"文化之国"的构想中把政治看作一种"致力于现实社会接近价值"[5] 的"理性的行为"，即政治意志左右着作为"文化价值"的"正义"是否能实现，为此，也可以将其看作可以付诸行动的实践性尝试。

在此基础上，南原繁通过政治实践确认了作为实现"正义"的客观性基础的"文化之国"的实质在于"文化国民和政治国民之间综合共同体"[6] 的"国民共同体"。由此，南原繁对于构成"国民共同体"的个人

---

[1]　加藤節：『南原繁の思想世界』、東京岩波書店 2016 年版、第 21 頁。

[2]　加藤節：『南原繁の思想世界』、東京岩波書店 2016 年版、第 21 頁。

[3]　加藤節：『南原繁の思想世界』、東京岩波書店 2016 年版、第 22 頁。

[4]　加藤節：『南原繁の思想世界』、東京岩波書店 2016 年版、第 23 頁。

[5]　加藤節：『南原繁の思想世界』、東京岩波書店 2016 年版、第 21 頁。

[6]　加藤節：『南原繁の思想世界』、東京岩波書店 2016 年版、第 23 頁。

不仅要求人们努力完成充满"国民个性"的"人格价值"的陶冶,"还要完成参与文化共同性的政治任务"①,更要努力参加充满"正义"的"理想的政治社会的建设"②。如此,南原繁的"人格价值"与"政治价值"在民族"文化共同体"中被综合后,"国民性共同体"这一政治理念便水到渠成地形成了。于是,顺理成章地构成了南原繁政治哲学思想的第三个特征——"国民共同体"的理念。此理念超越了狭隘的民族主义框架,具有了世界性的视野和立场。

对于南原繁来说,不同的"国民共同体"都在不断地维持着固有的"国民个性"。与此同时,通过努力实现"作为政治的'最高善'的'永久和平'的实质——'正义'在'国际共同体'里面便包含了'世界联邦'这一构想"③。对于南原繁来说则意味着作为"国民主义和世界之一综合"的这个"世界联邦"要实现的任务就是"正义"和"永久和平",还有以建立世界政治秩序为目标的人类史理念的闪亮登场。加藤节认为:"在此种意义上,'世界联邦'的构想是南原繁政治哲学开始探求逐渐接近'人类政治社会这个目标④'。"⑤ 这是南原繁历经了艰苦卓绝的长途跋涉之后才得出的政治哲学这个结论。

小林正弥认为"南原繁的政治哲学具有鲜明的'先驱的社群主义'⑥的特点"⑦。"社群主义"是 20 世纪 80 年代后以美国为中心产生的当代最有影响的西方政治思潮之一,被认为是针对自由主义的一个更加柔和的批评思潮。"社群主义"的主要代表有桑德尔、麦金太尔和沃尔策等。"社群主义"的哲学基础是新集体主义,它批判的不是一般所指的自由主义,而是今天的美国所特有的自由主义。这里所指的自由主义源于约翰·罗尔斯

① 加藤節:「南原繁政治学からの問い」、『南原繁と現代』、東京 to be 出版 2005 年版、参照第 24 頁。

② 加藤節:「南原繁政治学からの問い」、『南原繁と現代』、東京 to be 出版 2005 年版、参照第 23 頁。

③ 加藤節:「南原繁政治学からの問い」、『南原繁と現代』、東京 to be 出版 2005 年版、参照第 25 頁。

④ 加藤節:「南原繁政治学からの問い」、『南原繁と現代』、東京 to be 出版 2005 年版、参照第 25 頁。

⑤ 加藤節:「南原繁政治学からの問い」、『南原繁と現代』、東京 to be 出版 2005 年版、第 26 頁。

⑥ Communitarianism.

⑦ 小林正弥:「先駆的なコミュニタとしてのリアン南原繁」、『南原繁と現代』、東京 to be 出版 2005 年版、参照第 85 頁。

的《正义论》①，这些人基本上把权利作为"义务"来考量，在公共领域中并不把"善"的价值列入思考的范围。提倡"社群主义"的代表人物桑德尔以批评罗尔斯的《正义论》而闻名于世，其批评的观点诸如"社群主义"与自由主义的根本分歧在于如何对待罗尔斯所说的"权利优先于善"。

在《正义论》的语境中，"权利"即是人们拥有基本的自由、机会、财富、收入和自尊的基础。桑德尔还批判了罗尔斯契约论中关于正义论假说"自己"的观念，他认为不应该像罗尔斯那样抽象地考虑到"自己"，而是应该在某个"社群共同体"的具体场合中形成"自己"并成长起来。因此，他主张不应当像罗尔斯那样只考虑"无负荷的自己"，并对此进行了批判。泰勒、麦金太尔和沃尔策等这些"社群主义"者从此种观点上强调自由与权利这两个概念的重要性的同时，还强调了支撑它们的"社群共同体"中的伦理、道德以及责任、美德等概念。与"社群主义"者相对立的自由主义者大都赞成并坚持罗尔斯关于"权利"的描述，而这些正是桑德尔等"社群主义"者坚决反对的命题。"社群主义"认为个人及其自我最终是由他或他所在的"社群共同体"决定的，强调回归到"社群共同体"，但认为没有必要贬低个人权利。它反对新自由主义把自我和个人当作理解和分析社会政治现象和政治制度的基本变量。因此，"社群共同体"才是政治分析的基本变量，个人及其自我最终是由他本人或他所在的"社群共同体"决定的，亦即用公益政治学代替权利政治学是"社群主义"的根本主张。"社群主义"者始终将自由主义与个人主义的暧昧视为一种邪恶和谬误，在理解"行为的善"和"至善—社会的基本好"的价值判断中，"社群主义"毅然地选择了历史的维度，将整个人类的至善幸福融入了自己信仰的体系中。

小林正弥认为："这些论者在某种程度上犹如天主教般具有某种宗教的性质。"② 我们要注意的是在此所说的"社群共同体"与日本传统的封闭的共同体有着本质上的不同，"社群共同体"具有更加自由的特性。正如沃尔策所言，"社群主义"与共同体仅强调权威和秩序的社会性的保守倾向有着明显的不同，"社群主义"主张自律与秩序的平衡。③ 从此种意义上

---

① 1971 年问世，2001 年由中国社会科学出版社出版，何怀宏等译。
② 小林正弥：「先駆的なコミュニタとしてのリアン南原繁」、『南原繁と現代』、東京 to be 出版 2005 年版、参照第 85 頁。
③ 小林正弥：「先駆的なコミュニタとしてのリアン南原繁」、『南原繁と現代』、東京 to be 出版 2005 年版、参照第 85 頁。

来说，"社群主义"是位于自由主义和社会性的保守主义之间的一种思潮。

南原繁在其代表作《政治哲学序说》中的第四章里极力主张"理想主义的社会主义"。此理论的发展历程明确地表明了他的共同体观点。他在批判个人主义、自由主义、民主主义的同时，还强调自由与人格的重要性。但南原繁更加强调要以超越国家的普遍观点为基础，尊重每个人的自由。另外，南原繁也批判了洛克、边沁、穆勒等人的自己完结、自我满足的个人主义。他强调的是"超个人主义"，所具有的普遍的、超越社会的必要性。南原繁正是延续了对康德、费希特的研究，并从自身的"理想主义的社会主义"观点与主场出发，才提出了上述的观点。

前文提到加藤节在总结南原繁的政治哲学思想体系时指出，南原繁的"价值并行论"是在"真、善、美"的价值基础上，又添加了政治的社会价值的"正义"。小林正弥认为此处的"正义"意味着作为价值的正义，并非今天的自由主义者所说的"权利"。至少现今的自由主义者并不认为价值可以影响决定公共决策，所以，南原繁把"正义"这种价值作为政治价值本身的想法则是"社群主义"式的想法。同时，正是超越个人、个人与社会的结合才是和平的实质，唯有正义（最上善、形式原理）与安宁、福祉（经验的、实质的）结合在一起，形成有一定信仰的"共同体"时①，永久和平才被认为是"最高善"。在此，康德的"永久和平论"在政治哲学理论和思想体系上得到了进一步的深化。另外，南原繁从最初研究费希特"超越个人的全体主义"时，就十分重视作为"文化国民"和"政治国民"二者结合后形成的"国民共同体"理念。而且，南原繁的人生理想虽然说是相同的社会主义，但却与个人主义的社会主义和唯物的社会主义截然不同，是"共同体主义""理想主义的社会主义"。今日看来，我们把南原繁的这种主张和观点看作"社群主义者的社会主义"或者"理想主义的群体主义"②或许更合适。

众所周知，在1980年前后自由主义引发社会问题时，美国的一些有识之士才提出了"社群主义"的观点。而南原繁则是在20世纪20年代末就提出了类似的观点。不仅如此，为了实现永久和平，南原繁在他的《政治哲学序说》中进一步发展了康德提倡的联合国倡议，描绘出世界国家、世界共和国、世界联邦这种远大的宏伟构图，并提议通过给予国民国家的位

---

① 小林正弥：「先駆的なコミュニタとしてのリアン南原繁」、『南原繁と現代』、東京to be 出版2005年版、参照第87頁。

② 小林正弥：「先駆的なコミュニタとしてのリアン南原繁」、『南原繁と現代』、東京to be 出版2005年版、第87頁。

置，实现"民族主义乃至国民主义和世界主义的融合"①。不言而喻，南原繁的"社群主义"观念不仅仅重视单纯的国民国家框架下的共同体，其最终目的是以世界性的"社群共同体"为基础，并在此基础上尊重各种各样不同的"社群共同体"。这与当今社会所提倡的公共哲学体系中多层次的、多元化的公共哲学的构图极其相似。②

南原繁不仅研究了康德，还研究了费希特，在统合了双方的观点和主张后，并没有停留在单纯的民主主义观点和立场上，而是达到了永久和平、全球性的多层次的"社群主义"的高度。③ 可以说南原繁的"社群主义"观点与美国的"社群主义"观点相比，更加先进、前卫，更具有前瞻性，他是一位真正的名副其实的"先驱的、先进的社群主义者"④。

第五节　南原繁政治哲学思想在现实社会的学以致用

本书认为南原繁的政治哲学思想与严峻的现实社会相结合，"学以致用"的典范是他的"天皇退位论"和"和平构想"。无论是二战前还是二战结束后，南原繁都主张维持日本的天皇制，早在著名的东京大学七教授的"终战工作"中他就已经承认并主张日本的战败天皇是负有道德和精神上的责任的。为此，南原繁对天皇宣布自己不再是"现人神"而是"普通的人"这一宣言十分拥护，举双手赞成。他还高度评价了天皇颁布的《人间宣言》，认为其具有非同寻常的历史意义。他认为："'人的天皇'一直以来被'现人神天皇'的思想所束缚，不得不扮演'神的天皇'。天皇本人通过宣布已成为'人的天皇'，便会挣脱长久以来的各种束缚成为普通的人，天皇自身也可以恢复人的本性。"⑤ 同时，《人间宣言》还向世人宣告了此举不仅仅使天皇本人获得了人性的自由和解放，也使日本民族从此挣脱了国家宗教神道教和"超民族主义"的思想束缚，由此迈向了新的民主主义国家，可谓步入"世界联盟""世界共同体"的重要转折点。"他甚

---

① 南原繁：「政治哲学序説」、『南原繁著作集』第五卷、東京岩波書店1984年特装版、第427頁。

② 卢丽：《爱国的"民族主义"：南原繁的"共同体论"》，《西南大学学报》（社会科学版）2014年第3期。

③ 小林正弥：「先駆的なコミュニタとしてのリアン南原繁」、『南原繁と現代』、東京to be出版2005年版、第87頁。

④ 小林正弥：「先駆的なコミュニタとしてのリアン南原繁」、『南原繁と現代』、東京to be出版2005年版、第88頁。

⑤ 韩东育：《两个"八·一五"》，《读书》2006年第11期。

至把日本二战后的这次国家重大改革与日本的'明治维新'相媲美，称之为'昭和维新'。"①

加藤节认为："究其根本也可以说这是南原繁信仰基督教的产物和结果。因为他只承认耶稣的神性，并试图追求一种对人类文化的超越。二战结束后，南原繁对于国家神道教的废除与天皇的《人间宣言》表示强烈支持正是以上诸原因导致的必然结果。"② 然而，令人不可思议的是南原繁为此也放弃了他原来对天皇制本身的否定态度，转而到"君民同治"的传统中去寻找"日本民族共同体的本质"了。与此同时，他还试图在此基础上确立一种"国民共同体"的概念，并且把人格化的天皇作为"日本国家统一意志的体现者"，以期达到二战后延续"日本国体"的目的。

南原繁政治哲学思想在现实生活中学以致用的第二个典范便是南原繁的"和平构想"，也是其知性学术思想"共同体论"中最具价值的观点。南原繁曾预言第二次世界大战必定以德意日三国的失败而告终。其理由：一是基于资源匮乏的日本与物质充足的英美等联合国之间在国力上的云泥之差；二是南原繁从自己独特的"共同体论"中也导出了如上结论。③ 他认为，唯有正义的战争才能得道多助，获得世人的认同，形成"正义"的联盟，从而组成"共同体"同心协力战胜侵略国。面对德日法西斯的残酷暴行，南原繁断言："如果一个国家政府随意压制国民的自由，恣意践踏人类的尊严，无端地摧毁文化价值，威胁世界和平，最终必将会走向灭亡，而处于法西斯统治下的日本和德国正面临着这种下场。"④

南原繁作为日本知识分子的精英，在二战期间虽然一直被此问题困扰着，但他毅然决然地站在英美一方，坚信正义必定战胜邪恶，残暴的德日意法西斯必将灭亡。与此同时，他还对联合国寄予厚望，他把对人类文化未来的全部希望都寄托于此。于是，坚守着正义的信念，却不得不痛苦地面临着自己的祖国即将灭亡的南原繁最终作出了唯一的选择，那就是为了让日本"民族共同体"能够永远地延续下去，日本必须诚心诚意地向被侵略的国家和人民道歉。日本只有如此，才能"建设新的民主主义日本"从而获得新生。他还谆谆告诫日本国民，日本必须承担"道义"上的责任，

---

① 韩东育：《两个"八・一五"》，《读书》2006 年第 11 期。

② 南原繁：『南原繁著作集』第五卷、東京岩波書店 1984 年特装版、第 129 頁。

③ 丸山真男、福田歓一：「法学部長就任と終戦工作」、『聞き書　南原繁回顧録』、東京大学出版会 1990 年版、第 179 頁。

④ 丸山真男、福田歓一：「法学部長就任と終戦工作」、『聞き書　南原繁回顧録』、東京大学出版会 1990 年版、第 182 頁。

只有对自己所犯下的不可饶恕的"过错"进行"赎罪"才能真正谋求"民族之复兴和新生",才能迈向"新日本文化之创造、道义国家建设"之旅。南原繁还再三告诫政府和国民这是日本二战后唯一的出路,此外别无他法。

综上,南原繁的"和平构想"来源于康德的"在政治中构成人类最高善"的"永久和平论"。他认为,政治是人类社会关系中客观性的正义问题,一旦和平被破坏,政治、文化、经济、教育也就失去了应有的意义。对中日战争、太平洋战争的深刻反省和广岛、长崎被原子弹毁灭的深层思考[①]以及恪守日本宪法第九条形成东亚"共同体",达成"世界联邦",进一步加强并改善日本在联合国的地位和作用,为世界和平做贡献等观点和主张均构成南原繁"和平构想"的基本理念。南原繁的"天皇退位论"和"和平构想"成为他政治哲学思想体系中知性学术思想"共同体论"的两大支柱。

结　语

关于南原繁政治哲学思想体系的意义,小林正弥在《来自南原繁政治哲学的疑问》一文中指出南原繁政治哲学的意义有三[②]:第一个是南原繁的政治哲学在 20 世纪的政治哲学史上具有划时代的意义并占据重要地位。在产生了"近代文化与精神颓废"的"战争与革命"年代,南原繁的政治哲学开出了克服"现代文化危机"的最佳良方,即唯有坚守康德的正义和"永久和平"理念才能解决此问题。南原繁还对康德这一深奥的政治哲学理论进行了高度赞颂。同时,他在与纯粹哲学相对立的政治哲学立场上还有着极强的自信和自负。南原繁政治哲学的第二个意义是在第一个意义的基础上拒绝并否定了在"现实主义"的名义下容忍其赋予的政治立场,并站在"政治价值"的立场对现实社会进行了批判。他主张为了使现实更加接近价值与理想,还要延续努力批判政治哲学的传统。事实上,南原繁的弟子丸山真男、福田欢一两位东京大学的教授就很好地将这一传统传承了下来,并一直延续到他们下一代人的身上。在政治掠夺人们命运的现今时代,南原繁构筑的这种批判性与政治现实对峙的政治哲学传统,越来越显现出他在政治哲学方面的重要性了。第三个意义是不丧失希望,以理想为

① 卢丽:《南原繁的"和平构想"》,《暨南学报》(哲学社会科学版)2012 年第 7 期。
② 小林正弥:「先駆的なコミュニタとしてのリアン南原繁」、『南原繁と現代』、東京 to be 出版 2005 年版、第 92 頁。

目标，脚踏实地度过自己的政治生涯。

三十一岁才开始做学问的南原繁，可谓大器晚成。但他始终以康德的"谨慎懒惰"鞭策自己，竭尽全力地进行着学习与研究，在他四十岁左右时便借助西南学派的价值哲学框架，通过对康德的哲学思想进行研究补充其思想范畴，建立起了自己独特的"价值并行论"等政治哲学思想体系。其后的十年，南原繁研读与时代紧密相连的费希特哲学、重新解读康德和柏拉图的哲学思想，不断地发展并深化自己已构建起来的政治哲学思想体系和知性学术思想。在此基础上，南原繁更加坚定地以自己固有的政治哲学观点和主场批判性地审视现实社会的思想动向。

南原繁的政治哲学思想体系与知性学术思想可以说从否定大学恩师小野塚喜平次的实证主义研究方法中探寻出了一条独特的政治哲学之路，在康德学派的理想主义哲学学派背景下，从批判费希特、新康德，确立了以真、善、美、正义的"价值并行论"为基础的政治哲学的基本框架，到完善康德的"永久和平论"创立"全面讲和论"的"和平构想"，似乎可以断言南原繁的政治哲学思想体系与知性学术思想乃东西方文化融合之硕果，又与他理论联系实际、与时俱进的时代意识密不可分。南原繁不仅构筑了批判主义政治哲学的思想理论体系，他本人也始终实践着批判主义的政治哲学。南原繁作为"理想主义的现实主义者"，一生不遗余力构建"正义"和"永久和平"的"东亚共同体"令人瞩目。在全球激变、动荡的新格局下，南原繁主张的"正义"和"永久和平"早已偏离轨道的今日，这也是我们重新审视、研究南原繁政治哲学理论体系和知性学术思想具有的深远的现实意义和历史意义的缘由所在。

结 论

　　南原繁知性学术思想"天皇退位论"、教育改革、"和平构想"和中国观等观点和立场是他的政治哲学思想理论密切联系日本现实社会的"学以致用"。他的政治哲学思想的绝大部分内容被收录在《南原繁著作集》里。初步统计如下：第六卷《学问·教养·信仰》，第一部分《大学的自治》《大学的本质》《国家与学问》《战争与文化》《学徒的使命　其一》《学徒的使命　其二》《新日本的建设》。第七卷《文化与国家》。第一部分《振兴祖国》中《新日本文化之创造》《大学的理念》《天长节》《真理与个性》《民主主义文化的基础》《新宪法的发布》。第二部分《人间革命》中《民族的再生》《精神革命》《学园的复兴与新文化之创造》《科学与人间形成》《大学的自治与使命》《人格与社会》《教育的理念》。第三部分《真理的斗争》中《大学与学问》《人间的使命》《和平的拥护者》《祖国与大学》《大学之重建》《学园的恢复》《大学的主张与反省》《学生与政治运动》《人文科学的问题》《大学新制的问题》。第四部分《和平宣言》中《日本教育改革的理想》《世界破局的危险与日本的使命》《学问与政治》《民族的危机与将来》《是战争还是和平？——日本再建的精神混乱》《新的大学理念》《大学人欲求什么？》《再度欢迎美国教育使节团》《民族的独立与大学的任务》《睿智与和平》。第五部分《大学的自由》中《祖国再建无捷径》《真理是最后的胜利者》《日本的独立》《全国大学教授联合纲要》《发展与紧张时期》。第八卷《现代政治与理想——新的历史契机》。第一部分《现代的课题》中《人类新时代》《创造世界的人》《现代世界的问题与日本》《人类新时代》《日本能寄予世界什么？》《再次站在歧路的日本》《和平与独立之路》《世界的危机与将来》。第二部分《历史的试炼》中《创造今后世界的人》《苏联·中国　自由与和平的问题》《站在歧路的德国》《寄语德国国民》《日本期待中国什么？》《向世界各国的诉求》《人类的命运在此一举》。第三部分《教育与国家》中《民族的独立与教育》《日本的教育改革》《对改变教育委员会制度的意见》。在《小野塚喜平次——校长时代与晚年》之第三章《大学的运营与管理》中《大学制度的调查》《福祉共济事业》。第四章《配置将校问题》中《问题的背景》《事件的经过》《大学自治的最后光辉》。第六章《今后的东大》中《天皇机关说问题》《暴风雨中的经济学部》。第九卷《日本的理想》。第一部分《日本国宪法》中《制宪过程之一》《制宪过程之二》《天皇退位问题》《教育与国家》《第九条问题》。第二部分《政治与社会》中《民主主义的基础是如何构筑的?》《中国问题》《伟大的和解时代》《一九六〇年之展望》《美国大总统的来访与日本现状》《战争还是和平?》《保留下来唯一的可能性》。第三部分《教育与文化》中《宗教不必要吗?》《现代学者的使命》《大学改革的盲点》《日本政治的根本问题》《战末学徒的遗产》。第十卷《创造历史》。第一部分《创造历史》中《历史是谁创造的?》《伟大的理想》《新人类像与国家像》《明治百年与未来》《未来世界的展望》《新文明之课题》《历史进步之理念》。第二部分《我的学问·教育观》中《大学与学问》《为谁做学问?》《哲学的回归》《我的教育观》《学徒出阵二十五年》《关于大学纷争》《日本教育的证言》等。

关于南原繁政治哲学思想体系和知性学术思想之"天皇退位论"。无论是二战前还是二战后,南原繁都一贯主张维持日本天皇制,但是他也承认使日本国民陷入自建国以来彻底的失败和悲惨的境地,天皇负有道德和精神上的责任。在他看来,"建立在神话和蒙昧意识上的天皇制国体论无疑是导致这场战争的精神病源"[1]。因此,南原繁对天皇宣布自己不再是"现人神"而是"普通人"表示出超乎寻常的欢迎。在他看来,这不但是天皇从"日本神学和神道教义"中获得解放和人性独立的宣言,也是日本国文化和日本国民从此摆脱所谓的"特殊民族宗教之大束缚"、确立具有普世人文主义价值基础,并可能成为世界市民的重大转机。[2]

南原繁在评价天皇的《人间宣言》具有极其重大的历史意义的同时还高度评价道:"这是来自于日本神学和神道教义的天皇自身的解放,是人性的独立宣言。"[3] 他认为"人的天皇"一直以来被"现人神天皇"的思想所束缚,不得不扮演"神的天皇","天皇自身通过宣布'人的天皇'就

① 韩东育:《两个"八·一五"》,《读书》2006年第11期。

② 韩东育:《两个"八·一五"》,《读书》2006年第11期。

③ 立花隆:「今なぜ南原繁か」,『南原繁の言葉』、東京大学出版会2007年版,第12頁。

会挣脱其束缚成为普通的人，如此，天皇自身也可以恢复人的本性"①。他把日本二战后的这次国家重大改革与日本明治维新相媲美，称为"昭和维新"。更加重要的是，这"一举完成的日本式宗教改革"还促使南原繁开始进一步思考"天皇退位"的必要性和可能性。②"天皇退位论"反映出南原繁对日本天皇制的独特认知，是他的政治哲学思想体系和知性学术思想中最具价值的观点之一，可以说南原繁的"天皇退位论"堪称在理论和实践上的应用典范。

关于南原繁政治哲学思想体系和知性学术思想之教育改革。南原繁提倡"人间革命""精神革命""真理立国""创造新日本文化""建设道义的日本国"，在二战后新日本出发之际起到了舵手般的引领作用。南原繁认为学问不能只停留在个别分化的层面上，"所有的学问与全部知识"的关联性认识相当重要，与知识相结合的"一般教养"也很重要。在日本教育改革的过程中，南原繁指出了文部省统治下的"教阶制度"以及"文部官僚主义"等所产生的危险性，因此，他极力主张教育改革的地方分权化。南原繁所主张的教育分权化与强调地域性教育意义与社群主义所提倡的地域社群共同体的观点非常接近。③

南原繁在教育理念中强调，"教育并不是以一个时代为对象，只有以'人'为本教育才真正有意义。与社会在不断变化相对而言，人终究是有着不同个性的人。为此，培养真正的'人'，让每个人在其所处的环境中形成至善的思想，在此基础上培养能独立思考并能按自己的意愿行动的人才是教育不变的真理"④。人类真正的意义是不存在于他本人的国家性公民生活以及他本身的社会活动中的，而是存在于他自身的内在自觉性中。因此，教育是培养拥有灵魂的自主自律的人的个性的开发与完成，即真正地实现自我才是教育的至高理想。⑤ 在此，并不是指狭隘上的道德性人格，而是指对所有伟大的、美好的事物能敞开心扉去欣赏的人。如果我们完成不了这种自我实现就会陷于孤独的境地。人都是以他人的存在为前提的，

---

① 南原繁：「退位の問題」、『南原繁著作集』第九卷、東京岩波書店 1984 年特装版、第 98 頁。

② 韩东育：《两个"八·一五"》，《读书》，生活·读书·新知三联书店 2006 年版，第 18 页。

③ 小林正弥：「先駆的なコミュニタとしてのリアン南原繁」、『南原繁と現代』、東京 to be 出版 2005 年版、第 90 頁。

④ 南原繁：「教育の理念」、『南原繁著作集』第七卷、東京岩波書店 1984 年特装版、第 154 頁。

⑤ 南原繁：「教育の理念」、『南原繁著作集』第七卷、東京岩波書店 1984 年特装版、第 155 頁。

并通过彼此之间这种共同的存在方式才构成了人的存在。从此意义上说，"教育的最后的词汇就是对众人之'爱'。唯有爱才能使人正确地知道人类生存方式中真正的'人类知性'"①。

毋庸置疑，南原繁参与制定的二战后教育改革的多项政策诸如《教育基本法》和《学校教育法》取代了"教育敕语"；为培养未来的全体国民的"六·三制"义务教育；打破教育的"中央集权主义和官僚统治"的文部省的一统天下，实行地方分权制；新设由地方公选的教育委员会制度；培养教员的旧制师范学校并入新制大学等教育理念构成了日本《教育基本法》最重要的基本内容，起到了日本战后各项教育改革措施的中坚作用，为二战后日本文化与一般教育、普通教育和高等教育步入正轨奠定了磐石。

关于南原繁政治哲学思想体系和知性学术思想之"和平构想"，二战前南原繁就曾断言：第二次世界大战必定以德意日三国的败北而告终。他之所以这么判断，是基于日本与物质充足的英美等联合国之间国力差距悬殊的现状深思熟虑的思考结果。更加重要的是南原繁基于自己的政治哲学思想体系里关于"共同体"的理论也得出了上述同样的结论。据丸山真男回忆，南原繁在太平洋开战之日就曾经对他说过："如果轴心国就这样胜利了，那么世界文化也就到此终结了。"② 因为南原繁认为，"正义"能成就人类的共同体，如果压抑个人的自由、践踏人类的价值，那么，威胁世界和平处于法西斯统治下的日本和德国也就会同时灭亡。南原繁在两次世界大战中，虽然对此问题一直感到苦恼，但他却"坚信正义的胜利"，坚定地站在英美联合国这一边，并对英美联合国寄托着人类文化未来的希望。这也是南原繁从自己的"共同体"理论中推导出的思想上的坚定信念。于是，坚信正义却痛苦着自己的国家即将破灭的南原繁不得不作出了唯一的选择，那就是要想将民族共同体作为"永远的秩序"延续下去，日本则必须在正义面前真心地赎罪，为了真正意义上的"道义"，日本必须要做出"牺牲"以维持国民共同体的延续，进而才能祈求"新日本的建设"。南原繁坚信并诚实地告诫日本国民这是日本战后的唯一出路，此外别无他途。

南原繁提出的要面向世界"永久和平"、建立"人类的世界共同体"、要"全面讲和"，不搞军事备战的"中立立场"、要与共产世界及自由世界

---

① 南原繁：「教育の理念」、『南原繁著作集』第七卷、東京岩波書店 1984 年特装版、第158 頁。

② 加藤節：『南原繁——近代日本と知識人』、岩波新書 514、東京岩波書店 1997 年版、第140 頁。

"和平共存"的和平论点为二战结束后的日本指明了前行的方向。他的"和平构想"来源于康德的"在政治中构成人类最高善"的"永久和平论"。南原繁在他的"价值并行论"中提出,政治是人类社会关系中客观性的正义问题。一旦和平被破坏,学问、文化、教育就失去了意义。对中日战争、太平洋战争的深刻反省和广岛、长崎被原子弹毁灭性的思考均构成了南原繁"和平构想"的基本理念。①

前文提到南原繁的政治哲学体系中的"共同体论"与当下政治哲学中的社群主义有着非常相近的立场。小林正弥认为这些政治理论主张与当下的社群主义提倡的道德、伦理以及重视美德是相通的。南原繁所谓的"人间革命"象征着社群主义中"完成主义"的概念②,他的"和平构想"也印证了此问题。南原繁在帝国议会贵族院的总会上讨论主权论、国体论的问题的质疑性演说中首先强调了"日本的民主主义",主张重视"民族共同体·国民共同体""共同体民主主义",提出要建立适合日本本土的民主主义。③ 实际上南原繁主张维持天皇制,强调天皇退位也是基于此主张提出来的。

南原繁的"民主主义"论在当时有很多人并不认同,现在看来南原繁的这种观点可能与他二战后意欲构筑日本共同体有关,是出自保护日本政体和国体的需要。南原繁反对无抵抗主义,主张为了防止国际秩序遭到破坏应拥有"必要的最小限度的兵力"④,这样日本还可以为联合国作出自己应有的贡献。因此,南原繁在帝国议会上针对宪法第九条进行了质疑性批判。他还高度评价了宪法第九条的第一项"日本国民诚实地希望以正义和秩序为基调的国际和平"⑤。但是,宪法制定后南原繁还是积极地拥护了和平宪法,对此,他解释说:"拥护基于永久和平的第九条便可以拥有自卫的武力,主张和平也是日本民族的新的历史使命。"⑥ 关于宪法论中的人权

---

① 卢丽:《南原繁的"和平构想"》,《暨南学报》(哲学社会科学版)2012 年第 7 期。

② 小林正弥:「先駆的なコミュニタとしてのリアン南原繁」、『南原繁と現代』、東京 to be 出版 2005 年版、第 89 頁。

③ 南原繁:「日本国憲法」、『南原繁著作集』第九巻、東京岩波書店 1984 年特装版、第 26、27 頁。

④ 南原繁:「退位の問題」、『南原繁著作集』第九巻、東京岩波書店 1984 年特装版、第 108 頁。

⑤ 南原繁:「新憲法の発布」、『南原繁著作集』第七巻、東京岩波書店 1984 年特装版、第 86 頁。

⑥ 南原繁:「退位の問題」、『南原繁著作集』第九巻、東京岩波書店 1984 年特装版、第 108 頁。

问题，南原繁指出："在强调权利与自由的同时，有必要在此前加上'社会的正义与福祉'以及责任、义务的必要性。"① 南原繁的这种观点与当今社群主义重视地域性文脉与共同体防卫以及强调人权，并且强调责任和义务的观点有许多共同之处，堪称不谋而合。

　　南原繁的著作与观点不仅构成了他独特的知性学术思想，同时，也构筑了系统的、与现实社会紧密结合的政治哲学思想体系。之所以研讨、重新认识南原繁的政治哲学，是因为他的思想深深地扎根于历史和现实，品味其历史和现实意义，会给予思想史和历史理念的方向以批判性的知性复归。作为学者的南原繁在研究欧洲精神史的同时，不仅抓住了人类史现今所隐藏的各种现实问题，还驰骋于以此为目标旨在解决未来社会问题的思想天空，他独创出来的知性学术思想面对社会现实问题，并在现实社会的问题中通过追究政治哲学理念谋求并探讨出了存在与价值、分析与评价、客观与主观的统一的知性存在方式。自称为"理性主义的社会主义者"的南原繁的视野不仅超越了日本，还涉及了20世纪的全球性问题。对于把国家和政治思想问题之根本作为"全体文化与内在的统一所拥有的世界观问题"相结合的南原繁来说，在经历了近现代日本的动荡后，他构架的政治哲学思想体系中反映并折射出各种世界观与意识形态的对立所带来的20世纪文明的危机。"在此意义上，南原繁为人们留下的政治哲学体系和知性学术思想也是过去20世纪之际，对于关注日本和世界历史最为珍贵的证言。"②

　　针对今日一波三折、剑拔弩张的中日关系和扑朔迷离的东亚局势，我们重新提及南原繁的政治哲学思想具有深远的历史意义和现实意义。为了维护世界的"永久和平"，我们警告日本应恪守日本宪法"第九条"，不要搞军事备战，永远放弃战争；呼吁东亚各国携手共进、协同一致，建立东亚新秩序的"东亚共同体"，进而形成"世界民族共同体"，为亚洲乃至世界的和平与长期稳定作出应有的努力与贡献。

---

① 南原繁：「新憲法の発布」、『南原繁著作集』第七巻、東京岩波書店1984年特装版、第88頁。

② 韩东育：《两个"八·一五"》，《读书》2006年第11期。

附表一　南原繁政治哲学理论体系表

康德的"和平论"

新康德派的"价值并行论"（真、善、美　+　正义）

南原繁的"共同体论"　　　　南原繁

天皇退位论 + 战后教育改革 + 和平构想 + 南原繁对侵华战争的"谢罪"认识

附表二 南原繁政治哲学思想体系图表

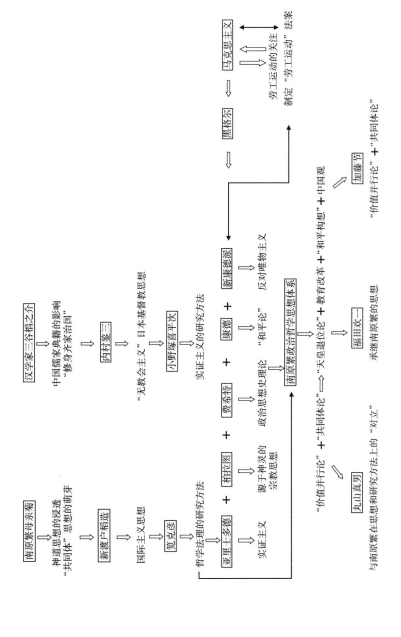

南原繁导亲菊
⇩
神道思想的浸透
"共同体"思想的萌芽
新渡户稻造
⇩
国际主义思想
宽克彦
⇩
哲学法理的研究方法

亚里士多德 + 柏拉图 + 费希特 + 康德 + 衡康德派
⇩　　　　⇩　　　　⇩　　　　⇩　　　　⇩
实证主义　　源于神灵的　政治思想史理论　"和平论"　反对唯物主义
　　　　　　宗教思想

汉学家三谷相之介
⇩
中国儒家典籍的影响
"修身齐家治国"
内村鉴三
⇩
"无教会主义" 日本基督教思想
小野塚喜平次
⇩
实证主义的研究方法

南原繁政治哲学思想体系
⇩
"价值并行论" ⟺ "天皇退位论" + "教育改革" + "和平构想" + 中国观

丸山真男
与南原繁在思想和研究方法上的 "对立"
"价值并行论" + "共同体论"

福田欢一
承继南原繁的思想

加藤节
"价值并行论" + "共同体论"

黑格尔 ⟺ 马克思主义
⇧
劳工运动的关注
制定 "劳工运动" 法案

附录一 南原繁年谱

年次	年龄	西历	主要事迹	主要事件
明治二二		1889 年 1 月 2 月		以帝国大学为中心的史学会成立 公布《大日本帝国宪法》《皇室典范》《议院法》《贵族院法》《众议院议员选举法》
	0	9 月	5 日出生于日本香川县大川郡相生村（现为引田村）。次子，父三好贞吉，母菊	
		12 月		公布内阁官制，第一届山县有朋内阁成立
二三	1	1890 年 7 月 10 月 11 月		第一次众议会选举 30 日颁布《教育敕语》。 开始实施《大日本帝国宪法》 重野安绎、久米邦武、星野恒等用考证学进行史料批判，被国粹主义分子指责为"抹杀博士"
二四	2	1891 年 1 月		内村鉴三在第一高等中学开学典礼上，全体教职员工和学生对《教育敕语》的天皇署名行鞠躬时没有脱帽鞠躬，被定为"不敬"罪，被称为"亵渎皇权""卖国贼"。
		10 月 11 月	父三好贞吉被迫离籍	井上哲次郎发表《关于宗教与教育》，攻击基督教，引发教育与宗教的冲突与论争
二五	3	1892 年 1 月		米久邦武的《神道乃祭天之旧俗》被转载后遭神道家批判，被迫辞去帝国大学教授一职
二六	4	1893 年 8 月 10 月		《君之代》定为日本国歌 公布《文官任用令》《文官考试规则》

续表

年次	年龄	西历		主要事迹	主要事件
二七	5	1894 年	8 月		中日甲午战争爆发。 德富苏峰发表《大日本膨胀论》，鼓吹"日必胜，清必败"言论
二八	6	1895 年	4 月	5 岁时入香川县大川郡相生寻常小学读书。一年级至四年级受到班主任阿部正树训导的熏陶和影响。 升高小前写下了《我望》，表达了人生的远大理想	签订《中日马关条约》
三〇	8	1897 年	6 月		原"帝国大学"改称"东京帝国大学"
三二	10	1899 年	3 月 4 月	相生寻常小学毕业 入香川县大川郡白鸟高等学校小学引田分校。课余时间，师从三谷梶之学习汉籍	
三四	12	1901 年	4 月 5 月	入香川县大川郡"教员养成所"。南原繁除了学习学校指定的一般科目外，还选修了教育学、教学法、逻辑学、心理学等科目	内村鉴三、黑岩泪香、幸德秋水等人组成"理想团" 冈仓天心执笔《东洋之理想》。思想界出现"尼采热"
三五	13	1902 年	3 月 4 月	参加"小学预备教员考试"合格 考入香川县立高松中学大川分校（翌年后独立成为大川中学）。在校期间得到了担任国语·汉籍的福家几太郎教谕、教英语的铃木熊太郎教谕、担任西洋史的大川利吉教谕的特别指导	日本"社会主义之父"安部矶雄发表《社会主义》
三六	14	1903 年	1 月 4 月		幸德秋水发表《社会主义神髓》、片山潜发表《我的社会主义》、安部矶雄发表《社会主义论》。这些著作系统地回答了诸如"什么是社会主义"、马克思主义的社会理论等问题，在日本影响极大 片山潜、西川光二郎等人在日本全国范围内进行社会主义传道旅行
三七	15	1904 年	2 月		日俄战争爆发。 内村鉴三发表《我成为非战论者的缘由》
三八	16	1905 年	11 月		基督教社会主义者组织"新纪元社"，发行《新纪元》杂志

续表

年次	年龄	西历	主要事迹	主要事件
三九	17	1906 年　2 月		北一辉自费出版《国体论及纯正社会主义》，随即遭到政府的禁止，却赢得了社会极大的赞誉
四〇	18	1907 年　3 月 9 月	香川县立大川分校中学毕业 考入"第一高等学校"（一部甲类）。同年级有三谷隆正、川西实三、深户辰男、岩切重雄、真野毅、佐口文六郎等。 在学期间深受新渡户稻造校长思想的影响。 在"一高"时，岩元祯教授把卡尔希尔蒂博士的《书简》作为德语教材讲授，以此为契机，南原繁开始喜爱上卡尔希尔蒂博士的《幸福论》等其他著作，并持续终生	加藤弘之发表《吾国体与基督教》
四一	19	1908 年　11 月		颁布"戊申诏书"，训令尊奉振兴国民道路之主旨，采取国民道德强化之政策
四二	20	1909 年　12 月		以东京帝国大学文科大学汉学、支那哲学、文学科诸教授为主，创立了"东亚学术研究会"
四三	21	1910 年　6 月 7 月	第一高等学校毕业 考入东京帝国大学法科大学政治学科	发生了幸德秋水等人的"大逆事件"
四四	22	1911 年　2 月 12 月	聆听了学校高一辩论部组织的德富芦花"谋叛论"的演讲 出席了内村鉴三圣经讲文课。 出席无教会主义创始人内村鉴三的《圣书》讲义，并与铃木锭之助等 7 人组织了"白雨会"，其后又与先前的"教友会""柏会"，共同组成了"柏木兄弟团"。 大学期间，特别喜欢小野塚喜平次教授的"政治学""政治学史"以及笕克彦教授的"法理学"课程并为之倾倒	
四五	23	1912 年　1 月 4 月 6 月	与坂田家庭成员等人发起"白雨会。" 出版《费希特国民主义理论》	东京帝国大学教授美浓部达吉、井上哲次郎分别发表《宪法讲话》《国民道德概论》

续表

年次	年龄	西历		主要事迹	主要事件
大正二	24	1913 年	4 月 8 月		新渡户稻造辞去一高校长职务 岩波书店开业。 大正民主主义运动开始（1918 年"米骚动"、1920 年普选运动、1924 年第二次护宪运动）
三	25	1914 年	7 月	东京帝国大学法科大学毕业	第一次世界大战爆发
四	26	1915 年	1 月 11 月 12 月	参加"文官高等考试"合格 被任命为内务属官员	日本向中国政府提出"二十一条"
五	27	1916 年	11 月	与星野百合子结婚，内村鉴三主持婚礼	日本哲学界掀起介绍新康德派的热潮
六	28	1917 年	3 月 10 月 11 月	被任命为富山县射水郡郡长。在任期间为郡内制定了 14 个町村的排水灌溉工程及耕地规划 俄国十月革命 整理计划，建立了郡立"农业公民学校"，建立日本首个"妇女会"，提倡男女平等，废除旧习	
七	29	1918 年	2 月 11 月 12 月	长女待子出生	第一次世界大战结束 日本出兵西伯利亚 "米骚动"运动。 东京帝国大学成立"新人会"
八	30	1919 年	1 月 4 月	被任命为内务省警保局事务官。在任期间主持参与了日本第一部"劳动组合法"草案的制定 成立射水郡郡立农业公民学校	杜威访日。在东京帝国大学演讲。 "大日本国粹会""犹存社"成立
九	31	1920 年	2 月 8 月 12 月	长女侍子出生 任内务省内务事务官	东京帝国大学副教授森户辰男，在《经济学研究》创刊号上发表了《克鲁泡特金的社会思想研究》，被看作"威胁国体的危险思想"，受到停职处分 "日本社会主义同盟"成立
一〇	32	1921 年	5 月 8 月 10 月	次女爱子出生。 辞去内务省工作。在恩师小野塚喜平次的支持下返回东京帝国大学法学部，任副教授 自费赴欧洲进行政治、政治哲学方面的学习与研究 到达英国后在伦敦经济·政治学校进行研究	

续表

年次	年龄	西历	主要事迹	主要事件
十一	33	1922 年　5 月 10 月	移至德国留学，在柏林大学进行研究，受到担任法哲学的鲁道夫·斯塔穆拉教授的指导 在柏林期间翻译了该教授尚未出版的论文"近世法学之系列"，翌年在《国家学会杂志》上连载发表	意大利墨索里尼法西斯政权成立
十二	34	1923 年　6 月 9 月 11 月		大杉荣夫妻被宪兵杀害 有岛武郎殉情自杀 关东大地震 发布"关于国民精神振作"诏书
十三	35	1924 年　1 月 7 月 11 月	移居法国留学，在格勒诺布尔大学继续研究 经由英国伦敦、从美国回到日本 担任新开设的政治学·政治学史第二讲座，其后又开设了特别讲义"国际政治学序说"	
十四	36	1925 年　4 月 5 月 8 月 11 月	讲授政治学史 升任东京帝国大学教授 妻百合子去世 在母亲的资助下于新宿区中落合建新居并入住	公布《治安维持法》 公布《普通选举法》 蓑田胸喜成立"原理日本社"，《原理日本》创刊
十五	37	1926 年　2 月		"全日本学生自由拥护同盟""全日本无产青年同盟"成立 《康德著作集》开始刊行 和辻十郎出版《日本精神史研究》
昭和二	38	1927 年　4 月 12 月	与西川氏博子结婚，内村鉴三主持婚礼 发表了《康德国际政治理念》，被收录在吉野作造编《小野塚教授在职 25 年纪念·政治学研究》第一卷	金融恐慌开始 岩波文库本开始刊行
三	39	1928 年　2 月 3 月 10 月 11 月 12 月	发表了《政治原理的自由主义之考察》，刊登在《国家学会杂志》（四二卷一〇号） 三女儿惠子出生	实行普选 "三·一五"事件在全国共检举6000 名共产党和共青同盟会员 小野塚喜平次教授就任东京帝国大学校长

年次	年龄	西历		主要事迹	主要事件
四	40	1929 年	1 月	与小野塚喜平次教授共同分担政治学·政治学史第一讲座，同年担任第二讲座。除政治学史外，还担任了政治学的讲义课，直至1930 年	
			2 月	发表了《纳粹世界观与宗教问题》，刊登在《国家学会杂志》（五五卷一二号及五六卷二·四号）	日本无产者作家同盟成立
			4 月	受托进行关于文学部新闻研究的特别指导，直至1932 年 3 月	"四·一六"事件，大批共产党员被检举
五	41	1930 年	3 月	内村鉴三逝世	
			4 月	发表了《柏拉图的理想国与基督教的神之国》，刊登在《圣书之研究》三五期终刊号上	
			6 月	长男实出生	全国劳动工会成立
			11 月	发表了《费希特政治理论之哲学基础》（1）。刊登在《国家学会杂志》（四四卷一一号）	滨口雄幸首相遇刺
			12 月	发表《费希特政治理论之哲学基础》（2）。刊登在《国家学会杂志》（四四卷一二号）	
六	42	1931 年	5 月	发表《费希特政治理论之哲学基础》（3）。刊登在《国家学会杂志》（四五卷五号）	发生了"五·一五"事件。犬养毅首相被暗杀
			9 月	发表《费希特政治理论之哲学基础》（4）。刊登在《国家学会杂志》（四五卷九号）	"九·一八"事变
八	44	1933 年	1 月	就任东京帝国大学评议员，任期至1936 年 1 月	
			3 月	日本退出国际联盟德国希特勒独裁政权成立	
			5 月		京都帝国大学法学部教授滝川幸辰遭到退职处分。为抗议此事京都帝国大学法学部的几位教授集体辞职，爆发了"京大事件"
			7 月	次男晃出生	
			10 月	恩师新渡户稻造在加拿大患急病逝世	"国民精神文化研究所"举行盛大的开幕仪式
九	45	1934 年	4 月	发表《费希特国民主义的理论》，刊登在杉村章三郎编写的《祝贺笕教授花甲论文集》上	
			12 月		东京帝国大学医学部系主任长与又郎教授任东京大学校长至1938 年12 月

续表

年次	年龄	西历	主要事迹	主要事件
一○	46	1935 年　2 月		东京帝国大学名誉教授贵族院议员美浓部达吉的"宪法学说"在贵族院遭到菊地伍夫等人的攻击，史称"天皇机关说事件"
		9 月	丸山真男留校做南原繁助手	美浓部达吉被迫辞去贵族院议员美浓部达吉的三本著作被禁止发行
		10 月		日本政府发布"国体明征"国体论
		12 月	四女悦子出生	
十一	47	1936 年　2 月		"二·二六"事件。内大臣齐藤实、藏相高桥是清等人被暗杀
		9 月	发表《柏拉图复兴与现代国家哲学之问题》，刊登在《国家学会杂志》五○卷九号上	
十二	48	1937 年　4 月	任东京帝国大学图书馆商议员，任期至 1939 年 5 月	
		7 月	发表《基督教的"神之国"与柏拉图的国家理念——神政政治思想的批判》，刊登在《国家学会杂志》五一卷一○·一一号	"卢沟桥事变"，日本大举侵华"国民精神总动员"中央联盟成立
		10 月		强令解散日本共产党、日本工会全国评议会
		12 月		东京帝国大学矢内原忠雄教授因思想问题被迫辞职
十三	49	1938 年　2 月		东京帝国大学大内兵卫教授等人被检举，史称"教授团事件"
		4 月		文相陆军大将荒木贞夫阐明"大学自治改革的必要性"
		7 月	发表《大学的自治》，刊登在《帝国大学新闻》第七三○号	
		9 月		日本政府发布"国家总动员令"
		10 月		东京帝国大学河合荣治郎教授的四本著作被禁止发行
		12 月		原东京帝国大学工学部长（海军造船中将）平贺让就任东京帝国大学校长，至 1943 年 3 月
十四	50	1939 年　1 月	在《国家学会杂志》连续发表《费希特的社会主义理论》，刊登在《国家学会杂志》五三卷一二号及五四卷一二号，直至 1940 年	平贺让校长向文部省呈报河合·土方两位经济学教授退职处分，史称"平贺肃学事件"
		2 月		河合荣治郎因违反出版法被起诉
		9 月		第二次世界大战爆发
		10 月		法学部东洋政治思想史讲座开讲，津田左右吉担任讲座的专任讲师
		12 月		

续表

年次	年龄	西历	主要事迹	主要事件
十五	51	1940 年　3 月 9 月		津田左右吉的《神代史的新研究》《古事记及日本书纪的研究》等著作被禁 因违反所谓的"出版法"，津田左右吉和出版此书的岩波茂雄被起诉。 德、日、意三国结盟，签订《三国轴心协定》
十六	52	1941 年　4 月 6 月 12 月	发表《大学的本质》，刊登在《帝国大学新闻》第八五二号上 南原繁的母亲菊逝世 连续发表《法西斯世界观与宗教问题》至 1942 年。刊登在《国家学会杂志》五五卷一二号及五六卷二·四号	日本小学改为"国民学校"。日本政府公布"生活必需品供应令" "大日本兴亚同盟"成立 太平洋战争爆发
十七	53	1942 年　4 月 11 月	发表《国家与经济——以费希特为起点》，收录在《东京帝国大学学术大观法学部·经济学部》 出版《国家与宗教——欧洲精神史研究》，由岩波书店出版	
十八	54	1943 年　3 月 6 月 9 月 10 月		工学部系主任内田祥三教授就任东京大学校长，直至 1945 年 日本政府出台《学徒战时动员体制确立纲要》 东京大学法学部因安井问题动摇 学生暂缓征兵令全面停止，"学生出征"上前线
十九	55	1944 年　1 月 5 月 7 月 11 月	再任东京帝国大学评议员	下达"学生勤劳动员令" 杂志《改造》《中央公论》被勒令停刊 南原繁的恩师、原东京帝国大学校长小野塚喜平次教授在轻井泽别墅逝世
二〇	56	1945 年　1 月 3 月 4 月 5 月 8 月	就任东京帝国大学法学部部长 秘密与东大六教授进行"终战工作"	最高战争指导会议决定"本土决战" 东京遭遇大空袭 美军登陆日本冲绳岛 纳粹解体，德军向联合国无条件投降 6 日、9 日美军分别在广岛、长崎投下原子弹 15 日天皇宣布《终战诏书》，日本无条件投降，第二次世界大战结束

续表

年次	年龄	西历	主要事迹	主要事件
二〇	56	1945 年 9 月	发表《战后大学的使命》	2 日日本接受《波斯坦宣言》，日本签署投降文件 盟军最高司令麦克阿瑟率军进驻日本。10 日占领军发表对日管理方针。同日，释放政治犯 3000 余人。德田球一发表《告人民书》 11 日 GHQ 发布五大改革措施
		10 月	就任东京帝国大学总长（校长）	
		11 月	欢迎战后归国返校学生，发表《新日本的建设》演讲	大内兵卫、矢内原忠雄教授等人复职。再建东京帝国大学经济学部。
		12 月	就任东京大学总长（校长）	GHQ 发布废除神道的指令
二一	57	1946 年 1 月	《国家与宗教》再版	元旦，天皇发表"人间宣言"
		2 月	值日本"纪元节"之际，南原繁进行了"新日本文化的创造"的演讲。在纪元节的演述成为日本战后处于虚脱状态下国民们的强大精神支柱	天皇开始全国巡游。
		3 月	出版《学问·教养·信仰》，由近藤书店出版。 被选为日本方面"教育家委员会"委员，并被选为委员长。 被选为贵族院议员，直至 1947 年 5 月。参与了审议日本国宪法草案的审议工作	美国教育使节团访日
		5 月	主持"东京大学战没学徒慰安灵祭"	去田内阁成立 远东军事法庭审判开始
		6 月		众汉院审议日本国宪法法案 东京审判开庭
		7 月	被选为帝国学士院院士	贵族院审议日本国宪法法案
		8 月	任教育革新审议会委员、副委员长。翌年 11 月被选为委员长，直至 1952 年 6 月解散 成立东京大学社会科学研究院	
		9 月	在贵族院质疑日本国宪法法案中若干问题 在毕业式上进行《振兴祖国》的演讲	
		11 月	成立全国大学教授联合会，任会长直至 1953 年 10 月 在公布《日本国宪法》的仪式上演讲	3 日公布《日本国宪法》 日本全国开始战争责任、政治与文学以及主体性之论争
		12 月	在贵族院议会上质疑皇室典范案婉转提改天皇退位	建议"教育刷新委员会"、"教育基本法"、"六·三·三·四制"、"教育委员会制度"

续表

年次	年龄	西历	主要事迹	主要事件
二二	58	1947 年 2 月	出版《振兴祖国》，由帝国大学新闻出版部出版	开始正式施行日本二战后的新宪法
		3 月		实施《教育基本法》《学校教育法》
		4 月	天长节演讲	
		5 月	回家乡高校、旧制大川中学、相生小学进行宪法纪念演讲	开始实施《日本国宪法》
		6 月	成立东方大学新大学制度实施准备委员会	片山哲内阁成立
		7 月		设置大学基准协会，决定大学设置基准
		12 月	创立全国大学教授联合会，被推荐为第一任会长，任期至 1953 年 10 月	
二三	59	1948 年 3 月	出版短歌集《样子》由创元社出版。出版《人间革命》，由东京大学新闻出版社出版	
		5 月	任国家学会会长	
		7 月		日本学术会议发公告 公布、实施《教育委员会法》
		10 月	美国人文科学顾问团访日时任日本方面的委员，并被选为委员长	美国人文科学顾问团访日 表田藏内阁再次成立 文部省公布《大学法案要纲》
		11 月	日本政治学会成立时任理事长，任期至 1960 年 10 月	12 日远东国际法庭开始审判日本战犯 13 日东京审判判决，东条英机等 7 名甲级战犯被处以绞刑。岸信介等甲级战犯被释放
		12 月		众议院通过内阁不信任案，众议院解散
二四	60	1949 年 1 月	当选为日本学术会议第一期会员，同年 4 月辞职	
		5 月	新制东京大学成立。设置教养学部、教育学部、生产技术研究所等	
		6 月	出版《母亲》，由中央公论社出版	
		10 月		中华人民共和国成立
		11 月	出版《真理的战斗》，由东京大学综合研究出版部出版	"日本哲学会"成立，杂志《哲学》创刊
		12 月	南原繁继任东京大学校长 赴美国参加"被占领国全美教育会议"。在华盛顿发表了题为"The Ideals of Educational Reform in Japan（日本教育改革之设想）"的演讲，阐述了文化与政治的关系并诉之于全面讲和。会后参观了哈佛大学、哥伦比亚大学、伊利诺伊大学、密歇根大学、加利福尼亚大学、斯坦福大学	

续表

年次	年龄	西历	主要事迹	主要事件
二五	61	1950 年　1 月 　　　　3 月 　　　　4 月 　　　　5 月 　　　　7 月 　　　　10 月	回国 退休，辞去东京大学教授 在毕业式上进行《世界破局的危机与日本的使命》演讲 出版《日本与美国》，朝日新闻社出版 创立"国立大学协会"，就任会长，直至 1951 年的 12 月	"日本战没学生纪念会"成立 美国总统杜鲁门解除麦克阿瑟职务 爆发吉田茂首相与东京大学校长南原繁"曲学阿世"大论战 "日本中国友好协会"成立
二六	62	1951 年　2 月 　　　　3 月 　　　　5 月 　　　　9 月 　　　　12 月	创立"东京大学出版会"，就任第一会长，直至同年 12 月 在毕业式上进行了《要战争还是和平》的演讲 出版《和平的宣言》，东京大学综合研究出版部出版 任期满，辞去东京大学校长一职	4 日在美国旧金山召开"媾和会议" 8 日在旧金山"媾和会议"上签订《日和平条约·日美安全保障条约》
二七	63	1952 年　3 月 　　　　4 月 　　　　5 月 　　　　7 月 　　　　8 月 　　　　10 月	获东京大学名誉教授称号 出版《大学的自由》，东京大学出版会出版 为出席在海牙举办的第二届世界政治学会议出访欧洲。访问了瑞典、丹麦、英国、法国、西德、瑞士、印度 回国	《日美媾和条约·日美安全保障条约》生效 日本基督教学会成立
二八	64	1953 年　3 月 　　　　5 月	在富山县小杉高中同窗会 30 周年纪念会上演讲 出版《人间与政治》，岩波书店出版	《世界大思想史》由河出书房陆续出版
二九	65	1954 年　6 月	日本 NHIC 电视台播放南原繁《赠送家乡的话》电视节目	
三〇	66	1955 年　5 月	作为日本学术使节团的成员出访了苏联及中国。访问中国期间与大内兵卫两人受到了周恩来总理的亲切接见，并发表了"美帝国主义是中日两国的共同敌人"的演讲	

续表

年次	年龄	西历		主要事迹	主要事件
三〇	66	1955 年	6 月	回国	
			9 月	出版《苏联与中国》，由中央公论社出版	
			12 月		郭沫若率领中国学术艺术团访问日本。丸山真男出版《现代政治的思想与行动》上卷（未来社出版）
三一	67	1956 年	12 月		日本加入联合国
三二	68	1957 年	5 月	出版了《文化与国家南原繁演讲集》（《振兴祖国》《人间革命》《真理的战斗》《和平宣言》《大学的自由》合订本），由东京大学出版会出版	
			10 月	出版《现代政治与思想》，东京大学出版会出版	
			12 月	受邀在家乡曾就读的相生小学演讲时心肌梗死发作	
三三	69	1958 年	6 月		宪法问题研究会举行第一次总会
			7 月	出版了《故乡》（与《母亲》合订本），由东京大学出版会出版	
			8 月	出版《国家与宗教》，岩波书店出版	
三四	70	1959 年	4 月	出版《费希特的政治哲学》，岩波书店出版	
			7 月	就任日本学士院第一部长，直至1970 年 11 月	
			9 月	发表了《政治哲学之路》，刊登在《国家学会杂志》七三卷二号上。出版论文集《自由与国家的理念》，青林书院出版	
三五	71	1960 年	1 月		日美签订《新安保条约》《新行政协定》
			3 月	日本 NHIC 电视台播放南原繁《宗教没有必要吗》电视节目	
			5 月		日本政府强行通过《新日美安保条约》都立大学竹内好教授为抗议《新日美安保条约》辞职日本举国开展围绕近代化的大论争
			6 月	出席宪法问题研究会主办的《保卫民主政治》的演讲会，发表《要战争还是要和平？》的演讲	
			8 月	日本 MHIC 电视台播放南原繁《思考民族的未来》电视节目	
			12 月	丸山真男、福田欢一开始做《南原繁回忆录》谈话笔录	

年次	年龄	西历	主要事迹	主要事件
三七	73	1962 年 5 月	出版《政治理论史》，东京大学出版会出版，阐述自己的主场"现实的理想主义"	
三八	74	1963 年 8 月 10 月	出版《小野塚喜平次——人与业绩》（与蜡山政道、矢部贞治共作），岩波书店出版	日本《签署停止部分核试验条约》 《现代日本思想史大系》由筑摩书店开始出版
三九	75	1964 年 4 月 8 月 10 月 11 月 12 月	出版《日本的理想》，岩波书店出版 与亲友共同着手编辑《三古隆正全集》，岩波书店出版。1966 年1 月完成 与家人去信州旅行 就任学士会第四任理事长 妻子博子永眠	东京奥林匹克运动会开幕 佐藤内阁成立
四〇	76	1965 年 12 月	南原繁自费出版《玻璃柳——南原博子遗文·追悼集》	
四一	77	1966 年 9 月	出版《南原繁对话民族与教育》，东京大学出版会出版	
四三	79	1968 年 3 月 9 月	《歌集样子》由图书月贩出版 出版《给年轻人的证言》，图书月贩出版	
四四	80	1969 年 4 月 10 月	出版《创造历史》，东京大学出版会出版 小杉富中成立 50 周年纪念演讲	
四五	81	1970 年 3 月 11 月	出席大阪万国博览会，参观比睿山、京都 就任日本学士院第九任院长	大阪万国博览会 毕业于东京大学法学部，日本著名作家，提倡武士道精神和"天皇信仰高于人道主义"的三岛由纪夫在东京自卫队驻地剖腹自杀
四六	82	1971 年 9 月	《政治哲学序说》脱稿	
四七	83	1972 年 9 月 11 月	《南原繁著作集》全十卷开始发行，由岩波书店出版	田中角荣首相访华。中日两国签署《共同声明》，实现中日邦交正常化
四八	84	1973 年 2 月 8 月 9 月	《南原繁著作集》全十卷全部出版 南原繁再次发病	中国政府在日本东京设大使馆 田中角荣访问中国，中日发表联合声明

续表

年次	年龄	西历	主要事迹	主要事件
四九	84	1974 年　1 月 　　　　4 月 　　　　5 月	发表"新年致辞",刊登在《学士会年报》七二三号上 获日本旭日大勋章 19 日永眠	《现代日本思想史大系》由筑摩书店出版全部完成

参考文献

歴史学会研究会：『日本史年表』、東京岩波書店 1995 年版。

丸山真男、福田歓一：『回想の南原繁』、東京大学出版会 1990 年版。

山口周三：『南原繁の生涯　信仰・思想・業績』、東京教文館 2013 年版。

加藤節：『南原繁——近代日本と知識人』、東京岩波新書 514、岩波書店 1997 年版。

刘岳兵：《日本近现代思想史》,世界知识出版社 2009 年版。

王振锁、徐万胜：《日本近现代政治史》,世界知识出版社 2010 年版。

附录二 东京大学历任校长(总长)

东京大学（东京开成学校、东京医学校）（1877—1881 年）

加藤弘之　　　　　1877 年 4 月

池田谦斋　　　　　1877 年 4 月

加藤弘之　　　　　1881 年 7 月

帝国大学（1886—1897 年）

渡边洪基　　　　　1886 年 3 月

加藤弘之　　　　　1890 年 5 月

滨尾新　　　　　　1893 年 3 月

外山正一　　　　　1897 年 3 月

东京帝国大学（1898—1945 年）

菊池大麓　　　　　1898 年 5 月

山川健次郎　　　　1901 年 6 月

松井直吉（兼）　　1905 年 12 月

滨尾新　　　　　　1905 年 12 月

山川健次郎　　　　1913 年 5 月

古在由直　　　　　1920 年 9 月

小野塚喜平次郎　　1928 年 12 月

长与又郎　　　　　1934 年 12 月

平贺让　　　　　　1938 年 12 月

内田祥三　　　　　1943 年 3 月

南原繁　　　　　　1945 年 12 月—1951 年 11 月

东京大学（1951 年—　　）

矢内原忠雄　　　　1951 年 12 月

茅诚司　　　　　　1957 年 12 月

大河内一男	1963 年 12 月
加藤一郎	1969 年 4 月
林健太郎	1973 年 4 月
向坊隆	1977 年 4 月
平野龙一	1981 年 4 月
森亘	1985 年 4 月
有马朗人	1989 年 4 月
吉川弘之	1993 年 4 月
莲实重彦	1997 年 4 月
佐佐木毅	2001 年 4 月
小宫山宏	2005 年 4 月
滨田纯一	2009 年 4 月—2015 年 3 月 31 月
五神真	2015 年 4 月—2021 年 3 月 31 日
藤井辉夫	2021 年 4 月—2027 年 3 月 31 日

附录三 《南原繁著作集》各卷内容简介及评价

　　《南原繁著作集》各卷内容简介依据的版本是 1972 年 11 月 18 日出版的第一卷至 1973 年 8 月 18 日出版的第十卷。再版本是 1984 年 2 月 25 日出版的第一卷至第十卷 "特装本"。别卷一出版的时间为 1989 年 9 月 20 日，再版 "特装本" 的出版时间为 1990 年 7 月 15 日。再版时南原繁进行了添加或补充，个别卷中也有编者丸山真男和福田欢一新添加的 "补遗"。各卷内容简介及评价以 1984 年 "特装本" 为依据。

　　需要注意的是《南原繁著作集》中各卷的内容并不是按时间顺序进行编辑的，诸如第五卷《政治哲学序说》是南原繁最后完成的。各卷内容大致是按照每卷书名的内容进行分类的，如第六卷《学问·教养·信仰》，虽然是由南原繁的演讲集与和歌集《样子》两部分构成的，但是这两部分的内容却紧扣主题围绕着 "学问·教养·信仰" 进行编辑的。本书认为 "建设新日本、创造新日本文化、建立新民主主义国家" 作出不懈的努力、做和平与中立的拥护者、追求真理与正义、为民族共同体尽义务的知性学术思想和政治哲学理论研究是构成南原繁所有论著中最基本的论调和主旋律。

第一卷 《国家与宗教——欧洲精神史研究》

　　本卷①是南原繁学术著作中最重要的代表作之一，由四篇论文分四章构成。第一章《柏拉图的复兴》；第二章《基督教的 "神之国" 与柏拉图的理想国》；第三章《康德世界秩序的理念》；第四章《纳粹世界观与宗教》，最后附有补论《天主教教义与新教》。

---

① 1973 年 3 月初版，1984 年 2 月由日本东京岩波书店再版特装版。

如前所述，该书是南原繁53岁时出版的第一部学术专著，南原繁称其为"处女作"①。虽然是大器晚成，但也可以说是南原繁学术上最具代表性的学术专著。他在序文中写道："大抵国家的问题，根本的问题在于文化与内在统一的世界观问题。从而究其根本，没有宗教的神性问题便无从理解国家的问题。"② 对于南原繁而言，"政治问题不仅限于国家的历史和国家机构问题，实际上还与对人类创造的一切文化的批判、思考与升华，即与哲学是有关联的。并且，人类的创造力最终在于宗教"③。这种信念作为南原繁研究政治、政治哲学、政治哲学思想最基本的支撑点，亦成为他独特的哲学立场和研究方法的起点。

本卷还充分地反映出南原繁的世界观以及对宗教等问题的一系列相关思考。同时，他在书中还披露了内村鉴三的"日本式无教会主义""新思想"的"教化"对他在学术研究以及经国济民思想方面产生的重大影响。特别是内村鉴三不拘泥于国家与民族的振兴，追求全人类的自由，进而祈求万民生命与和平的福音这种思想意识。作为文明批评家，他还"排除专业之狭隘意识，把宗教放在更广泛的文化关系中去掌控，特别是提到国民精神结构的深层去考察"④ 对南原繁影响至深。内村鉴三立志于振兴现代日本、追求人类自由的"无教会精神"和改造"国民精神结构"的忧患意识对南原繁"建设新日本、创造新日本文化、建设新的民主主义国家"的政治哲学思想体系与知性学术思想影响很深。

第二卷 《费希特的政治哲学》

本卷⑤由两部分构成。第一部分《费希特政治理论的哲学基础》分四章：第一章《"知识学"的发展与政治哲学》；第二章《政治·道德·宗教的关系Ⅰ》；第三章《政治·道德·宗教的关系Ⅱ》；第四章《现代政治哲学的问题》。南原繁在本卷中主要梳理了构成费希特政治理论基础的形

---

① 南原繁：『南原繁著作集』、第一卷『国家と宗教——ヨーロッパ精神史の研究』、東京岩波書店1984年特装版、第387頁。

② 南原繁：『南原繁著作集』、第一卷『国家と宗教——ヨーロッパ精神史の研究』、東京岩波書店1984年特装版、第3頁。

③ 南原繁：『南原繁著作集』、第一卷『国家と宗教——ヨーロッパ精神史の研究』、東京岩波書店1984年特装版、第4頁。

④ 南原繁：『南原繁著作集』、第二卷『フィヒテの政治哲学』、東京岩波書店1984年特装版、第45頁。

⑤ 1973年3月初版，1984年2月由日本东京岩波书店再版特装版。

而上学的发展及其相互之间的关系。第二部分《费希特政治理论的发展》分四章：第一章《自由主义理论》；第二章《社会主义理论》；第三章《民族主义理论》；第四章《现代政治学的问题》，南原繁大致梳理了政治理论及其本身的发展过程。

本卷也可以看作与第一卷《国家与宗教》有着共同点以及在政治哲学理论上进一步升华的后续篇。构成研究费希特总论的是此书第一部分《国家与宗教》中的第三章《康德世界秩序的理念》。为此，第三章《康德世界秩序的理念》也与第二部的第二章《基督教的"神之国"》、第三章《康德世界秩序的理念》、第四章《纳粹世界观与宗教》的内容互为表里、相辅相成、息息相关。为此，南原繁本人建议读者也可以先从第二部分开始阅读，同时，南原繁还希望如果把第一部分《费希特政治理论的哲学基础》作为终章来学习的话，还要结合他的形而上学发展的研究踪迹，把终章的《现代政治哲学的问题》作为问题来阅读，最好是站在著者的立场上对费希特的意义进行批判。[①]

福田欢一对此书给予了极高的评价："完成本书大概需要 30 年的时间。作者对本书倾注了极大的心血，'可谓伟大的哲人与其思想体系'[②] 之大成，是作者倾注了精魂研究出来的成果。本书很好地向我们展示了南原繁作为政治思想史学者的出类拔萃。并且，在本书中作者的关心并没有仅仅停留在对过去所关注的历史问题的研究上面，而是从开始就向我们揭示了关于伟大的哲学思想超越历史的意义，继而提供了对现代政治混乱局面的学术性考察与批判的基础。从而，通过费希特其人以及人格的认知与研究构成了南原繁自己独特的知性学术世界观。通过对费希特的评价和批判，在作者自身到达的研究高度给了我们无限精彩的展示。"[③] "从学界的立场上看，该书的公开发行，其本身就是现代日本政治思想史上出现的一个纪念性的里程碑。这不仅在我国关于费希特的研究尚属于前人未曾有的成果。即使是在欧洲，在比较康德、黑格尔、费希特的学术性研究方面也是极为罕见的。"[④] 其他人所论及的内容大多数仅仅是其中的一部分或是

---

① 南原繁：『南原繁著作集』、第二巻『フィヒテの政治哲学』、東京岩波書店 1984 年特装版、第 5 頁。

② 南原繁：『南原繁著作集』、第二巻『フィヒテの政治哲学』、東京岩波書店 1984 年特装版、第 155 頁。

③ 南原繁：『南原繁著作集』、第二巻『フィヒテの政治哲学』、東京岩波書店 1984 年特装版、第 446 頁。

④ 南原繁：『南原繁著作集』、第二巻『フィヒテの政治哲学』、東京岩波書店 1984 年特装版、第 447 頁。

宽泛的主题而已。正如该书所展示的那样，回溯南原繁的知性学术政治思想体系，我们不难发现南原繁的政治哲学研究与费希特的政治理论逐渐地有了一定的契合和联系，为日本政治理论和哲学的发展与变化留下了珍贵的足迹。同时，"在此过程中出现的三种形态，即自由主义、社会主义、民族主义的每一个思潮的分部进入，显示出来的统一的全体像更是极其稀少。这部大作支撑着南原繁自身纯粹的哲学精神，并且，这种哲学精神通过对费希特的进一步研究达到了他与古典哲学之间对话的最佳效应，可以说此书堪称世界上无与伦比的一项研究"①。加藤节对此书的评价是："这是一部毫无遗漏全面覆盖了费希特思想体系的著作。并且，从'开拓人类命运中导出为我所用'的意图上，可以说南原繁的研究已达到了世界上独一无二的水准，并标志着出现了独具个性的关于费希特研究的成果。"② 丸山真男对该书的评价是："对作者的这一杰作不得不再次感到由衷地惊叹是对缘于超越学问的动机在推进缜密的学问的同时，对现代社会中最为迫切的问题意识在与纯粹的历史研究过程中在最深奥处的精彩契合。"③

第三卷 《自由与国家的理念——政治哲学论文集》

本卷④由三部分组成。第一部分由七篇论文构成。第一部分中的内容均是关于自由理念与国家理念关系的文章，大部分是南原繁在七七事变前后至太平洋战争期间所写的论文。当时，整个世界包括日本在内处于以法西斯主义、纳粹为中心的全体主义与自由·共产主义各国间相互对立和战争的年代。历史上还从未有过像那时因上述两种理念的相克而导致的人类命运处于的极大的危险境地。为此，南原繁在论文中主要论及了自由主义、个人主义与超人主义、人与政治、政治哲学、政治理论史等内容。第二部分由 11 篇论文构成。本卷收集了南原繁在此特殊时代对身边能找寻到的文献，特别是关于法西斯的代表性文献以及对日本当时公开发行的若干政治关系的文献所作出的书评。主要涉及了新黑格尔主义的社会哲学、新罗曼主义的国家观、新黑格尔主义政治哲学、纳粹国家与黑格尔哲学、实

---

① 南原繁：『南原繁著作集』、第二卷『フィヒテの政治哲学』、東京岩波書店 1984 年特装版、第 463 頁。

② 加藤節：『南原繁——近代日本と知識人』、岩波新書 514、東京岩波書店 1997 年版、第 171 頁。

③ 丸山真男：『南原繁フィヒテの政治哲学を読んで』、東京図書 1959 年版、第 23 頁。

④ 1973 年 3 月初版，1984 年 2 月由日本东京岩波书店再版特装版。

存哲学与纳粹、卢梭问题史的位置、宗教与文化等内容。第三部分是南原繁翻译的德国导师的译作。南原繁在德国柏林留学时，在全力以赴地研究康德的同时，还得到了在柏林大学讲授"法理学与民法"课程的鲁道夫·休坦穆拉教授的热心指导。南原繁拜托研究新康德派的这位著名法学哲学学者作为自己的家庭教师，花费了近一年的时间仔细研读了康德的三批判中的《实践理性批判》。南原繁在此期间还把鲁道夫·休坦穆拉尚未发表的论文《近世法学系列》翻译后在东京帝国大学法学部的《法学协会杂志》上发表，以示对这位异国导师的敬意。然而，与鲁道夫·休坦穆拉越接触，南原繁就越感到这位尊敬的德国导师对康德哲学思想的解释与自己所理解的康德哲学思想有一定思想上的差距。他认为作为学者的鲁道夫·休坦穆拉对于康德的理解过于形式主义和形式化，而南原繁认为康德与时代密切相关的哲学思想是其特点，研究康德就一定要研究康德与时代紧密联系的观点与主张。对于南原繁来说这种自觉的感觉与认知的意义非常重大，由此，他以康德与时代紧密联系的思想为研究的切入点，很快就抓住了人类生存的多样性与文化价值体系之间的关联性，并以此构筑了他独特的政治哲学思想体系。

南原繁认为："我们每个人各自的自由与人格生存是人类固有的要求。任何权势也无权干涉，并且这种要求必须得到满足。同时，所有的同胞都属于共同生存的国家共同体的一分子，要意识到这种共同体实存的基础，还要尽一份作为此共同体成员应尽的义务。"① 那么，"如何处理好人类自由的理念及国家共同体的理念两者之间的关系呢？关于此问题，可以说能满足我们理性和良心的答案至今还没有找到，为此也构成了政治哲学永远的课题，在某种意义上可以看作政治理论史也是以此为中心而展开的。当下，世界各国间的对立与世界观的相异，无论人们是否意识到，围绕着此问题的争论一直在持续着，今后的历史发展大概会对此问题的解决给予重大的影响吧。"②

"我们必须承认把真理作为真理、价值作为价值的义务。同时，对于实现义务一定要倾注燃烧般炙热的热情。即所谓的'无情之热情'。"③

---

① 南原繁：『南原繁著作集』、第三卷『自由と国家の理念——政治哲学論文集』、東京岩波書店 1984 年特装版、第 5 頁。

② 南原繁：『南原繁著作集』、第三卷『自由と国家の理念——政治哲学論文集』、東京岩波書店 1984 年特装版、第 6 頁。

③ 南原繁：『南原繁著作集』、第三卷『自由と国家の理念——政治哲学論文集』、東京岩波書店 1984 年特装版、第 381 頁。

"无情之热情"是南原繁政治哲学的信条。"如果把本著作集中第二卷《费希特政治理论的哲学基础》、第一卷《国家与宗教——欧洲精神史研究》与第四卷《政治理论史》看作这种'无情之热情'的话，那么，在这里我们所解说的本集《自由与国家的理念——政治哲学论文集》则是其'无情之热情'最直接的表白。"① "如果前者是'与来自政党的利害关系相同的立场超越了宗教的信条和热情'，也'只能在真理的面前虚心接受'②，并且'存在于学问的价值自律性的信条之上'③。如果说这是学术性的思考的话，那么，后者是站在学问的维度上，在祖国与时代的基础上'构成了真理'④，简言之，这是一部与时代动向和思潮相对决、倾诉了南原繁辛苦劳作的大集结。"⑤

第四卷 《政治理论史》

本卷⑥是以南原繁多年在东京大学以各种形式担当"政治学史"讲座或讲义课为基础，再加上其后多年的研究成果结集而成。本卷由绪论、七章和结语组成。第一章《希腊思想》；第二章《基督教》；第三章《文艺复兴与宗教改革》；第四章《近世启蒙思想》；第五章《德国理想主义》；第六章《实证主义》；第七章《社会主义》。

"政治学史"讲座是南原繁从欧洲留学归来后在东京大学开设的第一门讲座课，一直到他被选为东京大学校长之后，即使担任东京大学战后重建的繁忙的行政事务性工作之后，他仍旧持续担任此讲座的主讲人。在阴云密布的日本和世界都笼罩在法西斯、军国主义极其猖獗的二战前，虽然南原繁的内心充满着对欧洲政治哲学历史发展的苦恼、焦虑和不安，但是，他仍旧还是对此倾注了全部的心血，始终坚持进行政治学史讲座和此

---

① 南原繁：『南原繁著作集』、第三卷『自由と国家の理念——政治哲学論文集』、東京岩波書店 1984 年特装版、第 79 頁。

② 南原繁：『南原繁著作集』、第三卷『自由と国家の理念——政治哲学論文集』、東京岩波書店 1984 年特装版、第 138 頁。

③ 南原繁：『南原繁著作集』、第三卷『自由と国家の理念——政治哲学論文集』、東京岩波書店 1984 年特装版、第 79 頁。

④ 南原繁：『南原繁著作集』、第三卷『自由と国家の理念——政治哲学論文集』、東京岩波書店 1984 年特装版、第 79 頁。

⑤ 南原繁：『南原繁著作集』、第三卷『自由と国家の理念——政治哲学論文集』、東京岩波書店 1984 年特装版、第 381 頁。

⑥ 1973 年 3 月初版，1984 年 2 月由日本东京岩波书店再版特装版。

方面的相关学术研究。

南原繁经常强调的一个观点："如果离开了与代表各个时代精神的哲学家及思想家的个别体系，政治理论史则无法达成。"① 而且，在其相互关系上追求全面发展的立场则更是无法回避其关联性。为此，南原繁每年的讲义都会添加新的内容，开辟新的研究领域。该书就是在其不断完善、持续研究积累的基础上结集而成的。南原繁渴望这部集多年心血完成的"不成熟，却有着多年思考经历的记录，在通读西欧政治理论史或是思想史文献极度匮乏的我国能成为政治哲学未来发展的基石。同时，亦会对年轻的学者学术思想的形成有些许的裨益"②。南原繁在该书的序中写道：本书是"构成政治原理的唯一贡献，是一部包含着笔者多年的思想经历的记录"③。这部大作也标志着南原繁知性学术思想与政治哲学思想体系的第二部代表作的完成，这部著作也被一些学者认为是南原繁在政治哲学学术研究上的又一部力作。

丸山真男对此书的评价是："如果按着《政治理论史》所叙述的逻辑脉络走下去的话，便会在复杂、丰富、纵横交错的论述过程中显像出宛如从隐藏的画面中找到了所需物般的清晰明了的政治理论轮廓。在此意义上，面对作者，我直率地坦言'这不是政治理论史的入门书，而是毕业级的完结篇'。"④ 作者这部《政治理论史》"通过其所具有的学术性客观劳作便具有了为我们遨游在现代国内国际社会政治激荡的大海波涛中'实用性'的引领政治思想的导航作用。这张导航图为我们展示了一定的思想性。例如：对于理智的确信、与理智相反的合理性的情感以及感觉的解放、文化领域（学问、艺术、道德等）的神圣化、拥抱一切根源的'生'的渴望及欲求"⑤。丸山真男进一步阐述道："当我们被强制性地推向如何走向政治世界抑或我们在为某个目的选择'主义'时，如何沿着'人类思维内在的必然性'的理论驶向既定的目的地或者逆向的港湾云云。作者为我们展示了人类几千年思维的实验性足迹在波涛万丈的人潮涌动中如何勇往前行的那种无以言表的独特的人生体验。"⑥ 当然，"为我们描绘的这张导航图是欧洲精神史而不是世界精神史。然而，在欧洲的文化传统的内

---

① 南原繁：『南原繁著作集』、第四卷『政治理論史』、東京岩波書店 1984 年特装版、第 3 頁。
② 南原繁：『南原繁著作集』、第四卷『政治理論史』、東京岩波書店 1984 年特装版、第 4 頁。
③ 南原繁：『南原繁著作集』、第四卷『政治理論史』、東京岩波書店 1984 年特装版、第 5 頁。
④ 南原繁：『南原繁著作集』、第四卷『政治理論史』、東京岩波書店 1984 年特装版、第 596 頁。
⑤ 南原繁：『南原繁著作集』、第四卷『政治理論史』、東京岩波書店 1984 年特装版、第 598 頁。
⑥ 南原繁：『南原繁著作集』、第四卷『政治理論史』、東京岩波書店 1984 年特装版、第 596 頁。

部，什么才具有普遍的价值？何为局部的抑或具有时代界限的重镇？在结论处读者可观作者的非凡功力。不言而喻，作者独具慧眼绘制的这张'导航图'即使对那些和作者世界观不同的人来说，也是具有相当的可信度和信赖性，同时，也佐证了作者历经半个世纪自身充满人生历练、坚定的步履超越了同时代的任何人。"①

第五卷 《政治哲学序说》

本卷②由六章构成。第一章《绪论》；第二章《政治哲学的方法论》；第三章《政治的概念》；第四章《政治理念的类型》；第五章《政治的权威》；第六章《政治组织论》。

该书由南原繁在东京大学所写的讲义稿构成，是南原繁对政治哲学的最终思考。该书完成于1972年，作者已82岁高龄之际。南原繁在这部学术上的代表作《政治哲学序说》中阐述到，他的哲学之路——"政治的知性"是由"常识的见解"转向"客观的科学知识"，进而迈向"质疑人类的历史应如何发展"的"世界观的哲学"，并最终自然走向"辩证法的发展"。这一思想的变化、发展历程向我们展示了南原繁遵从知性的要求，将自己的课题定位于"在政治社会的回归于目标"，并明确决定由此构筑自己独特的政治哲学体系和知性学术思想的变化轨迹。

《政治哲学序说》中对苏格拉底、亚里士多德、柏拉图、康德、费希特、黑格尔等以及政治哲学中的自由主义、个人主义、新罗曼主义、人道主义、理想主义、经验主义、批判主义、马克思主义、社会主义、法西斯民族主义、法西斯国家等均有涉猎。可以说南原繁的这部专著较全面、系统地把西方政治哲学介绍到了日本，在日本政治哲学的发展史上具有里程碑式的重要意义。在第四章中，南原繁对国家主义、自由主义以及民主主义、无政府主义等"政治理念类型"的意识形态进行了依次的批判。与此相反，他极力主张"理想主义的社会主义"。在此过程中，南原繁明确地表现出了他独特的"民族共同体"的观点。

"此书可以说是作者从年轻时至生命终点的人生观和世界观，是对思考过的政治思想的确信不疑的感悟。"③ 是"带着年轻时那种朴素的社会观

---

① 南原繁：『南原繁著作集』、第四卷『政治理论史』、東京岩波書店1984年特装版、第596頁。
② 1973年3月初版，1984年2月由日本東京岩波書店再版特装版。
③ 南原繁：『南原繁著作集』、第五卷『政治哲学序说』、東京岩波書店1984年特装版、第4、5頁。

和理想，激励着自己走向现实社会并努力"① 自己构建的政治哲学思想体系的试金石。并且，以此为起点，"类似于一种辩证法的发展"和"三段论式展开"② 的论说和思辨让人们欣赏想到南原繁的人生体验和在思想上的升华。同时，我们也再次聆听了战时作者在内心中悲愤的呐喊："当遭遇战时道德和政治的相克以及矛盾冲突时，如此一声令下，学生暂缓上战场的特权令被废止，学子诸君以笔代剑肃然踏上征途。如君所见，那时没有任何人敢抗拒国家的命令，不尽国民的义务，所有的人都必须忠实地服从于国家的意志和命令。然而，我们却不知平日教导学子的我们在那时做的是对还是错。"③ 由此，我们不难看出南原繁对战争的憎恶与反思。

在本卷最后关于国际和平部分，南原繁添加了自己进一步思考的内容，在政治哲学理论方面做了最后的竭尽全力的研究。"人类现在应该离开主权国家，面向世界共同体"④，要面向"世界大和平"这一美好的愿望。无论是在美国华盛顿教育会议上的演讲，还是晚年在家乡的病床上，这个美好的愿望始终是支撑南原繁毕生的坚定信念，南原繁的这个愿望日后也成了人类共同的美好愿望，也佐证了南原繁终生信仰的知性政治思想世界观是正确的。然而，进一步思考这一新的信仰与理想也使南原繁损害了身心健康，在本卷脱稿的翌年夏日，南原繁便离开了人世。

1971 年 9 月，南原繁最后一部著作《政治哲学序说》脱稿。这对于 82 岁的南原繁来说，即总结了他作为思想家、政治学者的人生全貌，也反映出南原繁通过与 20 世纪现实社会的紧张对决所建构起来的全部学术性的世界观。《政治哲学序说》的付梓不仅印证了南原繁在政治思想史和学术上的成绩斐然，也是对在 20 世纪激荡的历史中，终身致力于人生的政治理想在现实社会中学以致用的南原繁不平凡的一生的真实写照。

---

① 南原繁：『南原繁著作集』、第五卷『政治哲学序说』、東京岩波書店 1984 年特装版、第 44 页。

② 南原繁：『南原繁著作集』、第五卷『政治哲学序说』、東京岩波書店 1984 年特装版、第 45 页。

③ 南原繁：『南原繁著作集』、第五卷『政治哲学序说』、東京岩波書店 1984 年特装版、第 457、458 页。

④ 南原繁：『南原繁著作集』、第四卷『政治理论史』、東京岩波書店 1984 年特装版、第 598 页。

第六卷 《学问·教养·信仰》

本卷①由南原繁的演讲稿以及和歌集《样子》②构成。以七七事变为契机，是作者在抗日战争、太平洋战争以及二战结束后十余年间的大部分演讲稿和论文。

本卷前部分的演讲稿从内容上看可以分为两部分。第一部分主要收集了南原繁在东京大学，特别是为法学院的学生们所做的演讲或是撰写的学术论文。内容涉及"学问""教养"以及在其背后紧密相连的"信仰"问题。此外，《南原繁著作集》第六卷中还收录了小野喜平次、内村鉴三、江原万里、三谷隆正、松本立一5个人的回忆录，表达了南原繁对这五位关系密切、业绩不凡的故人们的回想与追思。对南原繁而言，已作古的这几位恩师和挚友在学问和教养方面获得了特殊个性思维和光辉业绩，不仅仅是作者个人对逝者的追忆，也是颠扑不破的客观真理之证言。第二部分和歌集《样子》则是终生追求理想、"学问""教养"和"信仰"的南原繁追忆已故的挚爱亲朋的诗作。本部分收录了南原繁的797首和歌。内容广涉日本社会、政治、历史、文化、经济、国家、宪法，尤其是关于战争、动乱、世间、生活、余暇、友情、亲情、师生情等的有感而发，展现出南原繁忧国忧民的情感和思想变化之轨迹，特别是在二战前和战争期间对时局的密切关注以及平日里无法发散的郁闷、愤怒和自慰，诗人内心的呐喊流淌在每一首诗作的字里行间，跃然纸上。

日本现代著名和歌两大家安田章生和齐藤茂吉对南原繁这部初版和歌集《样子》给予了极高的评价："我毫无疑义地认为先生是现代最高的歌者，这种看法是绝对正确的，感动之余我竟然无法写下一行评语……能创作出如此优秀的和歌，不言而喻应归功于作者精神世界之高扬。"③南原繁本人对此书的评价是："在我所有出版的书籍中，将来被人们所能记住的大概是这本和歌集《样子》吧。"④

---

① 1973 年 3 月初版，1984 年 2 月由日本东京岩波书店再版特装版。
② 1973 年 3 月初版，1984 年 2 月由日本东京岩波书店再版特装版。
③ 南原繁：『南原繁著作集』、第六卷『学問·教養·信仰』、東京岩波書店 1984 年特装版、第 531 頁。
④ 南原繁：『南原繁著作集』、第六卷『学問·教養·信仰』、東京岩波書店 1984 年特装版、第 518 頁。

第七卷 《文化与国家》

本卷①由五部分构成：第一部分《振兴祖国》；第二部分《人间革命》；第三部分《真理的斗争》；第四部分《和平宣言》；第五部分《大学的自由》。

本卷由自 1945 年末至 1951 年 9 月签署《美国旧金山和约》的六年间以及南原繁就任东京大学校长一职期间，主要通过东京大学的演讲或者是在国会上的演说稿构成。本卷收录的《振兴祖国》《人间革命》《真理的斗争》《和平宣言》《大学的自由》均是当时发行量极大的单行本，对战后茫然不知所措的日本和国民起到了舵手般的导引作用。

本卷的重点聚焦在日本遭遇有史以来最严重的战败后，日本国民应该如何振兴祖国、如何创建新的日本文化？南原繁呼吁："虽然日本的战败是国民永久无法忘怀的灾难深重的日子。但是，回顾历史，这也是我们日本民族新生、迈向美好未来重新出发的日子。认清了这个道理，对未来有预见的人们来说，实际上也是从长久以来的压迫和苦恼中解放出来、在战败的悲痛中迎来新的希望和慰藉的日子。"② 然而，"民族的再生与祖国的复兴并非轻而易举之事。特别是在新宪法至今尚未制定完成，联合国美军司令部的方针尚不清楚的战后，接下来要有相当长的时间里物质极度匮乏、生活窘迫，再加上国民精神的荒废和混乱过程中的彷徨，现在想来，这实际上是相当残酷的事实。但是，在此过程中，国民各阶层中有良知的人们应该能预感到我们民族再生的道路在哪里？新日本的出路在哪里？"③南原繁当时的这些呼吁和呐喊是向以学生和教育者为代表的各方面各阶层的人们提出的警言，是"把这些同胞的内心所想所感通过著者的表现方法所做的证言"④。南原繁坚信："无论如何，人类的自由和尊严只有通过'人类理想'的确立以及由此所带来的民主政治与和平的文化国家的建设才是从废墟上站立起来的全体国民一致翘首以盼的新日本的理想和路标。以日本国宪法为中心的政治、教育、社会、宪法这些制度的改革都应该以此为目的而达成。这实际上是我国有史以来的改革所总结出来的日本现代

---

① 1973 年 3 月初版，1984 年 2 月由日本东京岩波书店再版特装版。
② 南原繁：『南原繁著作集』、第七卷『文化と国家』、東京岩波書店 1984 年特装版、第 5 頁。
③ 南原繁：『南原繁著作集』、第七卷『文化と国家』、東京岩波書店 1984 年特装版、第 6 頁。
④ 南原繁：『南原繁著作集』、第七卷『文化と国家』、東京岩波書店 1984 年特装版、第 5 頁。

革命的成就。"① 不仅如此，"以第二次世界大战为分水岭，世界本身处于大改革的前夕，原子弹的发明宣告了人类新时代的开始。此时，日本新宪法中放弃战争，宣告永久和平虽然是挑起战争后战败的我们民族的悲哀，但却是世界各国人民要达成的人类的共同目标"②。南原繁呼吁："从日本开始出发的过去的 6 年里，我们在转向中又重新找寻、回归到了正确的位置。现在，我们再一次重新站在了新宪法中新民族主义和新主张的起点上。不犹豫、不怀疑，我们要努力坚持新文化的创造和新日本的建设。"③他进一步指出："日本的重建并不是十年或者是二十年的岁月就能一挥而就的，是需要我们世世代代跨世纪不屈不挠、共同努力的大业。对于我们这些从事文化教育事业的人们来说，特别是年轻的学子们，这既是政治社会的问题，也是对人类和文化理念的看法、人类精神和追求真理的根本的态度问题。"④

日本评论家野田良之认为："这些文章即印证了作者深刻的宗教观认知体验和透彻的哲学思考，也是一部展示出日本人以及人类的永久理想群像的预言书。同时，对于那些热爱日本、从普遍的人类立场自觉地认识到日本文化使命的人来说，也给予了无限的勇气和慰藉。"⑤ 南原繁在本卷中不仅表达了二战后日本必须重新出发的坚强意志，更有对祖国执着的无限爱恋和对青年人的殷切希望。他阐述的熠熠闪光的政治哲学思想为二战后处于苦难和昏迷状态中的日本国民指明了前行的方向，也为日本战后建设新日本、创造新日本文化、建设新的民主主义国家在思想和精神上树立了永久的思想丰碑。

第八卷 《现代政治与思想——新的历史契机》

本卷⑥由《现代的政治与思想》和《小野塚喜平次——校长时代与晚年》构成。《现代的政治与思想》则由《现代的课题》《历史的试炼》《教育与国家》三部分组成。

本卷从内容上看是南原繁在 1952 年至 1957 年继《文化与国家》《日

---

① 南原繁：『南原繁著作集』、第七卷『文化と国家』、東京岩波書店 1984 年特装版、第 6 頁。
② 南原繁：『南原繁著作集』、第七卷『文化と国家』、東京岩波書店 1984 年特装版、第 6 頁。
③ 南原繁：『南原繁著作集』、第七卷『文化と国家』、東京岩波書店 1984 年特装版、第 9 頁。
④ 南原繁：『南原繁著作集』、第七卷『文化と国家』、東京岩波書店 1984 年特装版、第 10 頁。
⑤ 南原繁：『南原繁著作集』、第七卷『文化と国家』、東京岩波書店 1984 年特装版、第 9、10 頁。
⑥ 1973 年 3 月初版，1984 年 2 月由日本東京岩波書店再版特装版。

本的理想》《创造历史》的续篇，也是南原繁继东京大学在任时整理出来的《文化与国家》的第二部论文集。与《文化与国家》主要是南原繁作为东京大学的校长面向学生们所作的演讲不同，《现代的政治与思想》收录的是南原繁在1951年末以后的六年间以及他辞去东京大学校长一职后数年间对广大日本国民"时常书写的、经常阐述的警示论"[1]。可以确信这些政治思想理论结合现实社会的深层次的思考是南原繁在二战后利用一切机会主张和平和自由，长年刻苦钻研政治哲学思想才积淀起来的人生理想和信念之精髓。

在1949年3月13日东京大学的毕业式上，南原繁在《和平的拥护者》[2]的演讲中十分明确地表明了自己的政治思想与主张："我毫不怀疑地深信，人类的自由和精神的自律在构成我们人类个性的同时，也是我们同为一体的民族和同胞的欲求，进而，也是结成广泛的世界人类的真正的纽带。这是一个深刻地与人类个体的良心以及内在的灵魂密切联系的问题。"[3] 这不仅仅是南原繁对这一届入学的学生们的激励之词，也让二战后物质匮乏、迷失方向的日本国民看到了前行的黎明曙光。时至今日，这种思想和人生理想仍旧是构成南原繁所有论著中最基本的主旋律。"我们要相互协助去保卫精神的独立和自由。把从前奉献给战争的心血和眼泪转而奉献给真理、正义与和平。这既是祖国的复兴之路，也是日本寄予世界之新的希望。"[4]

值得注意的是这虽然是在二战过后的十余年南原繁的思想认知，但在当时世界情势多变，和平远离人们，世界充满着不安和恐怖的情形下，南原繁认为要解决上述问题的关键在于如何与"以美国为首的自由主义国家和以苏联为中心的共产主义国家"[5] 友好相处才是解决问题的密钥。为此，南原繁辞去东京大学校长一职后便踏上了30年前曾经留学的欧洲各国，还平生首次访问了印度。同时，为了搞清楚社会主义国家的真实情况，他还访问了一无所知的社会主义国家苏联和中国，受到了苏联科学院的领导和我国周恩来总理等人的亲切接见。南原繁返回日本后对此次

---

① 南原繁：『南原繁著作集』、第七卷『文化と国家』、東京岩波書店1984年特装版、第499頁。

② 南原繁：『南原繁著作集』、第七卷『文化と国家』、東京岩波書店1984年特装版、第195—211頁。

③ 南原繁：『南原繁著作集』、第七卷『文化と国家』、東京岩波書店1984年特装版、第202頁。

④ 南原繁：『南原繁著作集』、第七卷『文化と国家』、東京岩波書店1984年特装版、第201頁。

⑤ 南原繁：『南原繁著作集』、第八卷『現代の政治と思想』、東京岩波書店1984年特装版、第3頁。

访问的所见所闻、了解到的新的世界情势以及个人感怀与心得在《历史的试炼》一文中均进行了详细的披露。

在本卷的后半部分，南原繁用近半的篇幅以《小野塚喜平次——校长时代与晚年》为题，为读者多角度、多方位地客观描述了自己敬爱的导师原东京帝国大学校长小野塚喜平次博士的生平与业绩。南原繁通过小野塚喜平次博士"校长时代"的光辉业绩，不仅为我们立体地描绘了东京大学在那个特定的历史时期非同寻常的重要的大学校史的一个侧面，也使我们了解了作为日本政治学研究的先驱小野塚喜平次教授高尚的人格和传世的政治思想以及独特的研究方法。同时，也让读者深深地感受到南原繁对这位仙逝恩师的无限思念、敬慕和追忆之情。

日本著名评论家辻清明评价本卷为南原繁的"警示之作"①，高度评价南原繁的"《现代的政治与思想》为二战后茫然不知所措的日本国民指出了前行的方向，给二战后奄奄一息的国民以生的希望，功不可没。"②

第九卷 《日本的理想》

本卷③由四部分构成：第一部分《日本国宪法》；第二部分《政治与社会》；第三部分《教育与文化》；第四部分《人与书籍》。

在《日本国宪法》里收录了日本国宪法制定过程中南原繁作为贵族院知识分子精英代表参加审议会议的所有速记记录。不仅为我们展示出作者倾注心血地诠释日本宪法的理想，还有诸如南原繁在贵族院发言时质疑政府当局如何正确理解日本宪法精髓等犀利、精彩、唇枪舌剑的现场交锋。本卷的其他部分还收录了南原繁对诸如日本宪法制定后大约15年前后世界形势的变化和以此为背景的日本复兴以及对日本宪法承载下的自由主义、民主主义与和平主义理想等进行的批评、警告和预言，更有将此理想寄托于肩负着下一个世纪持续振兴的青年学子身上的殷切希望。本卷相互紧密联系的四章可以帮助我们理解作者是如何论述日本国家之理想的。在第四部分《人与书籍》中还收录了14人的悼文及回忆录，再次忆及了二

---

① 南原繁：『南原繁著作集』、第八卷『現代の政治と思想』、東京岩波書店 1984 年特装版、第 4 頁。

② 南原繁：『南原繁著作集』、第八卷『現代の政治と思想』、東京岩波書店 1984 年特装版、第 3 頁。

③ 1973 年 3 月初版，1984 年 2 月由日本东京岩波书店再版特装版。

战前东京帝国大学校长小野塚喜平次、南原繁的精神导师内村鉴三、二战后第二位东京大学校长矢内原忠雄等在日本历史上有过重大影响的几位重要人物。

正如南原繁在该书的《序》中所言："日本现在最需要的并不是一定要快速地增长经济，也不是盲目地进行军备扩编。事实上我认为是对真理的思慕与忠诚。国家政治是与国家或者国民利益息息相关的。也正因为如此，如若抛开真理或是用真理替换正义，或者是反其道而行之的话，最终是无法成就国家政治的。'政者正也'，政治只为正义和真理而存在，国家的理想也由此而产生。"① 南原繁一生致力于呼吁日本的理想是追求真理与正义，并且，他把这个崇高而远大的人生理想寄托在祈求和平与真理的众多年轻人的身上。

南原繁的理想可谓"新时代给予祖国的黎明、新生的曙光"②。他带着这份美好的理想希冀着正如他在和歌集《样子》中所吟诵的那样"世界大和平，真理如日升"③。

第十卷 《创造历史》

本卷④由三部分构成：第一部分《创造历史》；第二部分《我的学问·教育观》；第三部分《忆故人》。

南原繁在本卷的《序》中表达了他写此书的目的与背景："正值明治百年纪念，踏入明治百年，即将迎来21世纪。在未来的日子里，日本会发生什么？这个问题任何人也无法预测。然而，我国今后应如何前行？这却是我们能思考、能选择的。"⑤ "今后的百年乃至新世纪，祖国无悔、真正的世界光荣的历史是由我们民族来开拓来书写的。我们这个时代的任何人都会对我们的后代寄予极大的厚望。"⑥

---

① 南原繁：『南原繁著作集』、第九卷『日本の理想』、東京岩波書店1984年特装版、第552頁。

② 南原繁：『南原繁著作集』、第九卷『日本の理想』、東京岩波書店1984年特装版、第476頁。

③ 南原繁：『南原繁著作集』、第九卷『日本の理想』、東京岩波書店1984年特装版、第517頁。

④ 1973年3月初版，1984年2月由日本东京岩波书店再版特装版。

⑤ 南原繁：『南原繁著作集』、第九卷『日本の理想』、東京岩波書店1984年特装版、第3頁。

⑥ 南原繁：『南原繁著作集』、第九卷『日本の理想』、東京岩波書店1984年特装版、第476頁。

南原繁在第一部分《创造历史》中写道："众所周知历史受特定时代的政治、经济条件所制约。但归根结底却是由特定的国民理想和愿望以及民族的热情和努力而达成的。对政治而言，社会虽然是由少数的当权者来掌控，然而，历史上自由理念的发展是无可撼动的人类的发展趋势，如若离开了全体国民的言论支持则无法达成目标，其理由是民主主义即便是自身出了问题也不会丧失其现代政治·社会的最佳原理。"① 他在第二部分《我的学问·教育观》中阐述道："创造出在这种民主主义下的国民理想和信念其根本原因在于教育与学问，这是因为其存在的方式决定着国家的灭亡和兴衰。以二战战败为界，与政治改革的基本性质同样，教育理念也必须进行重大的改革。也可以说此问题今后如何持续地发展进行下去关乎日本未来的命运并不是危言耸听。"② 第三部分《忆故人》中共收录了22人的回忆录，出场人物都是跨越明治和昭和两个时代，在日本的各个领域都留下了不可磨灭功绩的重要人物。南原繁再次忆及了终生难忘的恩师内村鉴三和新渡户稻造、好友山谷隆正、同事兼好友矢内原忠雄等人不平凡的人生以及他们对日本社会的深远影响，同时也表达了对他们的深切怀念。在《忆故人》的最后，南原繁还用较多笔墨表达了对挚爱亡妻南原博子的哀悼之情。南原繁通过对这位默默无闻妻子平凡一生的写照，为我们详细地勾勒出了那个特殊年代日本普通家庭妇女的生活画卷。

著名评论家中村哲对此书的评价是："作者是把平淡地叙述最近的心境和过往的人生的省察以及对已逝的人们的追忆作为思想史的一个章节来进行叙述的。构成本卷的主要内容虽然是著者的专业政治思想史和与政治相关的理论，但本卷的文章让人联想到不仅有著者以前在讲台上上课时的身影，还有在客厅里迎接读者时作者的身姿。"③ "与其他主要著作不同，本卷让人联想到的是随想集。虽然与其他的论著相比内容较平实，但却以思想史为背景，直接阐述了作者思想的土壤以及以此为前提的思想根源。特别是这次为本集补充的最新文章则倾述了作者晚年成熟的心境，如慈父般的面容栩栩如生地展现在读者的面前。"④

---

① 南原繁：『南原繁著作集』、第十卷『歴史を作るもの』、東京岩波書店1984年特装版、第3頁。

② 南原繁：『南原繁著作集』、第十卷『歴史を作るもの』、東京岩波書店1984年特装版、第4頁。

③ 南原繁：『南原繁著作集』、第十卷『歴史を作るもの』、東京岩波書店1984年特装版、第3頁。

④ 南原繁：『南原繁著作集』、第十卷『歴史を作るもの』、東京岩波書店1984年特装版、第442頁。

本卷还如实地反映了 1970 年日本的安保改宪、越南战争、中国"文化大革命"、大学纷争等一系列曲折多变的世界历史重大事件，充分地展示出当时日本国内外情形是向着作者所希望的康德的永久和平的方向不断迈进的可喜局面。越南战争的终结、中日友好建交的恢复、大学纷争的结束等这些棘手问题迎刃而解的时代诸相，均表达了南原繁以《创造历史》为题，期盼早日实现人类人文主义的美好愿望。

别卷一 《访谈录 南原繁回顾录》

本卷①由十七段访谈录和"补遗"构成。访谈的主题分别为《一高时代——发现新世界、新时代》《步入大学之门》《进入内务省》《任富山县射水郡郡长》《内务省劳动工会法案》《重返大学》《留学》《学问·思想·信仰》《大学受难的序章》《法西斯与大学》《暴风雨中的大学自治》《津田左右吉博士之事》《战争下的大学》《战败与大学》《就任校长与大学复兴》《宪法问题》《学问与现实》以及"补遗"《战后教育改革与一般教育》。

本访谈录自 1960 年 12 月开始，完成于翌年的 2 月 4 日。原本一直十分低调做学问的南原繁在 1958 年 8 月再版了处女作《国家与宗教》、1959 年 4 月再版《费希特的政治哲学》、9 月再版《自由与国际的理念》。正当一部部学术成果即将连续付梓之际，1957 年 12 月 12 日早晨，南原繁在故乡香川县引田町相生小学的操场上给全校师生讲话时突发心肌梗死。因是第二次重症发作，在当地医生全力以赴地抢救和看护下才脱离了生命危险，在接受被日本人称为"国手"的高级专家冲中重雄博士的特别精心治疗后，南原繁病愈后返回东京已是第二年的 1 月末了。静养了 6 个月后，南原繁感受到从乡下那些连姓名都不知道的人们那里发现了人间的真情和爱的美好。当自知仅有 4 年的生存时间后，南原繁认为要好好地利用仅剩下的三年半时间完成未竟的事业。在弟子们给他举办的古稀纪念庆贺会前夕，南原繁一反"没有兴趣诉说自己"②的惯例，欣然接受了以前曾多次建议他做访谈录的弟子丸山真男、福田欢一等人的提议。但南原繁表示"我想回忆大学行政工作是最难的。大学自治、围绕大学自治的教授会、

---

① 1973 年 3 月初版，1984 年 2 月由日本东京岩波书店再版特装版。
② 丸山真男、福田歡一：『南原繁著作集』别卷一、『南原繁聞き書 回顧録』、東京大学出版社 1990 年版、第 519 頁。

前辈和同事的内部话题及讲座之事、关于学问方面的论文集、著作之类的事……其他的内容你们也可以提问"①，并亲自草拟了访谈的题目。访谈者是丸山真男、福田欢一两位教授，访谈的场所设在新建的东京大学出版会馆内的日式会议室。在散发着蔺草幽香的榻榻米上，南原繁连续多日从"一高"入学开始，大学、入内务省、郡长时代……充满情感地讲述了很多难忘的往事和重要的话题。在学子和记者访谈期间，南原繁以严谨的工作态度和高度的热情认真地回顾了许多重大的历史事件以及在日本思想史上有重大影响的史实。在此期间，他还反复修正、补充，不断地确认以前访谈过的内容。除了丸山真男和福田欢一两位访谈者以外，其后三谷太一郎、辻清明、石田雄三位教授的加入又夯实了很多重要历史事件，并进行了部分的补充和说明，使这部《访谈录》的内容更加丰富、翔实。

丸山真男认为："这部访谈录是'洞窟哲人'南原繁走出'洞窟'，在东京大学安田讲坛上对战败后伤痕累累的祖国再建时的东狮怒吼。这一形象完全超出了留在研究室的我的想象。"② 我对"战后的南原通过东大校长在校内外的一系列频繁的重大活动与先前的先生形象也产生了一百八十度的大转弯。之前对先生的印象无论是在战前学术研究者之间，还是了解先生的少数学生之间早已有了定论。作为纯粹的学者先生还是作为呼吁广大民众的思想家的先生，哪个更接近南原繁的人格？哪个是实相？哪个是虚相？追究诸如此类的问题我认为已经没有任何的意义"③。这部访谈录再次让采访者们印象深刻的是"南原先生虽然在思想上和学问上具有明确的批判精神，但是对话题所涉及的人物或者生存方式却是位很严谨、彻底的'禁欲'主义。正如先生所言'每个人都有每个人自己的生存方式'，这种对他人的尊重和宽容的态度无论是对于在世的人，还是对待多年的同事，还是对那些曾有过很大意见、立场尖锐地对立过的同行和同事，先生也绝不进行人格上的诽谤"④。丸山真男认为："先生对于'极密事件'所涉及的那些内容所采取的慎重态度也是可以理解的。"⑤ 这部"访谈录由于综上原因以及访谈者能力有限，尽管不是很全面，但对'纠正'南原繁先生的形象多少能起到补充或是弥补的作用。如能使读者了解出生于现代日本的

---

① 丸山真男、福田歓一：『南原繁著作集』別巻一、『南原繁聞き書　回顧録』、東京大学出版社 1990 年版、第 519 頁。

② 丸山真男、福田歓一：『南原繁聞き書　回顧録』、東京大学出版社 1990 年版、前言第 V 頁。

③ 丸山真男、福田歓一：『南原繁聞き書　回顧録』、東京大学出版社 1990 年版、前言第 V 頁。

④ 丸山真男、福田歓一：『南原繁聞き書　回顧録』、東京大学出版社 1990 年版、前言第 V 頁。

⑤ 丸山真男、福田歓一：『南原繁聞き書　回顧録』、東京大学出版社 1990 年版、前言第 V 頁。

一个伟大的政治哲学思想家的足迹，并触摸到真实的时代背景则是我们的一大幸事"①。东京大学出版会名誉顾问石井和夫对此书的评价是："该书几乎填补了南原繁著作集各处的空白。这些内容所表达的南原繁的人品是其他书籍不曾涉猎到的，它用真实的声音向人们倾诉了希冀'政者正也'，主张'正义、永久和平'先生一生的政治哲学理论和思想的真实心声。"②

① 丸山真男、福田歓一：『南原繁聞き書　回顧録』、東京大学出版社 1990 年版、前言第 V 頁。
② 丸山真男、福田歓一：『南原繁聞き書　回顧録』、東京大学出版社 1990 年版、前言第 V 頁。

参考文献

一 文献类

（一）中文著作

戴季陶：《日本论》，九州出版社 2005 年版。

高增杰：《东亚文明撞击——日本文化的历史与特征》，广西教育出版社 2001
年版。

李建权：《日本精神》，新华出版社 2007 年版。

李泽厚：《批判哲学的批判：康德述评》，生活·读书·新知三联书店 2007
年版。

李卓：《日本近现代社会史》，世界知识出版社 2010 年版。

刘炳范：《战后日本文化与战争认知研究》，中国社会科学出版社 2003 年版。

刘家鑫：《日本近代知识分子的中国观》，南开大学出版社 2007 年版。

刘天纯：《日本现代化研究》，东方出版社 1995 年版。

刘岳兵：《日本近现代思想史》，世界知识出版社 2010 年版。

米庆余：《日本近现代外交史》，世界知识出版社 2010 年版。

钱国红：《走进“西洋”和“东洋”——中日世界意识形成的比较研究》，
商务印书馆 2009 年版。

汤重南、王仲涛：《日本近现代史》，中国出版集团现代出版社 2013 年版。

王家骅：《儒家思想与日本的现代化》，浙江人民出版社 1995 年版。

王家骅：《儒家思想与日本文化》，浙江人民出版社 1990 年版。

王金林：《日本天皇制及其精神结构》，天津人民出版社 2001 年版。

王守华：《日本哲学史教程》，山东大学出版社 1989 年版。

王向远：《日本对中国的文化侵略——学者文化人的侵华战争》，昆仑出版
社 2005 年版。

王新生：《战后日本史》，江苏人民出版社 2013 年版。

王勇：《日本文化——模仿与创新的轨迹》，高等教育出版社 2001 年版。

王振锁、徐万胜：《日本近现代政治史》，世界知识出版社 2010 年版。

吴光辉：《传统与超越：日本知识分子的精神轨迹》，中央编译出版社 2003
年版。

杨伟：《日本文化论》，重庆出版社 2008 年版。

叶渭渠：《日本文化史》，广西师范大学出版社 2003 年版。

叶渭渠：《日本文化通史》，北京大学出版社 2009 年版。

张颐武：《思想的踪迹》，北京大学出版社 2002 年版。

赵德宇：《日本近现代文化史》，世界知识出版社 2010 年版。

赵敦华：《西方哲学史简史》，北京大学出版社 2006 年版。

赵敦华：《现代西方哲学新编》，北京大学出版社 2001 年版。

浙江大学日本文化研究所：《日本历史》，高等教育出版社 2001 年版。

郑彭年：《日本西方文化摄取史》，杭州大学出版社 1996 年版。

郑毅：《铁腕首相吉田茂》，世界知识出版社 2010 年版。

中国社会科学研究会：《中国与日本的他者认识》，社会科学文献出版社 2004
年版。

朱谦之：《日本哲学史》，人民出版社 2002 年版。

（二）中译著作

［以］艾森斯塔特：《日本文明》，王晓山、戴茸译，商务印书馆 2008 年版。

［日］安冈昭南：《近代日本史》，中国社会科学院出版社 1996 年版。

［日］陈舜臣：《日本人与中国人》，刘玮译，广西师范大学出版社 2009
年版。

［日］福泽谕吉：《文明论概略》，北京编译社译，商务印书馆 2007 年版。

［日］高桥哲哉：《战后责任论》，徐曼译，社会科学文献出版社 2008 年版。

［日］吉野耕作：《文化民族主义的社会学——现代日本的自我认同的走
向》，刘克申译，商务印书馆 2005 年版。

［日］加藤节：《政治与人》，唐士其译，北京大学出版社 2003 年版。

［日］加藤周一：《何谓日本人》，彭曦、邹晓研译，南京大学出版社 2008
年版。

［日］堺屋太一：《何谓日本》，叶琳、庄倩译，南京大学出版社 2008 年版。

［日］井上清：《昭和五十年》，北京大学亚非研究所译，天津人民出版社
1979 年版。

［英］理查德·泰姆斯：《日本史》，牛永娟译，上海交通大学出版社 2014

年版。

〔日〕铃木范久：《宗教与日本社会》，牛建科译，中华书局 2005 年版。

〔日〕铃木贞美：《日本的文化民族主义》，魏大海译，武汉大学出版社 2008 年版。

〔日〕毛里和子：《中日关系——从战后走向新时代》，徐显芬译，社会科学文献出版社 2009 年版。

〔日〕南博：《日本人论：从明治维新到现代》，邱娅雯译，广西师范大学出版社 2007 年版。

〔加〕诺曼·赫伯特：《日本维新史》，吉林出版集团有限责任公司 2008 年版。

〔日〕青木保：《日本文化论的变迁》，杨伟、蒋葳译，中国青年出版社 2008 年版。

〔日〕石井伸男：《社会意识论》，王永昌译，中国社会科学出版社 2010 年版。

〔日〕丸山真男：《日本的思想》，区建英、刘岳兵译，生活·读书·新知三联书店 2009 年版。

〔日〕丸山真男：《日本政治思想史研究》，王中江译，生活·读书·新知三联书店 2000 年版。

〔日〕尾藤正英：《日本文化的历史》，彭曦译，南京大学出版社 2010 年版。

〔日〕永原庆二：《20 世纪日本历史学》，王新生等译，北京大学出版社 2003 年版。

〔日〕远山茂树：《日本近现代史》第一卷，商务印书馆 1992 年版。

〔美〕约翰·W. 道尔：《拥抱战败——第二次世界大战后的日本》，胡博译，生活·读书·新知三联书店 2008 年版。

〔美〕约翰·惠特尼·霍尔：《日本——从史前到现代》，商务印书馆 1997 年版。

〔美〕詹姆斯·L. 麦克莱恩：《日本史》，王翔、朱慧颖、王瞻瞻译，海南出版社 2014 年版。

〔日〕中村政则：《日本战后史》，张英莉译，中国人民大学出版社 2007 年版。

〔日〕子安宣邦：《日本现代思想批判》，赵京华编译，吉林人民出版社 2004 年版。

（三）日文文献

Ａ・Ｅ.バーシェイ、宮本盛太郎監訳：『南原繁と長谷川如是閑：国家と知識人・丸山真男の二人の師』、東京ミネルヴァ書房 1995 年版。

ぎょうせい編：『臨教審と教育改革』1—5、東京ぎょうせい1985 年—1987 年版。

テキオ・ナジタ、前田愛、神島二郎：『戦時期日本の精神史—その再検討』、東京岩波書店 1957 年版。

ハリ・レイ：『占領期における教育評価』、東京講談社 1975 年版。

半藤一利：『昭和史　戦後篇』、東京平凡社 2006 年版。

北岡伸一、五百旗頭真編：『占領と講和：戦後日本の出発』、東京情報文化研究所星雲社（発売）1999 年版。

北岡伸一：『占領と講和——戦後日本の出発』、東京情報文化研究所 1999 年版。

編集委員会：『戦後日本教育資料集成　第一巻　敗戦と教育の民主化』、東京三一書房 1982 年版。

朝日新聞社編：『明日をどう生きる：戦後十年と日本のあり方』、東京朝日新聞社 1988 年版。

赤塚康雄：『戦後教育改革と青年学校』、東京クリエイティブニー 2002 年版。

大内兵衛、南原繁：『大内兵衛南原繁集』（現代随想全集第 8 巻）、東京創元社 1953 年版。

大内兵衛、南原繁：『現代随想全集 8』、東京創元社 1963 年版。

大隅和雄、平石直昭：『思想史家　丸山真男論』、東京ペリカン社 2002 年版。

稲田正次：『教育勅語成立過程の研究』、東京講談社 1971 年版。

東京大学出版会：『政治思想における西欧と日本』（上、下）、東京岩波書店 1989 年版。

東京大学新聞社出版部：『南原繁演述集』、東京岩波書店 1927 年版。

福田歓一：『福田歓一著作集』第 9 巻、東京岩波書店 1998 年版。

福田歓一：『福田歓一著作集』第 10 巻、東京岩波書店 1990 年第 2 刷。

福田歓一：『丸山真男とその時代』、東京岩波書店 2000 年版。

福田歓一：『政治思想における西欧と日本——南原繁先生古稀記念』（上、下）、東京大学出版会 1961 年版。

福田歓一編集：『南原繁書簡集』、東京岩波書店 1987 年版。

高橋哲哉：『戦争責任論』、東京講談社 2006 年版。

宮原誠一：『教育史』、東京東洋経済新報社 1963 年版。

海後宗臣：『教育勅語成立史の研究』、自家版 1965 年版。

海後宗臣：『日本教育小史』、東京講談社 1975 年版。

海後宗臣：『戦後日本の教育改革』第 1 巻『教育改革』、東京大学出版会 1975 年版。

海老原治善：『近代日本教育実践史』、東京明治図書 1975 年版。

和辻哲郎：『日本精神史研究』、東京岩波書店 2005 年第 15 刷。

鶴見俊輔：『戦時期日本の精神史』、東京岩波書店 1982 年第 3 刷。

花井信：『近代日本地域教育の展開』、東京梓出版社 1986 年版。

荒川幾男：『現代日本思想史 5――20 世纪 30 年代の昭和思想史』、東京青木本店 1955 年版。

吉田裕：『昭和天皇の終戦史』岩波新書 257、東京岩波書店 2005 年版。

加藤節：『南原繁――近代日本と知識人』、岩波新書 514、東京岩波書店 1997 年版。

加藤節：『政治学を問いなおす』、東京筑摩書房、ちくま新書 2004 年版。

家永三郎：『激動七十年の歴史を生きて』、東京新地書房 1987 年版。

江口圭一：『日本帝国主義史研究』、東京青木書店 1998 年版。

江口圭一：『十五年戦争小史』新版、東京青木書店 1991 年版。

堀尾輝久編：『教育の理念と目的』（教育基本法文献選集二）、東京学陽書房 1977 年版。

立花隆：『南原繁の言葉』、東京大学出版会 2007 年版。

鈴木英一：『教育改革と教育行政』、東京勁草書房 1995 年版。

鈴木英一：『教育基本法の制定』、（教育基本法文献選集一）、東京学陽書房 1977 年版。

鈴木英一：『日本占領と教育改革』、東京勁草書房 1983 年版。

鈴木英一：『戦後日本の教育改革』第 3 巻『教育行政』、東京大学出版会 1970 年版。

南原繁、高木八尺、鈴木俊郎編：『フィヒテの政治哲学』、東京岩波書店 1966 年版。

南原繁：『わが歩みし道南原繁――ふるさとに語る』、東京大学出版会 （発売）2004 年版。

南原繁：『ソ連と中国』、東京中央公論社 1955 年版。

南原繁：『フィヒテの政治哲学』、東京岩波書店 1973 年版。

南原繁：『フィヒテの政治哲学』、東京岩波書店 1984 年特装版。

南原繁：『大学の自由』、東京大学出版会 1952 年版。

南原繁：『国家と宗教：ヨーロッパ精神史の研究』、東京岩波書店 1946
　　年増補版。

南原繁：『国家と宗教：ヨーロッパ精神史の研究』、東京岩波書店 1984
　　年特装版。

南原繁：『回想の南原繁』、南原繁著作集別巻、東京岩波書店 1984 年特
　　装版。

南原繁：『歴史をつくるもの補遺』第 2 刷、東京岩波書店 2006 年版。

南原繁：『母』、東京創元社 1948 年版。

南原繁：『母基督教の母「神の国」とプラトンの国家理念：神政政治思
　　想の批判のために』、東京国家学会事務所 1937 年版。

南原繁：『南原繁：ふるさと』、東京日本図書センター 1998 年版。

南原繁：『南原繁対話民族と教育』、東京大学出版会 1966 年版。

南原繁：『南原繁教育改革・大学改革論集』、東京日本図書センター 2001
　　年版。

南原繁：『南原繁著作集』別巻、東京岩波書店 1984 年特装版。

南原繁：『南原繁著作集』第一巻、東京岩波書店 1984 年特装版。

南原繁：『南原繁著作集』第二巻、東京岩波書店 1984 年特装版。

南原繁：『南原繁著作集』第三巻、東京岩波書店 1984 年特装版。

南原繁：『南原繁著作集』第四巻、東京岩波書店 1984 年特装版。

南原繁：『南原繁著作集』第五巻、東京岩波書店 1984 年特装版。

南原繁：『南原繁著作集』第六巻、東京岩波書店 1984 年特装版。

南原繁：『南原繁著作集』第七巻、東京岩波書店 1984 年特装版。

南原繁：『南原繁著作集』第八巻、東京岩波書店 1984 年特装版。

南原繁：『南原繁著作集』第九巻、東京岩波書店 1984 年特装版。

南原繁：『南原繁著作集』第十巻、東京岩波書店 1984 年特装版。

南原繁：『平和の宣言』、東京大学出版部 1951 年版。

南原繁：『青年はどう生きるべきか』、東京徳間書店 1966 年版。

南原繁：『人間と政治』、東京岩波書店 1953 年版。

南原繁：『人間革命』、東京大学出版会 1952 年版。

南原繁：『日本とアメリカ』、東京朝日新聞社 1950 年版。

南原繁：『日本の理想』、東京岩波書店 1964 年版。

南原繁：『若い世代への証言』、東京図書月版・出版事業部 1968 年版。

南原繁：『文化と国家：南原繁演述集』、東京大学出版会 1957 年版。

南原繁：『文化と国家——南原繁演述集』（上）、東京大学出版会 1957 年版。

南原繁：『現代の政治と思想：新しい歴史の転機に立って；小野塚喜平次郎：総長時代と晩年』、東京岩波書店 1973 年特装版。

南原繁：『現代の政治と思想：新しい歴史の転機に立って』、東京大学出版会 1957 年版。

南原繁：『形相：歌集』本冊、別冊、東京ほるぷ出版 1975 年版。

南原繁：『学問教養信仰歌集形相』、東京岩波書店 1984 年特装版。

南原繁：『学問・教養・信仰』、東京近藤書店 1946 年版。

南原繁：『眞理の闘ひ』、東京大学出版部 1951 年版。

南原繁：『政治理論史』、東京大学出版会 2007 年新装版。

南原繁：『政治理論史』、岩波新書 514、東京大学出版会 2007 年新装版。

南原繁：『政治学』、東京文弘社 1931 年版。

南原繁：『政治哲学序説』、東京岩波書店 1988 年版。

南原繁：『政治哲学序説』、特装版、東京岩波書店 1984 年版。

南原繁：『自由と国家の理念：政治哲学論文集』、東京青林書院 1965 年版。

南原繁：『自由と国家の理念』、東京岩波書店 1984 年特装版。

南原繁：『祖国を興すもの』、東京大学出版会 1952 年版。

南原繁著、堀尾輝久、寺﨑昌男編集：『戦後大学改革を語る：一般教育を中心に』、東京大学教養部一般教育研究センター 1971 年版。

南原繁研究会：『初心を忘れたか――南原繁と戦後六〇年』、東京 to be 出版 2006 年版。

南原繁研究会：『南原繁と国際政治――永久平和を求めて――』、東京国立研究所 1973―1974 年版。

南原繁研究会：『南原繁と平和――現代へのメッセージ――』、東京 EDI-TEX 2015 年版。

南原繁研究会：『南原繁と現代――今問われているもの』、東京 to be 出版、キリスト新聞社（発売）2005 年版。

南原繁研究会：『南原繁の戦後体制構想』、横浜大気堂 2017 年版。

南原繁研究会：『南原繁ナショナリズムとデモクラシー』、東京 to be 出版 2017 年版。

南原繁研究会：『平和か戦争か 南原繁の学問と思想』、東京 to be 出版 2008 年版。

南原繁研究会：『無教会キリスト教と南原繁』、東京 EDITEX 2012 年版。

日本政治学会編：『戦後日本の政治過程』、東京岩波書店 1953 年版。

三省堂：『資料日本近代教育史』、東京三省堂 1974 年版。

山本幸彦：『近代日本の政治と思想』、東京ミネルヴァ書房 1972 年版。

山本幸彦：『明治国家の教育思想』、東京思文閣 1998 年版。

山谷太一郎：『二つの戦後』、東京筑摩書房 1961 年版。

山口周三：『南原繁の生涯　信仰・思想・業績』、東京教文館 2013 年版。

山口周三：『南原繁著作集感想』、東京岩波ブックサービスセンター（製作）1997 年版。

山口周三：『真善美・信仰：南原繁著作集感想』、東京岩波ブックサービスセンター（製作）2002 年版。

山口周三：『資料で読み解く　南原繁と戦後教育改革』、東京東信堂 2009 年版。

山住正己：『福沢諭吉教育論集』、東京岩波書店（青 102—4）1973 年版。

山住正己：『教育勅語』、東京朝日新聞社 1980 年版。

山住正己：『日本教育小史　——近・現代——』、東京岩波書店 1992 年版。

山住正己：『日本教育小史』、東京岩波書店 1992 年版。

山住正己、堀尾輝久：『戦後日本の教育改革』第 2 巻『教育理念』、東京大学出版会 1976 年版。

石田谷哲夫：『日本教育史研究』、東京講談社 1972 年版。

矢内原忠雄：『戦後日本小史』、東京大学出版会 1958 年版。

松尾尊兊：『日本歴史二四　戦後と高度成長の終焉』、東京集英社 1993 年版。

田中耕太郎：『教育基本法の理念』、東京有斐閣 1961 年版。

丸山真男、福田歓一：『回想の南原繁』南原繁著作集別巻、東京岩波書店 1975 年版。

丸山真男：『日本の思想』、岩波新書 C39、東京岩波書店 1985 年版。

丸山真男：『丸山真男』、東京岩波書店 2006 年版。

丸山真男：『丸山真男回顧録』二冊、東京岩波書店 2006 年版。

丸山真男：『丸山真男集』第七巻、東京岩波書店 1996 年版。

丸山真男：『丸山真男集』第十巻、東京岩波書店 1996 年版。

丸山真男：『丸山真男集』第十五巻、東京岩波書店 1996 年版。

丸山真男：『現代日本の革新思想』、東京岩波書店 2002 年版。

丸山真男：『現在政治の思想と行動』、東京未来社 1986 年版。

丸山真男：『戦後精神の政治学』、東京岩波書店 2009 年版。

丸山真男、福田歓一：『南原繁　聞き書　回顧録』、東京大学出版会 1989 年版。

丸山真男、福田歓一：『南原繁　聞き書　回顧録』、東京大学出版会 1990年版。

丸山真男：『丸山真男書簡集』5 冊、東京みすず書房 2003—2004 年版。

武田清子編：『思想史の方法と対象—日本と西欧』、東京創文社 1961 年版。

小菅信子：『戦後和解』、中公新書 1804、東京中公新書 2005 年版

小林正弥：『丸山真男論——政治思想における西欧と日本：南原繁先生古稀記念主体的行動、ファシズム、市民社会』、東京大学出版社 2000 年版。

袖井・林・竹前編：『戦後日本教育の原点』、東京悠思社 1992 年版。

鴨下重彦：『現代に求められる教養を問う：新渡戸稲造、南原繁、矢内原忠雄、吉田富三に学ぶ』、東京 tobe 出版キリスト新聞社（発売）2005 年版。

岩本三夫：『我が望：少年南原繁』、東京山口書店 1985 年版。

岩波新書編集部編：『戦後を語る』岩波新書 392、東京岩波書店 2004年 6 刷。

岩崎允胤：『日本近代思想史序説・上』、東京新日本出版社 2002 年版。

岩崎允胤：『日本近代思想史序説・下』、東京新日本出版社 2002 年版。

野原明：『戦後教育五〇年』、東京丸善 1995 年版。

伊藤昇：『教育でこれでいいのか』、東京有紀書房 1958 年版。

羽田貴史：『戦後大学改革』、東京玉川大学出版部 1999 年版。

正村公宏：『戦後史』（上、下）、東京筑摩書房 1985 年版。

二　论文类

（一）中文论文

葛兆光：《谁的思想史？为谁写的思想史？——近年来日本学界对日本近代思想史的研究及其启示》，《中国社会科学》2004 年第 3 期。

韩东育：《本尼迪克特和贝拉之后》，《二十一世纪》（香港），香港中文大学中国文化研究所 2008 年版。

韩东育：《东亚的病理》，《读书》2005 年第 9 期。

韩东育：《东亚研究的问题点与新思考》，《社会科学战线》2011 年第 3 期。

韩东育：《历史上东亚的儒学对话及其现实意义》，《日本学刊》2005 年第 2 期。

韩东育：《两个"八·一五"》，《读书》2006 年第 11 期。

韩东育:《日本"近代化论"在时空定位上的两难》,《日本学刊》2003 年第 6 期。

韩东育:《儒学的宗教化与帝国日本》,《读书》2004 年第 8 期。

韩东育:《丸山真男的"原型论"与"日本主义"》,《读书》2002 年第 10 期。

韩东育:《丸山真男的原爆体验与"十五年战争观"》,《读书》2020 年第 8 期。

韩东育:《战后七十年日本历史认识问题解析》,《中国社会科学》2015 年第 9 期。

卢丽:《"爱国的民族主义":南原繁的"共同体论"》,《西南大学学报》(社会科学版) 2014 年第 3 期。

卢丽:《南原繁"战后体制构想"之教育观》,《外国问题研究》2017 年第 1 期。

卢丽:《南原繁"战后体制构想"之天皇退位论》,《外国问题研究》2019 年第 4 期。

卢丽:《南原繁的"和平构想"》,《暨南学报》(哲学社会科学版) 2012 年第 7 期。

卢丽:《南原繁的"建国构想"》,《日本研究》2011 年第 1 期。

卢丽:《南原繁的知性学术思想》,《东北师大学报》(哲学社会科学版) 2011 年第 4 期。

卢丽:《南原繁对日本侵华战争的"谢罪"认识与影响》,《东北师大学报》(哲学社会科学版) 2018 年第 1 期。

卢丽:《丸山真男对南原繁学术思想的传承性批判》,《东北师大学报》(哲学社会科学版) 2013 年第 2 期。

孙歌:《文学的位置——丸山真男的两难处境》,《学术思想评论》第三辑,辽宁大学出版社 1988 年版。

赵京华:《文本解读的政治》,《读书》2004 年第 12 期。

（二）日文论文

白井芳樹:「射水郡長南原繁の仕事に学ぶ」、『南原繁と現代　今問われているもの』、東京 to be 出版 2005 年版。

坂本義和:「平和をめぐって　——南原繁とその後」、『戦争か平和か　南原繁の学問と思想』、東京 tobe 出版 2008 年版。

柴田真希都:「南原繁における人間革命とキリスト教——新日本のルネサンス宗教改革——」、『南原繁の戦後体制構造』、横浜大気堂 2017

年版。

赤澤庄三：「南原繁と「ふるさと」、『戦争か平和か　南原繁の学問と思想』、東京 to be 出版 2008 年版。

大井赤亥：「冷戦構造下における世界連邦の構造——日本国憲法と国際連合——」、『南原繁の戦後体制構造』、横浜大気堂 2017 年版。

大園誠：「南原繁と丸山真男——理想主義と現実主義の間——」、『南原繁と戦争——歴史からの教訓——』、東京 EDITEX 2014 年版。

大園誠：「戦後教育改革の情熱——南原繁の人間形成と教育理念——」、『南原繁の戦後体制構造』、横浜大気堂 2017 年版。

福田歓一：「南原繁先生の残されたもの」、『南原繁と現代　今問われているもの』、東京 to be 出版 2005 年版。

高木博義：「南原繁の平和構造」、『南原繁と現代　今問われているもの』、東京 tobe 出版 2005 年版。

宮崎文彦：「日本の自立・独立と世界平和への貢献——」、『南原繁と戦争——歴史からの教訓——』、横浜大気堂 2016 年版。

宮田光雄：「南原繁とカール・バルト」、『戦争か平和か　南原繁の学問と思想』、東京 to be 出版 2008 年版。

加藤節：「南原繁の戦後体制構想——ナショナリズムとデモクラシーをめぐって（16）」、『南原繁ナショナリズムとデモクラシ——』、東京 EDITEX 2010 年版。

加藤節：「南原繁の戦後体制構造—四つの論点——」、『南原繁の戦後体制構造』、横浜大気堂 2017 年版。

加藤節：「丸山真男　——交錯と分岐」、『戦争か平和か　南原繁の学問と思想』、東京 to be 出版 2008 年版。

加藤陽子：「南原繁と太平洋戦争——終戦のかたちと天皇の地位を中心に——」、『南原繁と戦争——歴史からの教訓——』、横浜大気堂 2016 年版。

鈴木規夫：「南原繁と国際政治秩序の一環としての国際政治学——」、『南原繁と戦争——歴史からの教訓——』、東京 EDITEX 2014 年版。

盧麗：「南原繁についての研究する契機」、『南原繁の戦後体制構造』、横浜大気堂 2017 年版。

盧麗：「南原繁の共同体について」、国際シンポジウム『中国と日本—相互認識に歴史と現実』、岡山大学グローバル・パートナーズ2014 年版。

木花章智：「美濃部達吉と立憲思想」、『南原繁と戦争——歴史からの教訓——』、横浜大気堂 2016 年版。

南原繁：「新渡戸稲造先生」、東京『文芸春秋』一九九六年一月号。

南原晃：「南原繁ほか六教授の終戦工作」、『南原繁と戦争——歴史からの教訓——』、東京 EDITEX 2014 年版。

三谷太一郎：「南原繁と国際政治——学問的立場と現実的立場——」、『南原繁と戦争——歴史からの教訓——』、東京 EDITEX 2014 年版。

三谷太一郎：「終戦工作を貫く非戦のリアリズム」、『南原繁と戦争——歴史からの教訓——』、横浜大気堂 2016 年版。

山口周三：「南原繁と戦後教育改革」、『南原繁と現代　今問われているもの』、東京 to be 出版 2005 年版。

山口周三：「南原繁の政治的最高善としての永久平和の思想」、『南原繁と戦争——歴史からの教訓——』、東京 EDITEX 2014 年版。

樋野興夫：「類希な学者南原繁——純度の高い専門性と包容力—」、『南原繁と戦争——歴史からの教訓——』、東京 EDITEX 2014 年版。

下畠知志：「天皇退位論の射程——日本的民主主義をめぐって——」、『南原繁の戦後体制構造』、横浜大気堂 2017 年版。

小林正弥：「先駆的なコミュにタリアンとしての南原繁」、『南原繁と現代　今問われているもの』、東京 to be 出版 2005 年版。

栩木憲一郎：「南原繁とフィヒテ——永遠平和に向けた制度構想と国民意識——」、『南原繁と戦争——歴史からの教訓——』、東京 EDI-TEX 2014 年版。

主题词索引

人名地名索引

后　记

　　2006 年进入东北师范大学历史文化学院思想史博士课程后，在导师韩东育老师的提议下开始做关于南原繁的思想研究。最初只是潜心苦读《南原繁著作集》以及南原繁与康德、费希特、柏拉图政治哲学相关的内容，博士学位论文开题时得到了各位专家的认可后信心倍增、一路迅跑，用白描的手法梳理了南原繁的生平与业绩，在先行文献的基础上初步构建了研究南原繁思想和政治哲学理论的框架，在东北师范大学"东亚史学团队"的各位老师，特别是导师韩东育老师的指导下于 2011 年顺利地完成了博士毕业论文《南原繁研究》。

　　2013 年获国家社会科学一般项目资助后，在前期研究的框架上做了《南原繁对侵华战争的"谢罪"认识》学以致用的相关研究，结题后至今一直坚持做与南原繁思想相关的挖掘和扩展性研究。但是，无论是初始研究，还是后续研究均是在韩东育老师的《两个八·一五》论文基础上累积而成。韩东育老师在此篇论文中仅用 7000 余字便高屋建瓴地给南原繁政治哲学思想以精准的定位，本人曾多次尝试另辟蹊径进行研究，但时至今日仍然无法逾越。

　　2016 年赴日本九州大学做访问学者时，一个偶然的机会加入了日本"南原繁研究会"，成为该研究会的一员。在福冈的半年时间里多次北上往返东京，参加了每个月该研究会的例会还有年底的年会。在此期间，通过南原繁研究会干事山口周三先生的介绍认识了几位有影响的主力研究员，同时也得到了该研究会的领军人物、成蹊大学终身教授、日本研究南原繁第一人加藤节教授的两次签字赠书和鼓励。加藤节先生的《南原繁——近代日本与知识分子》《南原繁的思想世界》两本书基本奠定了研究南原繁政治哲学的理论基础。其后我又拜读了山口周三先生的《南原繁的生涯　信仰·思想·业绩》，对南原繁独特的人生观和世界观有了多视角、全方位的认知。当得知我研究南原繁的资料有限时，山口周三先生主动多次寄赠南原繁研究会出版的书籍，极大地缓解了我研究南原繁资料不足的窘境。

2017年11月3日日本文化节这一天，在南原繁研究会的年会上，我有幸结识了《南原繁》的小说作者、曾任司马辽太郎的秘书村木岚女士和日本《潮》出版社的编辑堀田知已先生。其后，堀田知已先生主动把连载《南原繁》小说的月刊杂志《潮》按月寄给已返回国内的我，每次还细心地在小说的连载页面上用书签做好标记，2019年3月又将该社出版的单行本小说《南原繁》寄给了我。

2016年岁末回国前夕，为了更加深入地研究南原繁，我乘飞机转新干线、电车去日本东北地区的富山县射水郡，打算追寻南原繁的足迹，做回国前最后一次的实地调查研究，想亲身感受一下南原繁曾经生活过并创造了当时三个日本第一（日本第一个县级水利灌溉排水工程、日本第一个妇女联合会、日本第一个农业公民学校）的福地。在拜访了南原繁亲自制定的建立当地有特色的"射水郡立农业公民学校"（后改名为"富山县小杉农业学校"、现改名为"小杉高等学校"）后不巧遇上狂暴的雨雪天气，不慎摔伤了骶骨和腰部。我坐着轮椅返回国内后也曾多次问自己，这样做是不是值得？当我面对花费了十余年，承继了很多前人研究的成果写成的这部拙著后，我觉得这一切都值了。

在本书付梓之际，首先我要感谢恩师韩东育老师，是他根据多年的科研经验以及对相关学术研究前沿的整体把握，量体裁衣为我确定了研究课题，并在赴日研究时花费宝贵的时间搜寻并购买了贵重的日语原版《南原繁著作集》全集和相关资料，对我本人开展该课题的研究提供了珍贵的第一手资料，同时也节约了我寻找、确认课题和搜集资料的大量时间；感谢东北师范大学"东亚思想史团队"的刘晓东教授、董灏智教授、周颂伦教授、李小白教授、刁书仁教授、苗威教授、韩宾娜教授、王明兵副教授在我博士开题和答辩时对我论文的整体框架、观点陈述等诸多宝贵的指导性建议，使得我能顺利地完成博士学位论文，为本书的完成打下了坚实的基础；感谢南原繁研究会的山口周三先生和加藤节教授的鼓励和多次邮寄赠送南原繁研究会历年出版的书籍；感谢日本九州大学冈崎智已教授和郭俊海教授对我研究和生活上的诸多关照，使得我的研究生活丰富而充实；感谢日本九州大学大神智春教授在百忙中多次为我购买研究需要的图书和研究资料，还亲自驾车载我去海边观光，在贵宅品尝地道的日本料理；感谢常州大学黄薇教授和西安交通大学张继旺教授在我摔伤后每日三餐无微不至的悉心照料、清晨起大早送我去机场回国；感谢单位领导、同事、朋友、学生和家人多年来的支持和理解。

衷心感谢中国社会科学出版社的刘志兵老师、张湉老师为本书的出版所付出的辛劳和指导；感谢韩东育副校长、董灏智院长和大学社科处在出版此书的过程中所做出的各种努力和出版资助，在此一并深表谢意。

最后，向所有在本课题研究和本书出版过程中提供各种帮助的师友和朋友们致以最诚挚的谢意！

因本人研究能力和水平有限，跨专业的研究有诸多需要下功夫的地方，本书仅仅是做了国内研究南原繁的拓荒者的尝试性研究，书中不妥之处敬请各位批评、指正。

2021 年 6 月 28 日于长春首地首城